纵横百家

让学术亲近大众

中國的智慧

中国的智慧
THE WISDOM OF CHINA

楼宇烈 著

中国大百科全书出版社

图书在版编目（CIP）数据

中国的智慧 / 楼宇烈著；孙国柱编 . — 北京：中国大百科全书出版社，2023.1

ISBN 978-7-5202-1267-0

Ⅰ . ①中… Ⅱ . ①楼… ②孙… Ⅲ . ①中华文化—研究 Ⅳ . ① K203

中国版本图书馆 CIP 数据核字（2022）第 237789 号

出 版 人 刘祚臣
策 划 人 曾 辉
责任编辑 易希瑶
特约编辑 樊经洋
责任印制 李宝丰
封面设计 今亮后声
出版发行 中国大百科全书出版社
地　　址 北京阜成门北大街 17 号
邮政编码 100037
电　　话 010-88390969
网　　址 http://www.ecph.com.cn
印　　刷 中煤（北京）印务有限公司
开　　本 880 毫米 ×1230 毫米 1/32
印　　张 9.75
字　　数 202 千字
印　　次 2023 年 3 月第 1 版 2025 年 5 月第 2 次印刷
书　　号 ISBN 978-7-5202-1267-0
定　　价 79.00 元

序　言

安乐哲

我深感荣幸，能够为中国的一位最德高望重的学者楼宇烈先生的这部大作写下这篇不长的序言。这部作品本身彰显了中华智慧的博大精深，也彰显了楼先生对古老传统把握的博大精深。在与北京大学哲学系数十年的缘分中，我已领略到楼先生在哲学系根深叶茂的影响力，丰厚多产的学术、教育成果以及同仁与学子们对他的仰重，当然，还有更重要的，是楼先生的个人风范。楼先生本人即是中国文化。还有，我们这个快乐学术大家庭的所有人，我们每一个人，都是对他心怀感恩的学生。

一经浏览本书目录，既产生对中国文化全景在目的清新感觉，也看到了楼先生的学术风貌。他总是从原始的引经据典讲起，能将其重要的细节观点，融会贯通于最博大整体的视域之中，可在漫无边际的“多”之中，探析“一”的联系。楼先生是中华文化主体性派。他把自己纵览全局的思想视野带上讲台。

我们所有人都敬畏地看着，看着这位总是带着谦逊传统风范的学者，在渴望聆听的众人面前坐下，没有讲稿笔记，没有幻灯课件，甚至没有粉笔和黑板。这一演讲场面，生动地展现了深植于北大熟读经典、过目成诵的传统学者特色。楼先生演讲的语言，就像这本书表达的一样，看上去简单、明白、一气呵成，却同时传达着他的文化讲题以及整体思维模式的深邃。楼先生是一位思想考古学家，发掘积淀于传统深层的哲学用语，不但可揭示其历史复杂性，而且最重要的，是这种语言还可与当今现实经验的升华与提炼直接关联。楼先生做的，是释说传统中国哲学。楼先生总是强调在当今世界依然活着的传统是极其重要的。他说："死读书，读死书，读书死；活读书、读活书，读书活……读书，我觉得重要的是要明事理。明了事理，在此基础上，你再去多读一点书，探究更多的人生、自然，这样也会更有意义、更有心得。"

在过去10年里，我一直与黄会林先生及其亲密的北京师范大学中国文化国际传播研究院的学者团队紧密合作，将中国传统文化作为改变世界文化秩序的一个重要资源。楼先生及其在这方面做出的贡献，对中国文化国际传播研究院的同仁来讲举目可见。2020年，楼先生荣获"会林文化奖"。若干年前，我们在北师大创办了一个重要演讲项目，旨在推动中国文化国际化，我们称之为"翻译中国"。它包括两个重要内容：一个是每年12月上旬，我们召开学术带头人学者大会，从中国当代杰出文化发声者中推举出某位学者的代表性著作。另一个就是，在会议召开之后，我们会将这部代表性著作翻译成英文，由纽约州立大学出版社纳入“翻译中国丛书”。我们希望通过这样的方式让这些楷模学者的著作，得以呈献于世界读者的面前。

楼先生的学术及著作涉猎范围可谓广泛博大、极深研几，涵盖儒释道三家传统，还包括了他对中医传统以及每日生活呈现的礼乐文化审美感资源加以实际运用的思考。为了选出楼先生的代表性论文，我们需要保证的是，要鲜明展现他非凡的学术博大性。我同我的学生李佳轩一起，拜访了楼先生和他的学生、现为中国政法大学教师的孙国柱。孙国柱承担楼先生这部著作选集的选编工作。我们对孙老师为选编本书而付出的辛勤工作表示衷心的感谢，他的情怀使我们得以在广泛传播楼先生思想上获取了一个“近水楼台先得月”的机会。

我为什么这么急切地要把楼先生对中国文化的阐释公诸英语世界的读者呢？因为楼先生对中华文化与西方的现代遭遇的复杂性，心怀长久、深远的关切。楼先生清楚地知道，西方文化经历了文艺复兴的考验与启蒙运动的挑战，对当代世界必然有促进作用。当然，在欧洲人文主义发展中的特质因素，是确定让人类价值独立于超越的上帝，这是受儒家文化的影响，是儒家文化在这一阶段对许多最具影响的欧洲思想家产生的影响。而且，楼先生对中国怀有的爱是严厉的，他对中国历史作的评价具有批判的态度，他劝诫中华文化继承者们大力推进创新与改革计划，使中华文化为建立一个新世界秩序做出最重要的贡献。在这种批评态度背后，是他对中华智慧价值的坚定信念乃至一辈子研究的心血付出。这种独特的方式表达了一种别具一格的中华道德、审美与宗教感的融合生活；这种来之不易的思维方式将在人类未来新世界人文主义的发展中，继续发挥重要作用。楼先生对中华文化的理解，忠实于中华文化自己的根基，是中华文明作为一个永远变化、进步、革故鼎新的传统，在一个共享的世界文化生态中，总是适应新出现的可能。

我要加入到与楼先生共同的比较文化阐释事业中去；这一事业可建立一个我称之为“东西方现代化”的新地球文化秩序。而且，我也要表达我对西方假设理念文化的自我批评态度，这也如同楼先生对中华文化所作的反思特点那样。我们可以从观察现在是最好的时代、也是最坏的时代开始。21 世纪刚开始的前几十年，飞跃的科技创新发展给人类带来机会，让人类能享受前所未有的生活舒适与便利。至少是在发达世界，我们的寿命更长，我们比以往任何时候都过得更好，一天比一天好。但是将这种人类机会仅限制在给予发达世界，是我们自己建起的一道边界。作为一个物种，我们现在拥有的科学，可以让我们获得干净的水，可以生产足够的食品，完全可使地球上没有任何人遭受疾病与饥饿之苦。只要我们有社会性智能与政治意志，我们就能够在我们这个时代开启日益和平与繁荣的时代。

完全是同时，我们也处在日益紧迫的一个时刻。新冠肺炎病毒大流行，已成为全人类面对的共同挑战；它只是众多迫在眉睫的危机中的一个。整个全球规模的、不留给人类任何幻想的风暴性危机，正在地平线集结形成。即使它最终不危及人类物种的存活，也必将普遍地威胁我们过惯了的生活方式。我们的世界，是一个困扰不已的世界——被极端恶劣天气现象，被人口急剧增长，被总收入不平等，被食品与水短缺，被环境恶化，被能源短缺，被代理人战争，被消费垃圾，被越来越多贫困人口所困扰不已的世界。恐怕在这整幅画面中最令人心惊的情况是这一全球的危机，正以飞驰的速度几乎急转直下，逼近我们万劫不复的危亡临界点。

在过去几十年，伴随着这不给人类任何幻想的风暴性危机的集结，整个世界的地缘政治秩序也正发生重大变局。这一变局，在这个全球相互依存的时代，影响着我们所有人。只用了一代人的时间，亚洲崛起，特别是中国崛起，已经使我们生存、生活其下的经济与政治条件，发生天翻地覆的大变化。但是文化变化是怎样的呢？这一急剧的经济与政治支配地位变局，会给长期强大的自由主义统治的世界精英文化秩序带来怎样的变化呢？中华智慧——传统的中华文化习俗与价值观——将在一个新兴文化秩序的形成之中起到什么作用呢？

我们从被公众广泛阅读的、像楼先生这样学者的著作中会知道，中华文化及其整体性的思维，提倡一种基于家庭和社会兴旺发达的伦理，提倡一种人与人相互尊重、相互依存、具有必然性的生生关系价值的伦理。就是说，关系构成的人，是要被理解为根植并滋养于独特性相互关系样态之中的。这种关系性的意识，用以实现个人修养与社会责任，这与个人主义意识形态形成鲜明对照；个人主义意识形态是一种同“自由民主”分不开的模式，即所谓互元联系、理性、自决、自治、自我利益的单子个体人对自由与权利的追求。这样一种儒家伦理，将道德行为置于具有厚重伦理的家、国、天下样态关系之中，它会成为国际文化的挑战，并使国际文化发生改变吗？这些以家庭为中心的价值观，会在当今明显急速发展的条件下，促成一个新文化世界的秩序吗？

当我们四处寻找我们遇到的可用于应对全球困境的文化资源时，这一必然性本身即在告诉我们，人类亟需改变价值观、意志与实践行为，不能再留恋为一已利益而孤单博弈的“我赢你输”状态。我们需要一个致力于加强我们家庭、社会、公司与政治组织之中关系的世界共同体，这将是扛得住这一严重风暴危机所必需的。因此，正像楼先生已然解释得如此清楚而强有力——在博大的意义上，包含了儒释道的中华文化，是基于一个多样性与包容性的生态文化，中华文化能作为一个世界资源，弘扬个人责任、亲情、关系作用和取得多样化的价值，所以，有理由相信，中华文化能将这个共享的世界化为一个为了每一个人的家。

（田辰山译）

目录

第三章

中国人的价值观念与思维方式

第四章

中华文化 世界共享

引　言

《荀子》中记载了一个小故事，这个故事对于分享中国智慧不无启发之处。这个故事是这样的，有一天，孔子向他的弟子子路、子贡和颜渊提出相同的问题："仁者若何？"子路认为，"仁者使人爱己"。对这个回答，孔子的评价是："可谓士矣。"这个评价已然不低。子贡认为，"仁者爱人"。对这个回答，孔子的评价是："可谓士君子矣。"这比对子路的评价高了一层。颜渊认为，"仁者自爱"。对这个回答，孔子的评价是："可谓明君子矣。"显然，这是一个更高层次的评价。

"仁"，是儒学的一个核心概念。人们对它的理解并不完全相同。就连孔子的三位高足，理解也有高下之分。为什么孔子高度肯定"仁者自爱"？这是因为，在儒家看来，一个有仁德的人一定是自爱、自尊、自立的人，而一个真正自爱、自尊、自立的人一定会推己及人，做到"己欲立而立人，己欲达而达人”。这样，他就会爱人，也容易赢得他人的爱。儒家的这一理念对我们今天增强中华文化主体意识很有启示。

当今世界，文化交流、交融、交锋之势前所未有，西方强势文化深刻影响甚至侵蚀着一些欠发达国家和民族的文化。如何保持和增强自身的文化主体性，成为这些国家和民族最关切的问题之一。提倡增强中华文化主体意识，就是要做到既不妄自尊大，也不妄自菲薄。中华文化是中华民族对世界文明的重大贡献，是中国人赖以生存发展的精神家园，是我们最深厚的文化软实力。只有坚持并不断增强中华文化主体性，我们才能有针对性地吸收异质文化的有益养料，滋润、丰富和繁荣、发展中华文化。

中华文化有足够的智慧与气度消化外来文化，佛教被成功消化吸收就是一个例子。在数千年的发展中，中华文化之所以能广泛吸纳各种文化养料而始终具有自身鲜明特色，就因为它对外来文化并不是简单地拿来或拒斥，而是始终保持自己的主体性，坚持以我为主、为我所用。然而，近现代以来，一些人对文化的认识存在两个显著的不平衡：一是中西文化比重的不平衡，二是人文文化和科学文化的不平衡。这种不平衡体现在教育中，就是对中华文化关注不够，而西方文化却占极大比重。这是有失偏颇的。

《论语》中还记载有这样一个故事。孔子和弟子周游列国，到卫国一看，人来人往，熙熙攘攘。弟子问：人口这么多，下一步该怎么发展？孔子曰：“富之。”就是说，让人们的生活富裕起来。弟子又问，如果大家都富裕了，该怎么办？孔子曰：

“教之。”经过40多年的改革开放，人民生活得到很大改善，甚至在许多外国人看来中国也“富”起来了。接下来该怎么办？就该像孔子所说的“教之”，加强教育。但问题在于教什么。是沿着西方文化的引导来教，还是继承和弘扬中华优秀传统文化？在我看来，后者才是我们的正确选择。当前，增强中华文化主体意识，最迫切的是继承和弘扬中华民族传统美德，认真研究和吸取传统伦理观念中的合理因素，建立符合时代要求的伦理观念、道德规范和社会秩序。

总之，我们既要有强烈的民族文化认同，又要有宽广的世界眼光；既要有开放接纳、交流融合的雅量，又要有不削足适履、不买椟还珠的智慧和定力，这样才能在文化精神上实现中华民族伟大复兴。

第一章 坚定文化自信

树立文化的主体意识

“国学”一词是中国近代文化上出现的一个学术名称，而国学研究则是伴随着古今中西文化之争的历史进程展开的。

近代中国的古今中西之争，围绕着如何对待西方及如何对待自身传统的问题，形成了多派别的论争和多元思想倾向。归纳起来主要有三大派，即“复古派——主张保存中国固有文化的”“西洋派——主张全盘接受西洋文化的”“折中派——提倡调和办法中西合璧的”。（参见陈序经：《中国文化的出路》）这都对国学研究产生了不同的影响。

由 1915 年开始的新文化运动，发起了对中国传统文化的全面检讨，在批判封建宗法、大家族制度和封建纲常观念的同时，也展开了对西方文化的全面学习运动，进而在 1917 年俄国十月革命胜利的激引下，进一步推动了马克思主义、社会主义思想在中国的传播。至 1919 年五四运动爆发，一方面高扬科学与民主两面大旗，另一方面掀起了“打倒孔家店”和粉碎“吃人的旧礼教”运动，更是把批判传统文化和接纳西方文化的社会运动推向了一个新高潮。自此以后，“国学研究”就被强行纳入以吸收和移植西方文化为主的格局。其典型代表，就是胡适那种以“输入学理”为前提和目标的“整理国故”阶段。

当然，在各次论战中公开宣称要“全盘西化”的人并不是很多，但由于历史的原因，把现代化等同于西方化，至今仍不乏其人。因而，中国近代史的无情事实是：在社会具体改革的实践上，在文化建构的总趋势上，一直是“西化”占据着主流的地位。因此，尽管近代，尤其是20世纪20年代以来，有不少仁人志士努力于“国学”（传统文化）的倡导和研究，也有不少学者为发扬光大传统文化而不懈工作，然而国学研究始终未能得到应有的健康的发展，相反却经常成为受批判的对象。提倡国学或研究国学常常被扣上“复古主义”“文化保守主义”的帽子，而且至今仍屡有所见。可以说，迄今为止我们尚未对我国的传统文化做出应有的科学客观的历史总结与现代诠释。

应当说，在以往的一个世纪中，中国文化走以西方化为主的道路是有其历史必然性和必要性的，它对中国社会的进步发展是起了积极的促进作用的。同样，这一时期对于中国传统文化的清算和批判也有其历史的合理性，因为没有这样的清算和批判，人们很难摆脱几千年来形成的旧观念的束缚。

然而，当我们回过头来冷静地审视与反思一下20世纪中国文化所走过的道路，就不难发现其中存在着不少认识上和结构上的偏颇。其中最突出的问题是中西文化比重的严重失衡。最足以说明问题的事实是，从近代实行新式学校教育以来，我们的学校制度、课程设置基本上是仿照欧美（以后又是苏联）模式，而课程内容也以西方文化为主（数、理、生、化和外语自不必说，史、地是中外对等；音乐、美术的题材可能是中国的，而方法则都是西方的；中国语文的内容当然都是中国的，然以新文化运动以来的现代题材和范文为主，而所教的语法则几乎全是从西方语法中套用过来的）。反之，中国传统教育方法（其中有不少优秀的东西值得继承）几乎全被摈弃，中国传统文化方面的内容更是屈指可数。因此，除大学攻读各类有关中国传统文化专业的学生外，从这样的小学、中学、大学中培养出来的人，如果他又没有对中国传统文化不同程度的爱好，那他的知识结构肯定是西方知识超过中国知识。就是现在，我们还常常可以听到这样的议论：中国知识青年所具有的西方知识远比西方知识青年所具有中国和东方的知识来得丰富，并以此为骄傲。我想，我国知识青年具有较多的西方知识，这无疑是一个优点，值得肯定和赞扬。但是，同时我们也一定听说过，一些西方学者对我国不少大学生、研究生有时连一些最起码的中国传统文化知识也不甚了了所表示的惊愕吧。一些华裔教授对于不少出国留学生 ABC（外语）很好，而对长江、黄河却不甚了了，XYZ（数理化）很好，就是不知道《左传》《史记》、文天祥、史可法的现象，表示了极大的担忧。这种由学校教育和社会文化导向所造成的数典忘祖现象，难道不应当让我们感到羞愧吗？难道不应当引起我们的深刻反省和检讨吗？

从历史上看，中国在近代化的进程中落后了，于是大家就认为是中国的传统文化在作怪，把责任推到传统文化上面去。一个民族失去了自主性，盲目追求别人的东西，最终的结果就是成为别人的附庸。公开西化的文化主张出来之后，1935 年，有 10 位著名的教授发表了《中国本位的文化建设宣言》，可以说是针锋相对。所谓本位文化，也就是国学的问题。宣言中说道："中国是既要有自我的认识，也要有世界的眼光，既要有不闭关自守的度量，也要有不盲目模仿的决心。"他们认为，不守旧、不盲从，根据中国的本位，采取批评态度，应用科学方法来检讨过去、把握现在、创造将来。我想这提得非常切实。

中国本位文化建设的主张提出之后，坚持全盘西化的人就批评说它是"中学为体，西学为用"的新版本。当然，这种主张同时也引起了不少人的关注和赞同。尤其是一些学者认为：没有本位意识的话，是绝对不可以与外来文化接触的；一个民族失去了自主性，绝对不可以采取他族的文明，而只能是让他族文明征服。如果你失去了本位，盲目追求别的东西，最终的结果就是成为别人的附庸，被其他文化征服。当时的讨论非常深入，而且还提出了这样的命题：科学化与近代化并不与欧化同义。我们要科学化、近代化，而不必欧化。当时已经提出了这个问题，现在我们也反思，提出了这个问题。

国学的问题近百年一直在讨论，为什么会有这样的问题？为什么这会被提出来不断地讨论？为什么人们会有这样的关注？其实我认为，所有的国学讨论，归根到底都是东西文化的交流，主要围绕在现代化的进程当中来思考如何正确对待本国已有的文化传统，如何继承和发扬本国传统文化中的优秀成分，如何建设具有本国、本民族特色的现代化国家问题展开的。

要解决这些问题，关键是在现代化交流中怎么样保持自己文化主体意识的问题。我们现在最大的问题就是怎么样保持、树立自己的文化主体意识。因为现在的文化交流是不可阻挡的，而且也很方便，人们的选择很多。但是在这个文化交流的过程中，应该让大家有一种主体意识，我想这一点最根本。所谓文化的主体意识指的是什么？就是对本国文化的认同，包括对它的尊重、保护、继承、鉴别和发展等。在这个过程中，既不要盲目自尊自大，也不要妄自菲薄，只有坚持自己的主体性，才能有效地、有针对性地吸收外国文化的养料，来滋润本国的文化、发展本国的文化。有了这样的主体意识，我们对其他的文化就有鉴别，才懂得要吸收什么，把它吸收进来之后融合在自己的主体里面，让它变成营养，使自己身体长得更健壮，而不是吃了以后消化不良。所以我想这就是主体意识重要的问题。

文化的核心首先体现在价值观念。西方文化比较重视个体的价值，而中国文化更多地重视群体的价值，强调个人利益服从群体利益。这种差异来源于不同的生命观。中世纪以后，西方的生命观都有基督教的文化背景，认为每个个体的生命都是上帝创造的，你和你的父母和兄弟姐妹一样都是上帝的子女，这些个体生命应该对上帝负责。反观中国传统文化，一直认为天地是一切生命的根源，所谓天地合气。阴阳之气一合，万物就生长，所以天地是生命的根源。进而，生命是分类的，每一类都有它自己的根源，天地是生之本，祖先是类之本，所以每个个体生命只是生命链中的一个环节，只有在整体的生命链中才能体现它的价值。个体生命有生有死，但族类生命是要不断延续的。我们常讲前人栽树、后人乘凉，中国人的这种生命观就是一个非常大的生命观，你做事情一定要想到给后人留有余地，应该给后人的发展创造更好的条件，而不是我这一代用完就完了。

文化还体现在思维方式。中国人的思维方式里有很多独特的东西，比如说，强调考虑问题要从全局出发，当各个部分集合成一个整体以后，整体里面的每一个部分都是其中的一部分，它跟其他的部分之间存在着有机联系，我们不能够再把它从整体中还原出来；强调我们思考问题、读书、倾听人讲话时，不要停留在语言文字的表面，而是要去体会语言文字所要表达的精神、含义，因为中国人讲文以载道，所以我们要去发现语言文字里面承载的道理；强调在动态中看待问题，而不是静止地看问题等。中国传统文化以人文思维方式为主，它确实缺少像西方近代理性主义那样的科学思维方式，这是我们应该学习的。但是我们也要明白，实证科学思维模式到了 20 世纪相对论出现以后，发生了很大的变化，现代物理学中大量使用庄子所谓混沌理论、模糊逻辑的理论，把中国的阴阳、道家的自然、禅宗的修定这样的概念都用到现代物理学中去，科学的研究也已经不再是一个静态的研究，而是把很多动态的研究方式、思考方式关联进去。现在很多人还留恋科学的、静态的、逻辑的线性思维模式，他们难以明白中国原来那种人文思路。所以说思维方式非常重要，我们现在要了解中国传统文化，要树立起中国传统文化的主体意识，首先必须改造我们的思维方式，或者说重新了解中国传统的人文方式。

文化还体现在生活样式，衣食住行的方式，以及信仰习俗等。不同文化背景下面的生活样式是不同的。不同的文化拥有不同的信仰以及不同的风俗习惯。生活样式、信仰习俗都是可以看得见的，价值观念，思维方式相对来讲则是隐藏在背后的一种文化，这四个方面两两相生。比如说香港比内地洋化得多，但是他们的传统习惯方面又比内地人深刻得多，他们的价值观念和思维方式变了，但是生活样式和信仰习俗的传统在很大程度上得以保留。而在内地，“文化大革命”彻底从生活样式和信仰习俗两个层面铲除了传统的根子，人们的价值观念、思维方式都会受到影响。所以说，要真正树立起中国文化的主体意识，必须要从这四个层面来做，其中最重要的是要把它重新落实到我们的生活样式和信仰习俗里面去。

正确地认识文化

中华文化有悠久的历史，有文字记载的历史就有3000多年。但是我们也不能够忽视和否认这100多年来，中国人对中国这样悠久的传统文化失去了自信心。所以我想来探讨一下，为什么我们会失去文化自信?

我想我们之所以在近百年来，对文化失去自信，主要是在19世纪末和20世纪初开始，我们接触、接受了西方的文化以后，开始对中国的文化进行反思。结果呢，在当时的一种思想指导下，就感觉到中国既没有这个又没有那个，没有宗教、没有哲学、没有科学、没有艺术，在这样一个认识基础上，怎么可能对我们自己的文化有信心呢?我们对传统文化进行了清算，特别是针对我们传统文化里面主体中间的主体——儒家的思想进行了彻底的清算，把儒家的主体文化——礼教说成是“吃人的礼教”。

是什么样的思想、什么样的认识，让我们对自己的文化传统失去了信心?我想主要是我们对文化的认识上面存在着一些误区，大致有三个方面。

第一个，我们怎么样来认识文化?当时我们都把文化看作是一个历史进展的过程，以为后一个时期产生的文化，一定会比前一个时期的文化来得先进、来得进步，总觉得西方的文明是工业文明，工业文明所产生的文化，一定比农业文明时期所产生的文化来得进步。我们要赶上世界的潮流，要跟世界同步前进，那么必须要批判我们传统的农业文明，去接受甚至全盘接受西方文明所产生的文化。

我们总是把文化看成是时代的，而没有看到文化有很多是超越时代的。农耕文化并不是只适于农业社会，因为人类有很多共同的问题，并不是到了工业文明以后就完全变了，所以文化有很长、很多的连续性。文化更重要的还是类比的产物，也就是不同文化具有不同的类型，具有不同的特色，而这种差异性，这种不同的特色，恰恰是世界文化发展的一个重要动力，因为可以相互补充、相互取长补短。如果文化都一样、都一律的话，那就无法相互推动。

20 世纪 80 年代，随着经济全球化的发展，很多地方文化特色在消亡，尤其是口述的非物质文化在迅速消亡，于是才提出怎么样加速、加强保护人类口述和非物质文化遗产这样一个呼吁。在这个讨论中，提出了一个非常有意义的口号，叫作“越是民族的就越具有世界意义”，我觉得在文化上面，这个口号是非常重要的、非常深刻的。各个民族的文化有各自不同的特色，从内容到形式都有不同。比如中国的文化更注重人的向内的自觉性，而西方的文化更注重向外部追求，要依靠一个外边的力量来规范，这就很需要相互的养分来补充。

所以我们更应当重视的是文化类型的不同，不能够用一种文化去排斥、否定另一种文化，对于不同的文化类型，不可以用高低优劣是非来定论，恰恰应该相互学习，彼此吸收。

第二个原因，我认为就是我们混淆了传统文化的样式和近现代文化的样式。传统文化的样式，尤其是中国传统文化的样式，是一种综合性的文化样式，所谓综合性，就不是那么分门别类的，而是把世界看成一个整体，所以研究世界的所有学问，也是相互关联的，天地万物一理贯通。中国的儒释道三教都共同地整体性讨论所有的天地万物，它们是不分科的。儒家在讨论什么，它是一个什么学科？它里边既有天文学，也有地理学，也有人生学，也有宗教学，这是传统文化的特色，而近代文化发展的样式，尤其从西方近代以来，它的文化发展的样式是以分科为主的。我们所谓科学这个概念，它最初的意义并不是像我们现在理解的，就是指自然科学，它最初的概念是分科学问的概念，指把文化分成各个不同的学科来加以探讨。因此，就有了天文学、地理学、生物学、物理学、心理学、哲学、美学等学科的分类。

简单地讲，在传统文化中间，是在一个学术派系、派别里面，它有各种各样不同的学科，而现在文化的样式，是在一个学科里面有各个不同的学派。正因为如此，20 世纪以来，很多人就在讨论，中国有没有哲学？中国过去所讲的那些东西能称得上哲学吗？这是用现代学科的哲学的理念分析传统文化，很难找到正确的答案。比如讨论儒家是不是宗教，讨论得不可开交，一直到现在还在争论。其实儒家既是宗教，又不是单一的宗教，儒家包括了乐教（或者叫诗教）、礼教、理学，诗教就相当于我们现在讲的艺术，礼教就相当于我们现在讲的宗教，理学就相当于我们现在讲的哲学，但是都包含在儒家里面了。所以如果说儒家只有理学没有礼教，或者说儒家只有礼教没有理学，都不成。

所以，把这两个不同时期的文化的样式，传统和近代的文化样式混为一谈，又以近代的文化样式去考察传统文化，结果中国传统文化中间既没有科学，也没有哲学，没有宗教，甚至没有艺术，什么都没有。在这个中间我想问题最大的，就是中国没有宗教的说法，一直影响到现在。我们很多人一讲到、一看到我们社会的许多问题，都会讲这是由于我们信仰的缺失。在这个信仰缺失里边，在很多人心目中，其实还对中国文化中间有没有宗教信仰存在一种怀疑。我想我们对自己的文化信心的缺失的原因，是拿现在这样一个分科的标准去衡量中国传统文化，结果发现中国的文化样式什么都没有，这是第二个问题。

第三个问题，就是我们现在有一种标准化的思维方式，对每一个东西都要定标准，拿自然科学来讲，就是定量定性的关系。一个标准，达到了什么样的量就可以给它定一个什么性、一种标准化，所以对于近代的学术也要定个标准，合乎什么样的标准，就可以称为这个学科，不合乎这个标准就不能够称为这个学科。那么标准又是怎么来的呢？就是以西方文化样式来作标准，来衡量。刚才我提到宗教，为什么说中国文化中没有宗教呢？就因为我们是以西方近代以来启蒙运动思想家对西方中世纪宗教的概括作为宗教文化的标准，以近代启蒙运动思想家对于西方中世纪以来宗教文化特征的描述为参照。如果我们按照这样的标准衡量，那中国文化确实没有宗教。因此人们说中国没有宗教，中国没有宗教信仰。

这样的问题存在于我们的思想中，看不到文化的不同和文化相互之间的互补，看不到传统文化的样式和近代以来文化样式的差异，认为某一种学说、某一种学科就一定有一个标准，在这样三个框框下面，那中国什么都没有。其实中国近代也有个别的学者明确地讲，中国有宗教，但是跟西方的宗教不一样。比如说康有为讲，中国的宗教是以人为本的、以人为主的人道的宗教，西方的是以神为主的神道的宗教。又比如说章太炎先生，他提出来中国也有宗教，也需要宗教，那要什么宗教呢？要把佛教作为中国的国教，为什么？因为佛教是无神的宗教。所以宗教并不是一个模式、一个样式，人道的宗教也可以称为宗教，无神的宗教也可以称为宗教。我们用一个标准化的东西去衡量不同的文化样式、不同的文化特征，那就把另外一个文化中间的东西给否定了。

我想，今天我们要恢复对自己传统文化的自信，首先要检讨我们对文化的认识、对文化多样性的认识，我想这个是最根本的问题。

不能只用一种文化标准衡量另一种文化

中国人认识世界的方式是整体的，是整体性思维方式。当我们整体认识某事物之后，在应用时我们就可以面对各种情况、现象而加以区别对待，解决实际问题。在理论上不需要说明，在应用上必须要创造，所以中国文化是实践中的创造、创新。苏东坡就曾说："通其意，则无适而不可。"我们明白了事物的根本意义和精神，用到哪个地方都可以。

在中国文化中，整个宇宙万物都是一个自我完善、自我运动的整体。这个运动无非是阴阳的相反相成、五行的相生相克。正因为这个相反相成、相生相克，宇宙才能永恒地运动，否则就死了。只有相生没有相克不行，只有对立没有统一也不行。

今天处理人与自然界万物之间的关系，对待社会中人与人之间的关系，我们也可以用这种整体的相反相成、相生相克的方法解决。一个人的养生，也需要阴阳平衡，理正它的相生相克关系，那生命就健康了；相生相克的关系一乱，生命就不健康了。

现代有些西方科学家也注意到，中国古代思想家用最简单的语言却最深刻、最全面地把握了宇宙规律。所以，不能说中国没有科学思想。

近代以来的一些所谓学问家，以西方文化标准生搬硬套，结果搞得我们没有文化自信。中国不讲究外在世界、神的世界，就说中国没有宗教；因为没有那一套定量定性、反复实验、普遍适用的理论，就说中国没有科学；因为中国一讲到抽象的对象就把理性和现实联系在一起，没有纯理性的哲学，就说中国没有哲学。中国没有科学、没有宗教、没有哲学，中国一无所有，这样怎么会有文化的自信！

中国文化包括儒家文化把君师跟天地一样看待。天地君亲师，是中国儒家最根本的宗教信仰。平常不少中国人就口称老天爷，我们要祭天地、祭祖宗，还要祭先师，这难道不是一种宗教？只不过它就在我们这个世界里，就在我们人类生存的整个世界里。这样一种“天地君亲师”的信仰，也可以说是自然生命的信仰。

我们必须要看到文化的地域差别，我们是这样来构建我们的科学理论、哲学理论、宗教体系，你非要用那样的标准，那当然就一无所有了。

所以，要认识到文化的不同样式、不同特点，不要用一个标准、一个模式来要求。要认识到，文化可以有很大的不同，但是很多的根本精神是一致的。宗教无非是报本、感恩、敬畏。西方为什么要拜上帝？是为了报本、感恩、敬畏。中国人为什么要敬天地、祖宗、君师？也是为了报本、感恩、敬畏。为什么说他们那个是宗教，我们的就不是宗教呢？我们可以说宗教是教化，那他们不也应该说宗教是教化吗？所以一旦进入这样的误区，就会用一个标准模式来要求不同的文化传统所呈现的特征。如果以西方为标准，那就是中国什么都没有；如果以中国为标准，那西方也什么都没有。所以，我们要尊重不同的文化。同样的内容，可以呈现不同的形式，这样不同的文化就可以相辅相成。

中国文化缺乏民主、科学的成分吗

至今，在不少中国人的思想中，对中国传统文化的认识仍然存在着两个解不开的情结，解不开这两个情结，也就很难使这些人认同中国传统文化。这两个思想情结就是所谓中国传统文化中缺乏民主与科学的成分，以至于认为中国传统文化是与民主、科学相排斥的、无法相容的。因此，为推动国学或传统文化的研究和发展，我认为首先要化解人们思想上的这两个情结。

毫无疑问，在中国传统文化中是找不到近代意义上的民主思想和自由、平等观念的。事实上，西方近代文化中的自由、平等、民主思想，也并非古已有之的，而是在社会发展到以工商资本为主要形态以后，通过激烈的社会变革和观念变革才发展起来的。因此，在当时还处于封建社会的中国传统文化中找不到近代工商资本社会所具有的民主思想观念是一点也不奇怪的。中国人民百年来前仆后继的流血奋斗，正是为了改变这种中西社会和文化上的时代差异问题。尽管今天中西社会在经济、文化发展程度方面还存在着差距，但应当明确一点，这种发展程度上的差距，已不是过去那种时代性的差异了。

西方近代民主思想并非古已有之，但这并不意味着它与西方传统文化毫无渊源关系。众所周知，西方近代文化发端于14至16世纪以意大利为代表的文艺复兴运动，而所谓的文艺复兴运动，亦即罗马、希腊古典文化的复兴。固然，这种复兴也并“不单纯是古典文化的复兴，而是这种复兴与意大利人民的天才的结合”。[1]可是，由此也足以说明西方近代文化的形成，是与它对传统文化的继承和发扬有着密不可分的关系。

再有，欧洲18世纪的启蒙运动奠定了西方近代文化的基本观念和结构，而就是这次启蒙运动，曾经深受东方文化，特别是中国儒家孔子思想的影响和启发。在当时许多欧洲启蒙思想家那里，中国一度成为他们心目中的理想国，儒家伦理被解释为最富民主、平等精神的学说，孔子也被推尊为时代的守护者，人们对孔子的赞美、景仰之情，溢于言表。然而，西方近代文化的发展并没有因此而同化于东方或中国文化，而是在积极吸取中国传统文化中的人文精神等营养以后，发展出了与古希腊罗马和希伯来传统文化接轨的近代西方文化。西方近代的人本主义不等同于中国传统文化中的人文精神，西方近代的平等观念也不等同于中国儒家“民胞物与”“推己及人”的“泛爱”说，而西方近代的民主思想则更是不等同于中国儒家的民本理念。弄清楚这一点是非常重要的。

以上事实至少告诉我们三件事：一是在西方近代文化的发

1 ［瑞士］雅各布·布克哈特:《意大利文艺复兴时期的文化》，何新译，商务印书馆2017年，第184页。

生过程中，曾积极继承和发扬了西方传统文化中的优秀成分。二是在西方近代文化的发生过程中，曾受到过东方，特别是中国传统文化的极大影响，并吸收了其中某些有益的营养，不过它是以西方文化为主体来吸取外来文化营养的，由此而形成的近代文化是一种西方类型的文化。三是在中国传统文化中并不是一点也没有可为近现代民主思想、制度借鉴和启发的东西，相反，它已对西方近代民主思想、制度的生成发生了某种启发作用。荀子尝说："循其旧法，择其善者而明用之。"（《荀子·王霸》）因此，只要今人对传统文化资源选择和诠释得当，也必将对中国现代民主思想、制度的建设与健全有良多的启发与借鉴。

西方近代文化发生发展的历程是很值得我们深思和借鉴的。学习、借鉴和吸收外来的文化，与继承、发扬传统的文化，应该而且也是可以很好地统一起来的。它既不像某些人所鼓吹的，对外来文化只能全盘接受；也不像某些人所描绘的，中国传统文化落后、腐朽到一无可取之处。

在过去的一个世纪里，开始时也正是西方实证科学最为兴旺的时期，理性至上与逻辑推理、实证至上与普遍有效等被视为唯一的科学方法，而凡与此不一致者，则被斥之为非理性的、非科学的，甚至是愚昧落后的、神秘主义的，应当被淘汰的。毋庸讳言，中国传统文化的思维方式与实证科学的思维方式相去甚远，于是在那一时代追求实证科学的人们的目光里，中国传统文化就成了落后无用、必然要被淘汰的东西了。中国传统文化中那些模糊含混、缺乏逻辑推理和神秘主义的思维方式，则更是发展实证科学思维方法的严重阻力，必须彻底批判和清除。

现在，这种情况也在发生变化。现代科学的发展，越来越发现实证科学的方法远不是完满的，更不是唯一的。许多科学家在研究中碰到用实证科学方法无法证明和解释的问题时，正在越来越多地到东方（包括中国）传统文化中那些模糊、混沌的理论与方法中去寻求解答，并且取得了相当可喜和可观的成果。

当代著名化学家、1977 年诺贝尔化学奖获得者普里高津，在为他的著作《从混沌到有序》中译本所写的序言中说：

> 中国文明具有了不起的技术实践，中国文明对人类、社会与自然之间的关系有着深刻的理解。……
>
> 中国的思想对于那些想扩大西方科学的范围和意义的哲学家和科学家来说，始终是个启迪的源泉。我们特别感兴趣的有两个例子。当作为胚胎学家的李约瑟由于在西方科学的机械论思想（以服从普适定律的惯性物质的思想为中心）中无法找到适合于认识胚胎发育的概念而感到失望时，他先是转向唯物辩证法，然后也转向了中国思想。从那以后，李约瑟便倾其毕生精力去研究中国的科学和文明。他的著作是我们了解中国的独一无二的资料，并且是反映我们自己科学传统的文化特色与不足之处的宝贵资料。第二个例子是尼尔斯·玻尔，他对他的互补性概念和中国的阴阳概念间的接近深有体会，以致他把阴阳作为他的标记。

> 这个接近也是有其深刻根源。和胚胎学一样，量子力学也使我们直接面对“自然规律”的含义问题。[1]

其实，普里高津自己可说是第三个例子。此外，80年代初风行美国的当代著名物理学家卡普拉所著的《物理学之“道”》，可称为第四个例子；日本著名物理学家、1949年诺贝尔物理学奖获得者汤川秀树，又可称为第五个例子，如此等等，我想不必再多加罗列也已经足够说明问题了。

这也就是说，在中国传统哲学整体直观的思维方法和谈玄说道的形而上学中，包含着丰富的现代科学理论的源泉，只要人们善于发现并诠释之，则将对现代科学发展产生积极的推动作用。不仅如此，从目前的趋势看，东方（尤其是中国）传统文化中天地万物一体的整体自然观，正越来越被世界有见识的哲学家和科学家所重视和接受，它很可能会深刻地影响到整个科学观念的变化。原先按照实证科学机械论所规定的“科学”概念的内涵，也将重新予以审议和规定，至少许多原先被视为所谓“神秘主义”的东方与中国传统文化、哲学中的论题、观念和概念等，不应当再被排斥在“科学”概念之外。

没有民主思想，缺乏科学精神，是新文化运动以来，大部分知识分子对中国传统文化抱有的两个解不开的情结。“五四”时期高举“民主”与“科学”两面大旗，正是这种情结的表露。

1　转引自清华大学思想文化研究所编:《世界名人论中国文化》，董平等译，湖北人民出版社1991年。

时隔一个世纪了，中国社会和文化形态也已发生了根本的变化，世界范围的文化观念也在发生巨大的变化，我想这两个情结也到了应当化解的时候了。因此，当我们致力于学习西方民主与科学的时候，不仅不应当再妄自菲薄，乃至全盘否定自己民族的传统文化，相反，应当积极地发掘自己民族传统文化中的优秀成分，做出合于时代精神的诠释，以贡献世界未来世纪文化的发展与建设。

为推动国学或传统文化的研究和发展，我认为还需要纠正人们在对中西文化进行比较时的视角和方法问题。

中西方文化之间的差异，既有时间（历史发展阶段）上的差异，也有类型上的差异，而其中不同类型文化之间的差异是根本的。不同类型的文化，在其各自的历史发展过程中，由于所在地区、民族、国家具体历史进程的差异，当人们在同一时段内对它们进行比较时，则常常会首先显现出许多时代性差异的特征来。从理论上讲，当我们对中西文化进行比较时，最主要的是应当注意其类型上的差别，发现其间由此而形成的各自不同特点以及相互之间的互补性，以推进全人类文化的相互交流、共同繁荣和发展。但是，要在实践上这样去做并不容易，在以往的一个世纪里，在有关中西文化的争论中，有不少学者都已注意到了中西文化为类型上之不同，并强调不应对西方文化盲目崇拜，对中国传统文化妄自菲薄。然而，由于当时中国社会历史发展阶段、经济发展水平整整落后于西方地区和国家一个历史阶段，因此社会上对中西文化之间的差异，更注意和强调的是两者之间的时代性差异。特别在中国，由于单纯学习西方器物文明（从魏源提出“师夷之长技以制夷”到洋务运动的“中学为体，西学为用”，时间有半个世纪）的彻底失败、维新变法的失败乃至辛亥革命果实的被篡夺，等等，更增进了人们对中国传统文化在时代上落后的想法。这也就是在过去一个世纪中为什么会形成对中国传统文化有如此强烈批判和否定倾向的一个重要历史原因。

现在的时代不同了。二战结束以后，特别是 20 世纪 60 年代中期以来，东方地区、民族、国家和社会的情况发生了巨大的变化。这些民族和国家不仅在政治上摆脱了殖民地或半殖民地的地位，取得了独立，而且其中一部分国家在经济上也取得了高速的发展。中国大陆在 1949 年取得政治独立，70 年代末实行改革开放政策以来，经济上也取得了巨大的发展。这些都说明，东方地区、国家的整个社会发展情况发生了根本的变化，尽管在许多方面与西方地区、国家相比还存在着不同程度的差距，但它已不再是过去那种历史阶段或时代之间的差距了。正是这种政治、经济、社会境况的变化，促使了东方民族对自己文化传统的反思和自觉，并开始恢复对民族传统文化的自尊和自信。这正是我们之所以提出要重新认识中国传统文化的现实根据。

相对于解决中西文化的时代差异问题，处理中西文化类型上差别的问题要复杂得多。如果说时代上的差异，我们可以通过社会变革和观念变革来迎头赶上，乃至消除的话，那么对待文化类型上的差异是不能用“赶上”的方法去解决的，而且可能是永远不能消除的。因为，这种文化类型的差异，是在各自地区、民族、国家文化的长期发展中形成的，它凝聚着不同地区、民族的历史传统，体现着不同地区、民族特有的性格和精神风貌（诸如生活习俗、礼仪举止、思维方式、价值观念等），因而它也就会深刻地影响不同地区、民族、国家今天文化发展的总体方向和特点。在这一问题上是不可能、也不应当强求一致的。当然，这并不是说不同类型文化之间不需要交流，更不是说不同文化类型之间不可能进行交流。事实上，从古到今，不同类型的文化之间无时无刻不在进行着交流。融通是一种交流，冲突也是一种交流。只是，这种交流总是以一种文化为主体去吸取另一种文化中于己有益的营养成分来丰富和发展自己。因此，在不同文化的交流中，主体意识是不能没有的，否则自愿为奴，势将沦为他种文化的附庸。

照我的看法，在对待传统文化问题上，正面发掘、诠释与提倡其优秀的、精华的、有现实生命力的部分，远比老是去批判、清算那些腐朽的、糟粕的部分来得重要和有意义。正面发掘、诠释与提倡传统文化中优秀的、精华的、有现实生命力的东西，能够增进人们的民族自尊心、自信心，激励深深的爱国心；而老是纠缠于那些腐朽的、糟粕的东西，没完没了地去批判、清算它，那就只会加深民族的自卑心，把人们推上崇洋媚外的道路。

中国传统文化的人文精神

中国传统文化源远流长，博大精深。然在其久远博大之中，却“统之有宗，会之有元”。若由著述载籍而论，经史子集、万亿卷帙，概以“三玄”(《周易》《老子》《庄子》)、“四书”(《大学》《中庸》《论语》《孟子》)、“五经”(《周易》《诗经》《尚书》《礼记》《春秋》)为其渊薮；如由学术统绪而言，三教九流、百家争鸣，则以儒、道两家为其归致。东晋以后，历南北朝隋唐，由印度传入的佛教文化逐步融入中国传统文化，释氏之典籍与统绪因而也就成了中国传统文化中的一个有机组成部分。儒、释、道三家，鼎足而立，相辅相成，构成了唐宋以降中国文化的基本格局。所谓“以佛治心，以道治身，以儒治世”，明白地道出了中国传统文化的这种基本结构特征。

中国传统文化的根本特点之一是：观念上的“和而不同”和实践中的整体会通。具体地说，在中国传统文化中，无论是儒、释、道三家，还是文、史、哲三科，天、地、人三学，虽有其各自不同的探究领域、表述方法和理论特征，然又都是互相渗透、互相吸收，“你中有我，我中有你”，难分难析。这也就是说，人们既需要分析地研究三家、三科、三学各自的特点，更需要会通地把握三家、三科、三学的共同精神。此外，如果说儒释道三家，文史哲三科，天地人三学等构成中国传统文化的一个有机整体，那么对于这个文化整体来讲，其中的任何一家、一科、一学都是不可或缺的，否则这一文化整体的特性将发生变异，或者说它已不再是原来那个文化整体了；而对于其中的每一家、每一科、每一学来讲，则都是这一文化整体中的一家、一科、一学，且每一家、每一科、每一学又都体现着这一文化的整体特性。唯其如是，对于中国传统文化的研究，不管是研究哪一家、哪一科、哪一学，我认为，首先是要把握住中国传统文化的整体精神之所在，否则将难入其堂奥，难得其精义。

一

中国传统文化如果从整体上来把握的话，那么人文精神可以说是它的最主要和最鲜明的特征。需要说明的是，这里所说的中国传统文化的人文精神与现在所谓“人文主义”或“人本主义”等概念不完全相同。在中国传统文化中，“人文”一词最早见于《周易·彖传》。《贲卦·彖传》曰：“[刚柔交错]，天文也；文明以止，人文也。观乎天文，以察时变；观乎人文，以化成天下。”（孔颖达疏《周易正义》）

“人文”一词在中国传统文化中原是与“天文”一词对举为文的。“天文”指的是自然界的运行法则，“人文”则是指人类社会的运行法则。具体地说，“人文”的主要内涵是指一种以礼乐为教化天下之本，以及由此建立起来的一个人伦有序的理想文明社会。这里有两点需要加以说明：一是人们所讲的“人文精神”一语，无疑与上述“人文”一词有关，抑或是其词源；但“人文精神”一语的含义，又显然要比《周易·彖传》中“人文”一词的含义丰富得多。二是中国传统文化中人文精神的出现和展开显然要比“人文”一词的出现早得多,《周易·彖传》的面世不会早于战国末，而中国传统文化中的“人文精神”，远则可以追求至中国文化的源头，近也至少可以推溯到殷末周初。

中国典籍中，很早就有人是天地所生万物中最灵、最贵者的思想。如《尚书·泰誓》中说：“惟天地，万物父母；惟人，万物之灵。”《孝经》中则借孔子的名义说：“天地之性，人为贵。”其实，在《孝经》面世之前，荀子也已提出了人最为天下贵的观点了。他说：“水火有气而无生，草木有生而无知，禽兽有知而无义，人有气有生有知，亦且有义，故最为天下贵也。”(《荀子·王制》)荀子用比较的方法，从现象上说明了为什么天地万物中人最为贵的道理。其后，在《礼记·礼运》篇中，人们又进一步对人之所以异于万物的道理作了理论上的说明。如说：“故人者，其天地之德，阴阳之交，鬼神之会，五行之秀气也。”以后，董仲舒、周敦颐、邵雍、朱熹等大儒也都不断地发挥这些思想。正是有见于此，中国古代思想家们认为，人虽是天地所生万物之一，然可与天地并列为三。荀子对人在天地中的地位强调得更为突出，论述得也更为明晰。他说：“天有其时，地有其财，人有其治，夫是之谓能参。”(《荀子·天论》)汉儒董仲舒继承荀子思想，亦极言人与天地并为万物之根本。

如说：“天地人，万物之本也。天生之，地养之，人成之。”“人下长万物，上参天地。”“唯人独能偶天地。”“唯人道为可以参天。”(《春秋繁露》)

从荀子和董仲舒等人的论述中，应当说都蕴含着这样一层意思，即在天地人三者中，人处于一种能动的、主动的地位。从生养人与万物来讲，当然天地是其根本，然而从治理人与万物来讲，则人是能动的，操有主动权。就这方面说，人在天地万物之中可说是处于一种核心的地位。中国传统文化的人文精神把人的道德情操的自我提升与超越放在首位，注重人的伦理精神和艺术精神的养成等，正是由对人在天地万物中这种能动、主动的核心地位的确认而确立起来的。

由此，又形成了中国传统文化中两个十分显著的特点，即：一是高扬君权师教，淡化神权，宗教绝对神圣的观念相对比较淡薄；二是高扬明道正谊，节制物欲，人格自我完善的观念广泛深入人心。这也就是说，在中国传统文化的人文精神中，包含着一种“上薄拜神教，下防拜物教”的现代理性精神。

二

中国传统文化的这种人文精神，根植于远古的原始文化之中。人们常把“天人合一”视作中国文化的主要特征之一，而考其起源，则与中国原始文化中的自然（天地）崇拜、以天地为生物之本以及祖先崇拜、以先祖为监临人世的上帝（此亦为天，天命之天）等观念，不能说毫无关系。由此可见，“天人合一”中“天”的含义是合自然之天与天命（先祖上帝）之天而言的。以后，宋明理学讲的天理之天，即是自然之天与天命之天的统合体。

人与自然之天“合一”的中心是“顺自然”（这里“自然”一词的含义，不是指自然界，而是指自然界的“本然”法则与状态）。道家思想中强调顺自然，这是人们所熟知的。如《老子》书中就明确说过这样的话：“辅万物之自然而不敢为。”（《老子》六十四章）也正是《老子》书中的这句话，长期以来道家的自然无为思想被看成是一种消极被动、因循等待的思想。其实，《老子》道家顺自然而不敢为（无为）的思想，有其相当积极合理的一面，这在以后的道家著作中有着充分的展开。如在《淮南子》一书中，对道家的无为思想就有相当积极合理的论述。如说：“无为者，非谓其凝滞而不动也，以其言莫从己出也。”（《淮南子·主术训》）“所谓无为者，不先物为也；所谓无不为者，因物之所为也。所谓无治者，不易自然也；所谓无不治者，因物之相然也。”（《淮南子·原道训》）“若吾所谓无为者，私志不得入公道，嗜欲不得枉正术，循理而举事，因资而立功，推自然之势，而曲故不得容者。故事成而身弗伐，功立而名弗有，非谓其感而不应，攻而不动者。”（《淮南子·修务训》）这三段话从不同角度说明了道家自然无为思想绝不是什么消极被动、因循等待，而是在排除主观、私意的前提下，主动地因势利导，即所谓“循理”“因资”地去举事立功。这也就是《老子》所追求的理想：“功成事遂，百姓皆谓我自然。”（《老子》十七章）

这种顺自然而不违天时的思想，在传统儒家文化中也是极为强调和十分丰富的。前面我们曾提到荀子关于人与天地参的思想，以往人们都以此来强调荀子的“人定胜天”思想，殊不知荀子的人与天地参思想或如人们所说的“人定胜天”的思想，恰恰是建立在他的顺自然而不违天时的认识基础之上的。荀子认为，人只有顺其自然，才会懂得什么应当去做、什么不应当去做，才能掌握天时地财，利用万物。儒家把大禹治水的智慧看成是顺自然的典范，充分体现了“有为”和“无为”在顺自然原则中的统一。

三

人与天命之天“合一”的中心是“疾敬德”。这一观念，大概起源于殷末周初。

这种自周初以来形成的“以德配天”的天人合一观中，无疑其伦理道德色彩大大超过其宗教色彩。

天子受命于天，然只有有德者方能受此天命。何谓有德者？孟子认为，天子是不能私自把天下传给他人的，舜之有天下，是天命授予的，尧只是起了推荐的作用。那么，天又是如何来表达它的意向的呢？孟子说，天不是用说话来表达的，而是通过对舜的行为和事绩的接受来表示其意向的。

“人意”是“天命”的实在根据，“天命”则是体现“人意”的一种礼仪文饰。

这种“天命”根据“人”“民”之意愿、“人”“民”比鬼神更根本的观念，发生于周初，至春秋时期而有极大的发展。由此，人事急于神事、民意重于神意的观念深植于中国传统文化之中，并成为历代圣贤、明君无时不以为诫的教训。《礼记·表记》中尝借孔子之口，比较了夏、商、周三代文化的不同特色，其中在述及周文化特色时说："周人尊礼尚施，事鬼敬神而远之，近人而忠焉，其赏罚用爵列，亲而不尊。其民之敝，利而巧，文而不惭，贼而蔽。"（《礼记正义》）周文化这一近人而远鬼神的特色影响深远，以至当季路向孔子问"事鬼神"之事时，孔子相当严厉地斥责说："未能事人，焉能事鬼！"（《论语·先进》）而当孔子在回答樊迟问"知"时，则又表示说："务民之义，敬鬼神而远之，可谓知矣。"（《论语·雍也》）

"务民之义"是"人有其治"的具体体现，人之治如果搞不好，鬼神也是无能为力的。因此说，只有懂得近人而远鬼神，把人事放在第一位，切实做好它，才能称之为"知"。这也许就是为什么在中国传统中，把政权看得比神权更重的文化根源。

四

"礼"起源于祭祀，与原始宗教有着密切的关系，这是毫无疑问的。然而"礼"在中国传统文化的发展历程中，则是越来越富于人文的内涵，乃至最终成为体现中国传统文化人文精神的主要载体之一。"礼"通过祭祀，从消极方面来讲，是为了祈福禳灾；而从积极方面来讲，则是为了报本。报什么本？荀子的论述是十分值得注意的。他说："礼有三本：天地者，生之本也；先祖者，类之本也；君师者，治之本也。无天地，恶生？无先祖，恶出？无君师，恶治？三者偏亡，焉无安人。故礼，上事天下事地，尊先祖而隆君师，是礼之三本也。”（《荀子·礼论》）

把君师之治作为礼之本，一方面是以礼制形式来落实人与天地参的思想，另一方面又使“礼”包含了更多的人文内涵。荀子是中国传统文化中“礼”学的奠基者。《荀子》一书中“礼”字凡三百余见，全面论述了礼的起源、礼的教化作用、礼的社会功能等，尤其是突出地阐发了礼的人文内涵。

在荀子看来，礼的主要内容就是我们在上文提到过的“明分”，或者说“别”。所谓“别”或“明分”就是要使社会形成一个“贵贱有等，长幼有差，贫富轻重皆有称者也”（《荀子·礼论》）的伦序。荀子认为，确立这样的伦序是保证一个社会安定和谐所必需的。

毫无疑问，荀子这里所讲的礼，充满了宗法等级制度的内容，是我们今天要批判、要抛弃的。然而，我们也无法否定，任何一个社会都需要有一定的伦序，否则这个社会是无法安定和谐的。因此，荀子关于“皆使人载其事而各得其宜，然后使豰禄多少厚薄之称”（《荀子·荣辱》），从而达到“群居和一”的理想，也还是有值得我们今天批判继承的地方。

荀子阐发的礼的人文内涵，在中国传统文化中，特别是儒家文化中，有着极为深远的影响。因而在中国文化传统中，常常是把那些带有宗教色彩的仪式纳入到礼制中去，而不是使礼制作为宗教的一种仪规。试举一例以明之。如，荀子对于人间

“雩而雨何也？”回答说：“无何也，犹不雩而雨也。”这是大家都很熟悉的一则典故。“雩”原是一种宗教色彩很浓的求雨仪式，荀子在这里虽然明确表示了“犹不雩而雨也”的意见，但他并没有完全否定这种仪式，只是认为不应当把它神化。换言之，如果把它作为一种礼的仪式，荀子认为还是有意义的。请看荀子紧接着此问后所阐发的一个重要论点，他说：“日月食而救之，天旱而雩，卜筮然后决大事，非以为得求也，以文之也。故君子以为文，而百姓以为神。以为文则吉，以为神则凶也。”(《荀子·天论》)

这里所谓的“文”，是“文饰”的意思，相对于“质朴”而言，“礼”为文饰之具，“文”为有礼的标志。荀子这段话的主旨，就是强调要把救蚀、雩雨、卜筮等带有原始宗教色彩的仪式作为一种具有人文意义的“礼”仪来看待，而不要把它作为一种求助于神灵的信仰仪式去看待。

人们常常把荀子的这段话与《周易》“观卦彖传”中的“圣人以神道设教”说联系在一起，这是有一定道理的。但是，通常人们对“神道设教”的解释，似乎并不符合其原义。按照一般的解释，这句话的意思是说，圣人借“神道”以教化百姓。把“圣人以神道设教”一句中的“神”字，与上述荀子《天论》中“百姓以为神”的“神”字，看成是相同的意思。其实，这里有误解。“观卦彖传”的“圣人以神道设教”一句中，“神道”是一个词，而不是单独以“神”为一个词，试观其前后文即可明白矣。文曰：“观天之神道，而四时不忒；圣人以神道设教，而天下服矣！”这里明白地可以看到，所谓“圣人以神道设教”

一句中的“神道”，就是前文中“天之神道”的“神道”。何为“天之神道”？也就是文中所说的“四时不忒”，亦即自然运行法则。所以，所谓“圣人以神道设教”，即是圣人则天，以“四时不忒”之道来作为教化的原则。

值得注意的是，效法天道自然法则正是传统“礼”论的中心内容之一。如《礼记·丧服四制》中说：“凡礼之大体，体天地、法四时、则阴阳、顺人情，故谓之礼。訾之者，是不知礼之所由生也。”

由此可见，“观卦彖传”中所讲的“神道”，与荀子文中所表扬的“君子以为文”的精神是相一致的，而与其所批评的“百姓以为神”的“神”字意思则是根本不一样的。

以“卜筮然后决大事”为“文”而不以为“神”，这也是体现中国传统文化人文精神的一个突出例子。“卜筮然后决大事”本来是一件“神”事，然而现在却把它纳入了“文”事。“文”事者，“非以为得求也”。这样，“卜筮”所决之事也就失去了它的绝对权威性，而成为只具有一定参考价值的意见。于是，“卜筮”作为一种礼仪形式的意义，也就远远超过了依它来“决大事”的意义。把卜筮纳入“礼”中，确实有借“神道”以设教的意图，如《礼记·曲礼》中有这样一段话：“卜筮者，先圣王之所以使民信时日、敬鬼神、畏法令也，所以使民决嫌疑、定犹与（豫）也。”这里把“畏法令”也作为卜筮的一项内容，其教化的意义是十分明显的。因而，与此相关，对于利用卜筮来蛊惑人心者，则制定了严厉的制裁条例来禁止它。如《礼记·王制》中规定：“析言破律，乱名改作，执左道以乱政，杀；作淫声、异服、奇技、奇器以疑众，杀；行伪而坚，言伪而辩，学非而博，顺非而泽，杀；假于鬼神、时日、卜筮以疑众，杀。此四诛者，不以听。”文中所谓“此四诛者，不以听”的意思是说，对于这四种人不用听其申辩即可处以死刑。至此，中国传统文化和哲学中“上薄拜神教”的人文精神，应当说已经反映得相当充分了。

五

关于中国传统文化和哲学中“下防拜物教”的人文精神，则大量地体现在儒、道、佛三教有关心性道德修养的理论中。中国传统文化之所以注重并强调心性道德修养，这是与中国历代圣贤们对人的本质的认识密切相关的。上面我们曾引过一段荀子论人“最为天下贵”的文字，在那段文字里，荀子把天下万物分为四大类：一类是无生命的水火，一类是有生命而无识知的草木，一类是有生命也有识知的禽兽，最后一类就是不仅有生有知而更是有义的人类。“义”是指遵循一定伦理原则的行为规范，如荀子说的：“仁者爱人，义者循理”(《荀子·议兵》)；“夫义者，所以限禁人之为恶与奸者也。……夫义者，内节于人而外节于万物者也”(《荀子·强国》)，等等。在荀子看来，这就是人类与其他万物，特别是动物（禽兽）的根本区别之所在。荀子的这一观点是很有代表性的。在中国传统文化中，绝大部分的圣贤都持这样的观点，即把是否具有伦理观念和道德意志看作人的本质，作为区别人与动物的根本标志。

我们可以看到，历代思想家们一致强调，明于伦理是人与禽兽区别的根本标志。进而更认为，但求物欲上的满足，则将使人丧失人格而沦为禽兽。所以，对于人的伦理与物欲的关系问题，一直成为中国传统文化和哲学中最重要的主题之一。这也就是为什么在中国传统文化中，尤其是儒家文化中，把人格的确立（以区别于禽兽）和提升（以区别于一般人）放在第一位，而且把伦理观念、道德规范的教育和养成看作是一切教育之基础的根源所在。

事实上，在中国历代圣贤的心目中，正确认识和处理伦理与物欲的关系问题，是确立人格和提升人格的关键。对于这一问题，在中国传统文化中大致是从三个层次来进行探讨的：一是理论层次，讨论“理”“欲”问题；二是实践层次，讨论“义”“利”问题；三是修养（教育）层次，讨论“役物”“物役”问题。在中国传统文化中，有关这方面的内容是极其丰富的。概括地讲，在理论上以“以理制欲”“欲需合理”说为主流，部分思想家将其推至极端，而提出了“存理灭欲”说；在实践上以“先义后利”“重义轻利”说为主流，部分思想家将其推至极端，而提出了“正其谊不谋其利，明其道不计其功”之说；在修养上则概以“役物”为尚，即做物欲的主人，而蔑视“物役”，即沦为物欲的奴隶。

由于部分宋明理学家如程朱等，在理欲问题上过分地强调“存天理灭人欲”，因而不仅遭到历史上不少思想家的批评，更受到了近现代民主革命时代思想家的激烈批判，斥其为压制人性、无视人性，这是历史的需要，完全是应当的。但是，我们如果全面地检视一下中国传统文化中有关“理”“欲”关系的理论，则很容易就发现“存理灭欲”之说实非居于主流地位。若如程朱等所说，必待灭尽人欲方能存得天理，即使以此为极而言之说，其理论上之偏颇也是显而易见的。人们尝以为程朱之说发轫于《礼记·乐记》，如与朱熹同时之陆九渊就认为：“天理人欲之分，论极有病。自《礼记》有此言，而后人袭之。”（《象山先生全集·语录》）

理学家之谈天理人欲或根于《乐记》，然程朱等所谈之天理人欲关系与《乐记》所论之天理人欲关系已经有了很大的不同。《乐记》所论曰：

> 人生而静，天之性也；感于物而动，性之欲也。物至知知，然后好恶形焉。好恶无节于内，知诱于外，不能反躬，天理灭矣。夫物之感人无穷，而人之好恶无节，则是物至而人化物也。人化物也者，灭天理而穷人欲者也。于是有悖逆诈伪之心，有淫泆作乱之事。是故强者胁弱，众者暴寡，知者诈愚，勇者苦怯，疾病不养，老幼孤独不得其所，此大乱之道也。是故先王之制礼乐，人为之节。

对照陆九渊所引本节之文，人们可以看到陆氏引文中略去了“好恶无节于内，知诱于外”一句，然而这一句恰好是《乐记》本节所论旨趣之关键所在。《乐记》并未否定人感于物而动的性之欲，它只是否定那种好恶无节于内，知诱于外，且又不能反躬的人。这样的人，在它看来就是在无穷的物欲面前，不能自我节制，而被物支配了的人，亦即所谓“物至而人化物也”。人为物所支配，为了穷其人欲，那就有可能置一切伦理原则于不顾，而做出种种背离伦理的事来。为此，《乐记》才特别强调了“制礼乐，人为之节”的重要性和必要性。

《乐记》的这一思想，很可能来源于荀子。他肯定了“人生而有欲，欲而不得，则不能无求”。但同时他又指出，如果“求而无度量分界”，那就会造成社会的争乱。因此，需要制定礼义来节制之，以达到“养人之欲，给人之求”的理想。由此可见，如果说在程朱理学的“存天理灭人欲”命题中具有禁欲主义意味的话，那么在《乐记》和荀子那里并无此意。《乐记》主张“节欲”，而荀子则除了讲“节欲”外，还提出了“养欲”“导欲”“御欲”等一系列命题,“节欲”理论甚是丰富。荀子尝指出，那些提出“去欲”“寡欲”主张的人，其实是他们在实践中没有能力对人们的欲望加以引导和节制的表现。

这种不为物累，勿为物役的思想在佛、道理论系统中更是俯拾皆是，此处暂不赘述。至此，中国传统文化和哲学中“下防拜物教”的人文精神，应当说也已经反映得相当充分了。

人就是天地的一颗心

生命观是理解不同文化特点的一个独特视角

人类在不同的环境中形成了不同的文化。我个人认为，考察文化的差异性，最重要的一个方面就是怎么认识人类生命的问题，即生命观——万物包括人的生命从哪里来，生命怎样维系、怎样延续，生命的意义又在哪里。对这些基本问题的不同回答，形成了世界上不同文化的生命观。

世界上不同文化传统下有三种典型的生命观。一种是以西方基督教文化为代表的生命观。它认为，一切现实世界的生命包括人类在内，都由一个在我们这个现实世界之外、之上的世界来创造、控制和管理。那是一个什么世界呢？神的世界。中国文化中“神”的概念跟基督教中“神”的概念是不一样的。基督教文化中“神”的概念就是一个造物主，人类现实世界的一切都是由这个造物主有意志、有目的地创造出来的，所以也由祂来管理，人都应当听从祂的意志，按照祂的意志去做人、做事。只有这样，人的灵魂才能够得救。简单地说，现实世界是由一个外界的世界主宰的。大略来讲，西方的整个文化都跟这个神有关系，包括他们的价值观念、思维方式。

第二种是印度文化的生命观。它也认为在这个现实世界之外、之上还有一个神的世界。人类现实世界一切的生命也都由这个神的世界创造、管理。这跟基督教生命观的差异在哪里？

基督教生命观认为万物都是上帝创造的，所以万物是一个个独立的个体，生命的维系是靠上帝创造的其他万物来相互养育。上帝创造了这些供人类吃、穿，那么人类的生命就可以维持下去了。人类的生命个体结束以后，上帝再创造新的生命。每个生命都是一个独立的个体，生命与生命之间没有内在的关系，只有外在的关系和规定，我们互相遵守，共同维持。印度文化的生命观也认为生命是一个个独立的个体，也是由神创造的。二者的差异在于一个强调的是唯一的神，一个则是多神。

另一个差异是，基督教文化强调一个生命结束后灵魂的去向、归宿问题，生命结束后他还是一个个体，未来的生命怎样，是以个体为主的，是“我”作为一个个体在那里；而印度的宗教文化不强调灵魂的去向问题，而是这个个体生命结束后，还有一个来世的生命，一世结束了还有一世，这是一种轮回的生命观。所以印度宗教中，生命的一个很重要的问题就是怎么为来世考虑，命运要靠自己这一生的作为来改变。当然，最后怎样改变，还是由神来操纵。印度文化中，人是把自己的命运交给神来处理的，神安排了“我”这样的生命状态，“我”就要安于这样的生命状态。

第三种是中国文化的生命观。它认为生命并不是一个外力创造的，它重视的是我们生活的这个现实世界。现实世界中的一切生命都是这个现实世界自己生成的，自然而然生成的，没有任何的目的。它不去构建现实世界之外、之上的另一个世界来创造、管理我们这个世界，这个世界就是由这个世界自己变化生成的。

中国文化里神的概念，最核心的概念就是阴阳变化——变化莫测之谓神。神的核心内容是变化，这个变化有有规律的变化，也有没有规律的变化。总之，变化就是神。它不是一个外来的力量，而是这个现实世界本身的变化。一切都是自然而然、自我生成的，而不是另外一个世界制造的，人的生命也一样。人的生命是怎么来的？“夫妇合气，子自生矣。”西方文化中，如果夫妇生了孩子，说那是上帝给他们的，上帝通过他们夫妇二人来生一个新的人。中国文化中，物与物之间有很密切的联系，尤其是父母子女之间，有内在的我们称之为血缘的关系、“香火的延续”，这种认识非常强调人与人之间、物与物之间内在的关系，人跟万物是一体的。北宋张载说：“民吾同胞，物吾与也。”什么意思呢？所有的人跟我都是同胞，都是兄弟姐妹；万物跟我都是同类，我们都是天地所生。

在这样的生命观里，生命是相互关联、前后相续的。它不是基督教文化认为的那样，生命是一个独立的个体，独立的个体有生就有死，所以它不会轮回，更不会像印度宗教那样再来一世，而是认为个体消失就消失了，个体生命有生就有死。

基督教和印度宗教的生命观都是个体生命观，而且不仅有现世的个体，还有来世的，来世还是我自己。中国文化的生命观认为，“我”只有一个身份，“我”只有一个生命。“我”生命的延续不是我自己生命的再来，而是“我”生命的延续。《孝经》说“身体发肤，受之父母，岂敢毁伤？”又说，“身体者，父母之遗体也”。“我”的生命是“我”父母生命的延续。这个“遗体”不是指我们今天讲的尸体，而是父母遗留下来的“身体”。

我把中国文化的生命观称作“群体生命观”“连续性的生命观”。“火尽薪传”可以形象地概括中国文化的生命观。生命就像一根燃烧的木材，这根木材总有一天是要烧完的。烧完了怎么办？这根木材烧完了，那根木材接着烧，这个生命观是连续的。

因此，中国人的生命的延续观是把个体融入集体之中，强调个体是整体系列的一员，个体的消亡并不影响系列的延续。所有人的生命都是相联的，所谓天地生之本，先祖类之本，君师治之本。这种观念落实到个人身上，就使每个人都注重自身人生境界和品格的提升，强调积德和个体的完善。因此我想可以把中国人的这种生命延续观称作“大生命观”。这种“大生命观”使得人们不会采取竭泽而渔的办法，而是鼓励“前人栽树，后人乘凉”的作为。我想它对于社会人生是非常有益的。

人就是天地的一颗心

生命观决定了诸多文化彼此不同的根本特性。西方文化是两重世界，一重是现实的世俗世界，即我们生活的世界；另一重是神的世界，即神圣的世界。西方文化动辄讲世俗化和神圣性。他们认为，人类不能停留在世俗化上面，要上升到神圣性，甚至把世俗化和神圣性对立起来，神圣性是高尚的，世俗化是低俗的，这是基督宗教文化里极其鲜明的特点。因为在西方文化看来，这是两个层次的世界，一个是现实世界，一个是理想世界，现实世界由神创造。

那么中国人呢？只有这个现实世界，没有现实世界之外的第二重世界。因此，我们关注的就是这个现实世界的人类之神。我们人类在这个世界中跟万物相处，可是，我们人跟万物既一样又不一样，怎么个不一样法？这就是我们传统文化经常讲的："人为万物之灵。"人具有灵性，人在万物之中最为贵、最重要，我们既看到人跟其他的生命其实是一样的，天下万物一体，同时又看到人在这个世界上跟万物相比是有灵性的，是最重要的。

一个贵，一个灵，说明人跟万物的区别。究竟贵在哪里，灵在哪里？在于人有思想、有精神生活，人是肉体生命和精神生命相结合的高级生命体。

万物中人之外的高级哺乳动物，它们没有多少精神生活，主要是肉体生活。它们一切的行为都是被规定好的，它们只能这样而不能那样，没有多少主动性和能动性。可是人呢？人就不一样了，人有充分的主动性和能动性——在自然生长出来的万物之中，人具有最大的主动性和能动性。

人可以这样，也可以那样；可以不这样，也可以不那样。人有最大的主动性。这一点在中国文化中已经认识得很清楚了。因此，中国文化认为人与天地具有同等重要的意义，所谓"天地人三才"。先秦哲学家荀子非常明确地说："天有其时，地有其财，人有其治，夫是之谓能参。"你不能说动物有智吧，不能说动物能够自觉参与天地的变化吧？可是人是会自觉主动参与进去的。因为天有其时生万物，地有其财养万物，人有其治管理、参与万物的变化。

那么，人的根本特征体现在哪里？正如荀子所做的精彩分析："水火有气而无生，草木有生而无知，禽兽有知而无义，人有气有生有知，亦且有义，故最为天下贵。"为什么说人最贵？在荀子看来，因为人有义。义是什么呢？"义"就是能够分辨，分辨什么该做，什么不该做；怎样做是对的，怎样做是不对的；什么是最重要的，什么是次要的……"义"能够分辨是非、轻重、缓急，这是人的特点。当你面对更大的事情时，作为人就会分辨是非、轻重、缓急。为了民族、国家，我这个小家就放在后面，我们先去尽忠，能够分得清，这就是人，没有这一点就不是人。所以孟子也讲："仁者，人心也；义者，人路也。"仁就是人心，义就是人应该走的路。中国文化清楚地认识到人与万物都是天地所生的物，但是人又是在万物之间最为贵的。《尚书》里有一句话，"惟天地，万物之父母；惟人，万物之灵"。正因为如此，中国文化非常重视人的主体性、独立性以及人的主动性、能动性。

人就是我们这个现实世界的万物之一，但又是万物之间最为贵、最为重的。在这个世界里，怎样做人就是一个大问题。这个人不是神来告诉你怎么做。基督教是神来告诉人该怎么做，中国文化没有这样外在的世界。在这个世界里，人就是万物之灵，又是万物之间最为贵的，所以人应该自己来认识自己，自己管理自己。

我经常讲，中国文化的核心就是人自我的认识，这个认识既是个体的自我认知，也是一个群体的自我认知，即我们怎样认识人类。万物都是天地所生，人也是万物中间的一类。在这个认识过程中，怎样保证人的主体性、独立性，不要让人沦为某一个外在力量的奴隶，我们不要做“天”“地”的奴隶。这个“天”“地”不是中国文化中自然的天地，而相当于神、造物主，我们不能做它的奴隶，我们要做一个有独立人格的人。我们也不能做物的奴隶。外物的引诱让我们的欲望膨胀，如果管不住自己的欲望，成了物的奴隶，那也不行。中国文化认为，不管做神的奴隶，还是做物的奴隶，都是自我主体性、独立性的丧失。中国文化非常强调人要做人自己，要保持人的主体性、独立性，所以强调人的自我提升，自觉认识到人在天地万物之间的高贵身份，然后自律（自己管住自己），以此维持人的独立性和主体性。

因此，中国文化最重视的就是人的主体性和独立性。同时，这个人还有很大的主动性、能动性。人跟万物不一样，万物只能够在“规定”的环境中生活，人有很大的主动性、能动性，可以随意改变自身所处的环境。

我们日常生活中的言行举止是由什么来管束的？大家都会说：心啊，或者用现在的话讲是“脑子”。心更符合中国传统文化的说法，因为中国传统文化认为“心是一身之主”，“心”是一个人一切言行举止的主宰。

战国时《管子》里有一篇叫《心术篇》，分成上下两篇。《心术篇》里讲：每个人都有一颗心，心是一身之主，主宰、管理五官。我们的五官与外界色、声、香、味等事物接触。如果心能够管住五官，五官又能分别管住外在事物，那么心术就是正的；反过来，如果五官让外界事物管住了，一看到美味就管不住嘴拼命去吃，一看到美色就管不住眼睛拼命去看……这样就让五官管住你的心了，最后心术就坏了。心术正体现在你的心能管住你的五官，五官能管住外物，不受外物引诱。比如再好的食物也不能吃撑了，吃七八分饱就够了，吃撑了反而是损害了你。我们都知道，有些行为其实就是"贪心不足"，那就是你管不住自己的五官，五官让外物管住了。

怎么样才能管住五官呢？汉代《淮南子》这样说："夫圣人量腹而食，度形而衣，节于己而已。贪污之心，奚由生哉？"圣人根据自己的肚量吃饭，吃一碗就够，那我就不要再多吃。"度形而衣"是根据自己的身体来裁衣。"节于己而已"，你觉得适合自己就行。这样，贪污之心从何生起？不会的，这些都是身外之物。很多人起了贪污之心，所以就管不住了，明明吃饱了还吃，明明可以保暖了，还要更华丽的衣服。人心是我们一身之主，主宰我们言行举止的变化，这样做那样做、这样说那样说，都是我们的心在支配。

中国古人早就认识到这一点。人在天地之间是什么？人就是天地的一颗心。我们今天所说的"大同理想""小康社会"出自《礼记·礼运》。这篇文章明明白白地告诉我们，"人者，天地之心也"。我们想一想，人是天地之心，你这颗心一动，天地会发生什么变化？是不是有很大的变化？所以，人要管住自己这颗心，人类也要管住自己，要不然天地就让你这颗心蹦蹦跳跳跳乱了。张载四句教，第一句叫“为天地立心”，这句话怎么来的？为什么为天地立心？人还想为天地立心？就是因为古人已经认识到人是天地之心，所以我们是要给天地立一颗正心，还是立一颗邪心，这是一个立场性的根本观点。

第二章 中华文化的主体构成

互融互补的儒释道三教

中国文化源远流长，博大精深。在其长期历史的发展过程中，不仅产生了众多的本土学派，也不断有外来文化的传入，这些不同的学派和文化，在矛盾冲突中相互吸收和融合，其中有的丰富了、发展了、壮大了，有的则被吸收了、改造了、消失了。大约从东晋开始至隋唐时期，中国文化逐渐确立了以儒家为主体，儒、释、道三家既各自独标旗帜，同时又合力互补以应用于社会的基本格局。中国文化的这一基本格局，一直延续到了 19 世纪末，乃至 20 世纪初，历时 1600 年左右。所以，可以这样说，中国传统文化是儒、释、道三家鼎足而立、互融互补的文化。但是由于儒家长期被封建统治者尊奉为正统这一事实，一部分学者常常只强调以儒家作为中国文化的代表，而忽视或轻视佛、道两家在中国传统文化中的巨大作用。这种观点，过分偏重于中国文化中的政治制度和宗法伦理层面，并把其他层面的文化现象也都纳入到政治和伦理的框架中去考察和理解。这就把丰富多彩、生气勃勃的中国文化描绘得单调枯燥、死气沉沉了，显然是不够全面的。所以，无论从哪一个角度来考察中国文化，撇开佛、道两家是无法理解中国文化的多彩样式和丰富内容的，更是无法全面深刻地把握中国文化的真正精神的。

需要说明的是，这里所说的儒、释、道，主要不是指原始形态意义上的儒、释、道，而是指随着历史的前进，不断融摄了其他学派思想，并具有鲜明时代特征的发展了的儒、释、道。因此，我们要比较准确和深入把握中国文化，就必须了解儒、释、道三家各自发展的脉络，以及三家之间的纠葛——矛盾斗争与调和融合。

一

在我国历史上，西周及以前学在官府；东周以后，学术逐步走向民间，春秋后期已出现颇有社会影响的儒家、墨家等不同学派；而至战国中期，则出现了诸子百家争鸣的局面，学派纷呈，学说丰富多彩，为中国文化的发展奠定了宽广的基础。

根据司马迁在《史记》中引述其父司马谈对学术流派的见解，他是把先秦以来的学派总归纳为六家，即：阴阳、儒、墨、法、名、道德。司马谈引用《周易·系辞》“天下同归而殊途，一致而百虑”的说法，认为这六家的学说都是为安邦治国，他们各有所见，也各有所偏。而由于当时社会上崇尚黄老之学，司马谈也标榜以道家学说统摄各家。他认为，道家“因阴阳之大顺，采儒墨之善，撮名法之要”，所以能“与时迁移，应物变化，立俗施事，无所不宜”。总之，道家是“指约而易操，事少而功多”。(《史记》卷一百三十，《太史公自序》）然而，班固在

《汉书》中则把先秦以来的学派归纳为十家，即：儒、道、阴阳、法、名、墨、纵横、杂、农、小说。但接着他又说，十家中“可观者九家而已”（即除去小说家），而各家则都是“各引一端，崇其所善”。他同样也引用了上述《周易·系辞》的话，不仅认为各家学说都有其所长和所短，而且还强调说，“其言虽殊，辟犹水火，相灭亦相生也”“相反而皆相成也”。由于当时社会已以儒学为上，所以班固也竭力推崇儒家，认为儒学“于道最为高”。（《汉书·艺文志》）

这两位杰出的史学家、文学家、思想家，一位论六家，以道家为统；一位明九家，以儒家为高。他们观点的不同，如前所说，反映了不同时代的学术风尚和他们个人不同的学术师承背景，而他们之所以分别揭橥出道家和儒家为诸子百家的统摄者，如果从学术发展的内在规律分析，正是反映了在诸子百家众多的学派中，儒、道两家思想是最为丰富的。不仅如此，儒、道两家还具有极大的包容性和自我发展、不断更新的内在机制，所以逐渐成了诸子百家众多学派的代表者。

事实上，自战国中期以后，学术界就呈现一种纷纭复杂的情况。一方面是各学派内部的大分化，另一方面是出现了一股各学派之间相互渗透、彼此融合的发展趋势。中国文化就是在这诸子百家的学派分合之中不断地发展和丰富起来的。

两汉是儒、道两家广泛吸收诸子百家，充分发展自己、丰富自己，并确立自己作为中国文化代表学派地位的时期。汉初统治者为医治秦末苛政和战乱造成的社会民生极度凋敝的状况，采用了简政约法、无为而治、与民休养的政策以恢复社会的生机。与此相应，在文化思想上则大力提倡道家黄老之学。此时的道家黄老之学，处于社会文化思想的代表和指导地位，所以它必须处理好与其他各个不同文化思想学派的关系问题。社会对思想文化的需要是多样的、丰富的，而不是单一的。然而诚如许多中国思想家所说的，这种多样性又需要“统之有宗，会之有元”（王弼《周易略例》），即需要有一个为主的指导者。不过，这种“统”和“会”绝不是以一种样式去排斥或替代其他的样式。因为，如果把其他样式都排斥掉了，只剩下了自己一种样式，那也就不存在什么“统”和“会”的问题了。汉初道家黄老之学，正如司马谈所描述的，它广采了阴阳、儒、墨、名、法各家之长，正是这种容纳、吸收和融合的精神，使得道家学说不仅成为当时社会的指导思想，同时也成为整个中国文化精神的集中代表者之一。

儒家之所以能成为中国文化的主要代表者，也有着与道家相同的经历。汉初儒家荀子学说影响很大，如“六经”之学中的易、诗、礼、乐等，都有荀学的传承，而荀子礼法兼用的思想也普遍为汉儒所接受。西汉大儒董仲舒建议武帝“诸不在六艺（六经）之科，孔子之术者，皆绝其道，勿使并进”，为以后武帝“罢黜百家，独尊儒术”之所本。然而，从董仲舒本身的思想来说，也早已不是单纯的原始儒学了。他不仅大力倡导礼法、德刑并用的理论，而且大量吸收墨家的“兼爱”“尚同”理论，乃至墨家某些带有宗教色彩的思想；更为突出的是，在他专攻的《春秋》公羊学中，充满了阴阳家的阴阳五行学说，使阴阳五行思想成为儒家学说中的一个有机组成部分。班固在

《汉书》中评述说："董仲舒治《公羊春秋》，始推阴阳，为儒者宗"（《汉书·五行志上》），就明确地指出了这一点。由此可见，经由董仲舒发展而建立起来的汉代儒学，如同汉初的道家黄老之学一样，也是广采了阴阳、墨、名、法、道各家之长的。同样也正是这种容纳、吸收和融会的精神，使儒家学说不仅成为当时社会的指导思想，同时也成为整个中国文化精神的集中代表者之一。

二

道家思想的核心是无为，主张顺自然、因物性；而儒家思想的核心是有为，强调制名（礼）教、规范人性。这两种类型思想的不同和对立是显而易见的，而两者在历史上相互补充、相互吸收以构成中国文化的基本格局、中华民族的主要精神，同样也是显而易见的。诚如班固所说，"其言虽殊，辟犹水火，相灭亦相生也""相反而皆相成也"。同时必须说明的是，儒、道两家的核心思想也不是绝对不可调和或相互融摄的。

人们经常把道家的无为理解为一种消极逃避、什么都不去做的主张。其实，这是很不全面，也不十分准确的。应当指出，在道家内部存在着消极无为和积极无为两种不同的学说，他们对于无为思想精神的理解是很不相同的。道家的庄子学派总的说来比较偏向于消极的无为，他们追求一种"堕肢体，黜聪明"的"坐忘"（《庄子·大宗师》）和"形如槁木""心如死灰"的"吾丧我"（《庄子·齐物论》）的自我陶醉的精神境界。道家的老子学派所说的无为就不完全是消极的了。老子所谓的无为，主要是“辅万物之自然而不敢为”（《老子》六十四章）。他强调的是“生而不有，为而不恃，长而不宰”（《老子》五十一章），和“不自见”“不自是”“不自伐”“不自矜”（《老子》二十二章），即不自作聪明、不自以为是、不自居功劳、不自我夸耀。所以，老子的无为并不是什么也不为，而是主张为而不恃，是要以退为进、以曲求全、以柔胜刚。荀子在批评庄、老两家学说时，一则说“庄子蔽于天而不知人”（《荀子·解蔽》），一则说“老子有见于诎（曲），无见于信（伸）”（《荀子·天论》），对于两者思想精神的不同之处，抓得相当准确，点得十分明白。

韩非在吸收老子无为思想时，强调的只是君道的无为，而臣道是应当有为的。韩非认为，君主的任务主要是把握原则、任用百官，如果事必躬亲，不仅忙不过来，也做不好，而更严重的是，它将极大地妨碍和打击臣下百官的工作积极性和主动性。所以，君道的无为可以更好地发挥臣下的积极性和主动性。

汉初黄老之学所强调的无为而治，又进一步表彰臣道的无为。汉初的主要政治经济政策是与民休养生息，强调尽可能少地去扰民，充分调动和发挥百姓们的积极性和主动性，以利社会秩序的稳定和经济的复苏。汉初黄老之学同时表彰臣道无为，正是出于这样的背景。今存《淮南子》一书中，保存了不少汉初黄老的学说，其中论及无为思想处，有许多积极的方面。

由此可见，道家的无为思想并不是与有为截然不相容的，而从其积极精神方面讲，道家的无为是为了达到更好的有为，乃至于无不为。

同样，儒家的有为思想也不是截然排斥无为的。儒家主要经典《论语》，也记载有孔子称颂天道自然无为的言论，如说："天何言哉？四时行焉，百物生焉。天何言哉！"（《论语·阳货》）同时，孔子也赞扬效法天道无为的尧与舜，如说："大哉，尧之为君也！巍巍乎，唯天为大，唯尧则之。荡荡乎，民无能名焉。巍巍乎，其有成功也。焕乎，其有文章。"（《论语·泰伯》）又说："无为而治者，其舜也与！夫何为哉？恭己正南面而已矣！"（《论语·卫灵公》）儒家对于自然界的法则也是极为尊重的，强调人类在生产活动中一定要按自然界的法则去行动。如荀子说："养长时则六畜育，杀生时则草木殖。""草木荣华滋硕之时，则斧斤不入山林，不夭其生，不绝其长也。鼋鼍鱼鳖鳅鳣孕别之时，罔罟毒药不入泽，不夭其生，不绝其长也。春耕、夏耘、秋收、冬藏，四者不失时，故五谷不绝，而百姓有余食也。污池渊沼川泽，谨其时禁，故鱼鳖优多，而百姓有余用也。斩伐养长不失其时，故山林不童，而百姓有余材也。"（《荀子·王制》）这些防止人类有为活动的随意干预，积极尊重自然法则的无为思想，是儒、道两家一致认同的。

三

力图把儒、道两家思想融通为一，而且获得相当成功的，是魏晋时代的玄学。中国传统文化是一种具有强烈现实性和实践性性格的文化，中国传统哲学所讨论的理论问题，主要是那些与现实生活密切相关的实践原则。即使被人们称之为"清谈”“玄远”的玄学，也不例外。人们所熟知的，玄学讨论的有无、本末、一多、动静等抽象理论问题，其实无一不与解决名教与自然的关系这一现实的社会、人生问题有关。

所谓名教与自然的关系问题，也就是社会规范与人的本性的关系问题。众所周知，任何一个人都是生活在一定的社会经济、政治、人际等关系之中的，要受到社会职业、地位、法律、道德等的制约，所以，人都是社会的人。但同时，每一个人又都有其各自的性格、独立的精神世界和意志追求，所以人又都是个体的人。人的这种两重性，构成了现实生活中社会和个人之间复杂的矛盾关系。探讨个人与社会的矛盾关系，是中外古今思想家、哲学家最为关心的问题之一。这在中国传统哲学中则尤为关注，可说是它的一个中心议题，有着极为丰富的理论。我们在上面提到过，儒家强调制名（礼）教以规范人性，道家则主张顺自然而因物性。所以，名教与自然分别是儒、道两家的理论主题和争议焦点之所在。

儒家认为，社会的人重于个体的人，个人服从社会是天经地义的事，因而着重强调个人对于社会的责任和义务。所谓名教者，即是用伦理规范和法律制度规定每一个人在社会上的名分地位，以及与其名分地位相应的、应尽的社会责任和义务。然后，以此去要求和检验社会每一个成员的行为，进而达到协调人际关系、安定社会秩序的目的。所以，当子路问孔子说："卫君待子而为政，子将奚先？”孔子毫不犹豫地回答说："必也正名乎！"(《论语·子路》）把重新确定社会成员的名分问题，作为“为政”的第一大事。而孔子在回答齐景公问政时所说的

"君君、臣臣、父父、子子"(《论语·颜渊》),则正是"正名"的具体内容和期望达到的社会效果。儒家名教理论产生于封建时代,是为维护封建统治秩序服务的。所以,在近代反封建的革命中受到激烈的抨击是完全理所应当的、毫不奇怪的。不过我们说,把社会的某一个(或某一部分)成员定死在某一固定的名分地位上,不许其变动,这是不合理的,也是在实际上做不到的。我国古代思想家早就认识到了"社稷无常奉,君臣无常位,自古以然"(《左传》昭公三十二年)这样一个真理。同样不可否认的是,社会中的每一个成员,在一定的时间空间中,又必定是处于某一确定的名分地位之中;而在一定的社会历史背景下,如果社会的每一个成员都不能各安其名位、各尽其职责,那么这个社会肯定是不会安宁的,也是不可能发展的。所以,在一定的社会历史背景下,社会成员的各安名位、各尽职责是社会发展和前进的必要条件。从这一角度讲,儒家的名教理论也还是有其一定的合理之处的。此外,还需说明一点的是,儒家名教理论也不是绝对排斥个人作用的。就其强调调动每个人的道德自觉性这一点来说,儒家比任何其他学派更重视个人的主观能动性和意志力。然而,从总体上来说,儒家名教是轻视个人利益、抑制个人意志自由发展的。这方面的片面性,也正是儒家名教理论不断遭到反对和批判的原因。

道家,尤其是庄子学派,认为个体的人高于社会的人。他们主张顺自然而因物性,也就是说应当由着个人的自然本性自由发展,而不应当以社会礼法等种种规范去干预和束缚个人的行为。老子说:"大道废,有仁义;智慧出,有大伪;六亲不和，有孝慈；国家昏乱，有忠臣。”（《老子》十八章）又说：“故失道而后德，失德而后仁，失仁而后义，失义而后礼。”（《老子》三十八章）这是说，老子把社会礼法制度和规范的出现，归结为人类自然本性的不断自我丧失。这里包含了一种原始素朴的“异化”思想。老子的理想是，希望人们通过“绝圣弃智”“绝仁弃义”“绝巧弃利”“少私寡欲”（《老子》十九章）等去克服和阻止“异化”，以期达到返璞归真，复其自然。庄子认为，任何社会礼法制度和规范都是束缚人的自然本性自由发挥的桎梏，因此必须予以彻底破除。他以“天”喻人的自然本性，以“人”喻社会的制度规范，用寓言的形式，借牛马作比喻，通过北海若之口说：“牛马四足是谓天，落（络）马首、穿牛鼻是谓人。故曰无以人灭天。”（《庄子·秋水》）这里，他明确地提出了不要用社会礼法制度规范来磨灭人的自然本性的思想。庄子向往的是一种不受任何限制和约束（“无所待”）的绝对自由“逍遥游”。当他的向往在现实社会中行不通时，他就教人们以“齐物论”相对主义的方法，从认识上去摆脱一切由于分别善恶、是非、利害等带来的种种纠葛和苦恼，然后借以获得主观精神上的自我满足。道家的自然理论，在重视个人性格和意志方面有其合理性和积极意义，但他过分夸大个人意志与社会规范之间的矛盾对立，想把个人从社会中脱离出来，则又显然走向了另一个片面。

玄学在理论上的任务，就是如何把名教与自然之间的矛盾和谐地统一起来。儒家名教理论沿袭至汉末，已流弊丛生。它不仅作为统治者压迫、钳制人民的手段，使人们的个性、意志受到摧残，而且还成为某些诈伪狡黠之徒沽名钓誉、欺世盗名的工具，使社会风气遭到极大的腐蚀。玄学承汉末名教之弊而起，所以首先都肯定人的自然本性的根本性和合理性，赞扬和提倡道家的自然理论；同时努力调和自然本性与名教规范之间的矛盾，使之协调统一起来。玄学内部存在着各种不同的流派，但他们理论上有共同点，即都主张以自然为本，名教为末（用），强调以本统末，以用显本，本不离末，用不异本。

玄学的开创人之一、汉魏的王弼认为，喜怒哀乐等是人人都具有的自然本性，即使是圣人也不能例外。他指出，从根本上来说，人的道德行为都是人的真实感情的自然流露，如对父母的“自然亲爱为孝”（《论语释疑》）。所以说，社会的一切名教规范都应当是体现人的自然本性的，也只有以人的自然本性为根本，才能更好地发挥名教的社会作用。他激烈批评那种离开人的自然本性，而去一味追逐表面道德名声的社会腐败风气。他认为，这种舍本逐末的做法是根本违反道德名教的本意的，也是造成社会风气虚伪、名教制度弊端丛生的根本原因。对此，他作了明确的理论说明。如说：“守母以存其子，崇本以举其末，则形名俱有而邪不生，大美配天而华不作。”具体来说，“各任其贞事，用其诚，则仁德厚焉，行义正焉，礼敬清焉”。反之，如果“舍其母而用其子，弃其本而适其末，名则有所分，形则有所止。虽极其大，必有不周；虽盛其美，必有患忧”。而具体来说，“弃其所载，舍其所生，用其成形，役其聪明，仁则尚焉，义则竞焉，礼则争焉”。（《老子》三十八章注）所以，王弼希望通过“以无（自然）为本”“举本统末”的理论，在自然的统摄下发挥名教的正常作用。

玄学的另一位重要代表、西晋的郭象，进一步发展了王弼的理论。他在讲体用的关系上，着重强调了两者不可相离的一体性。他把名教规范直接植入到人的自然本性之中去，认为："夫仁义自是人之情性，但当任之耳。恐仁义非人情而忧之者，真可谓多忧也。"（《庄子·外篇·骈拇》注）这是说，仁义等道德规范即在人的自然本性之中，所以应当听任人的本性的发挥，不用担心它会离开道德规范。他不同意庄子以络马首、穿牛鼻为违背牛马自然本性的说法，而认为："牛马不辞穿落者，天命之固当也。苟当乎天命，则虽寄之人事，而本在乎天也。"（《庄子·外篇·秋水》）这就是说，那些符合于自然本性的东西，即使是借助于人为的安排，它也还是根植于自然的。言外之意就是说，表面上看来是借助于外力的名教规范，其实就存在于人自身的自然本性之中。反过来讲，服从于仁义等名教规范，实际上也正是发挥了人的自然本性，是完全合乎人的自然本性的。于是，郭象通过他的"性各有分""自足其性"等理论，把外在的名教规范与个人内在的自然本性统一起来，也就是使名教规范获得一种自然合理的形态，使自然本性在一定的限度内得到自我满足。

东晋的玄学家袁宏，综合发展了王弼和郭象的理论。他第一次以"道明其本""儒言其用"（《后汉纪》卷十二）的明确提法，点出了玄学在对待儒、道两家关系上的立场。他反复论说："崇长推仁，自然之理也"；"爱敬忠信，出乎情性者也"（《后汉纪》卷三）；"仁义者，人心之所有也"（《后汉纪》卷二十五）

的道理。他毫不隐讳地说："夫礼也，治心轨物，用之人道者也。"但是，"其本所由，在于爱敬自然，发于心诚而扬于事业者"。于是，"圣人因其自然而辅其性情，为之节文而宣以礼，物于是有尊卑亲疏之序焉。"（《后汉纪》卷十三）他还说："夫君臣父子，名教之本也。然则，名教之作，何为者也？盖准天地之性，求之自然之理，拟议以制其名，因循以弘其教，辩物成器，以通天下之务者也。"（《后汉纪》卷二十六）这段话可以说是对玄学关于名教与自然合一理论的总结性论述。

以融合儒、道两家思想为基本特征的玄学理论，对于中国传统哲学，乃至整个中国传统文化的某些基本性格与精神的形成，有着重要的、决定性的作用。这一点是治中国哲学或中国文化者不可不知的。我举出两点为例，以说明玄学的历史作用和理论地位。第一，由玄学发展起来的"自然合理"论，确立了中国传统哲学的基本理论形态之一，形成了中国传统文化注重自然法则、人文理性而宗教观念相对淡薄的基本性格。第二，玄学认知方法上的"得意忘言"论，构成了中国传统哲学中最主要的思维方式之一，奠定了中国传统文化艺术的主要特点和根本精神。

四

佛教是在两汉之际由印度传入的外来文化。当其传来之初，人们对它了解甚浅，把它看成与当时人们所熟悉的黄老之学、神仙方术相类似的学说。

如袁宏在《后汉纪》中介绍说："佛者，汉言觉，将悟群生也。其教以修善慈心为主，不杀生，专务清净。其精者号为沙门。沙门者，汉言息心，盖息意去欲，而归于无为也。……故所贵行善修道，以炼精神而不已，以至无为而得为佛也。"汉末、三国时期，佛经已渐有翻译，迨至东晋时期，则开始了大规模佛经传译的工作。其间，姚秦时著名佛经翻译家鸠摩罗什及其弟子所翻译的佛经，以译文传意达旨、译笔优美通畅而广为传颂，影响至今犹存。它对于佛教在中国的传播和发展，发挥了重要的作用。这时，东来传教的高僧日多，本土的出家僧众也激增，其中有不少的饱学大德，因此，佛教在社会上的影响迅速扩大。东晋南北朝以来，随着佛教影响的扩大，随着本土人士对佛教教义的深入了解，佛教这一外来文化与本土文化之间的差异和矛盾就暴露出来了。接着，两者之间的冲突，也就不可避免地爆发了。由于当时中国本土文化以儒、道为代表的格局已经形成，所以佛教与本土文化之间的矛盾冲突，也就表现为佛、道与佛、儒之间的矛盾冲突。

这里所说的佛、道冲突中的道，已不单是指先秦的老庄、汉代的黄老等道家，它同时也包括了东汉末产生的道教，而且从形式上来看，更多的是与道教的矛盾冲突。佛教与道教的矛盾冲突，虽然也有因教义上的不同而引起的斗争，但道教主张长生久视、肉体成仙，而佛教则宣扬诸行无常、涅槃寂灭，这样两种根本相反的解脱观，自然是会发生冲突的。然而，佛、道两教之间的冲突，更多的却是发生在争夺社会地位上。从南北朝至五代，先后发生过四次较大规模的灭佛运动，佛教中人称之为“三武一宗法难”。这四次灭佛运动都是有其深刻的社会政治、经济原因的，但其中前两次的灭佛运动，即北魏太武帝太平真君七年和北周武帝建德二年两次，则又是与道教争夺统治者的崇信确立其社会的正统地位直接有关。唐武宗会昌五年的灭佛运动，其中也有道教人士参与劝谏。只有五代后周世宗的废佛运动，未见有道教的掺入。在两教争正统的斗争中，双方都编造了不少荒诞的谎言来互相攻击，抬高自己。如道教编造《老子化胡经》等，谎称老子西行转生为释迦佛；佛教也如法炮制，伪造各种文献，或声称老子转世为佛弟子迦叶，或分派迦叶转生为老子，等等。诸如此类，不一而足，没有什么价值。

佛教与儒家的冲突，最直接的是佛教的出世主义、出家制度明显有违于儒家提倡的伦理纲常等礼教。所以两家斗争的焦点，也就主要集中在佛教的出世出家是否违背了中国传统的孝道和忠道。在这一斗争中，坚持儒家立场者，激烈抨击佛教的出家制度教人剃须发、不娶妻、不敬养父母等，完全违背了孝道；而出世主义则不理民生、不事王室、不敬王者等，又完全违背了忠道。因而极贬佛教为夷教胡俗，不合国情，必欲消灭之而后快。站在佛教立场者，为求得在中国的生存，则竭力采取调和态度，辩明其不违中国礼俗之根本。如东晋著名高僧慧远就申辩说：“悦释迦之风者，辄先奉亲而敬君；变俗投簪者，必待命而顺动。若君亲有疑，则退求其志，以俟同悟。斯乃佛教之所以重资生，助王化于治道者也。”（《沙门不敬王者论·在家一》）这是说，信佛教者是把奉亲敬君放在第一位的，如果得不到君亲的同意或信任，则要退而反省自己的诚意，直到双方都觉悟。这也就是佛教对于民生、治道的裨益。他还说，出家人虽然在服饰上、行为上与在家人有所不同，但他们有益民生、孝敬君亲，与在家人没有两样。所以说："如令一夫全德，则道洽六亲，泽流天下，虽不处王侯之位，亦已协契皇极，在宥生民矣。是故内乖天属之重，而不违其孝；外阙奉主之恭，而不失其敬。"（《沙门不敬王者论·在家二》）

从理论方面讲，当时佛教与儒道的斗争主要集中在形神存灭、因果报应等问题上。成佛是佛教徒的最高理想，对此问题，当时的中国佛教徒提出了一种"神明成佛"的理论。梁武帝萧衍甚至专门写了一篇题为《立神明成佛义记》的论文来发明此义。他在文中说："源神明以不断为精，精神必归妙果。妙果体极常住，精神不免无常。"这里所谓"神明"，指人的灵魂；"不断"，是不灭的意思；"妙果"，则即指成佛。这句话的意思是说，人的灵魂要修炼到不灭，才可称作"精"；这种"精"的"神"，最终必定成就佛果。佛果为彻悟之体，所以永恒不变；精神则尚处于过程之中，不能免于流动变迁。沈绩对这句话注解道："神而有尽，宁为神乎？故经云：吾见死者形坏，体化而神不灭。"他引经据典地说明了"形坏神不灭"的论点。当时的儒、道学者则针锋相对地提出了"形神相即""形质神用""形死神灭"等观点。又，佛教讲因果报应，特别是讲三世报应，这也是与中国传统观念不一致的。佛教的业报，强调自己种下的因，自己承受其果报——有的现世受报，有的来世受报，有的则经过二生三生，乃至百生千生，然后才受报。在中国传统观念中，则盛行着“积善之家，必有余庆；积不善之家，必有余殃”的教训，即祖先积善或积不善，由子孙去承受福或祸，而主要不是本人去承受。所以，晋宋齐梁期间围绕神灭、神不灭和因果报应等问题曾展开了一场激烈的斗争。

在佛教与儒、道发生矛盾冲突的同时，更值得注意的是佛教与儒、道之间的相互渗透和融合。这里，我们首先从佛教方面来看一下这种渗透和融合。佛教传入之初，为使中国人理解这一外来宗教的思想，借用了大量的儒、道所用的传统名词、概念来比附译释佛教的一些名词、概念，此即所谓“格义”的方法。如，以无释空，以“三畏”（畏天命，畏大人，畏圣人之言）拟“三皈”（皈依佛、法、僧），以“五常”（仁、义、礼、智、信）喻“五戒”（去杀、盗、淫、妄言、饮酒）等。这种借用现象，在对外来文化的传译初期是不可避免的。然而，由于佛教传入初期，人们对其了解不深，这种名词、概念的借用，也就给一般人带来了不少的误解；而这种误解，也就使儒、道的思想渗入了佛教之中。陈寅恪先生在其所著《支愍度学说考》一文中，举出《世说新语》刘孝标注所引当时般若学中的心无义曰：“种智之体，豁如太虚。虚而能知，无而能应。居宗至极，其唯无乎？”然后评论说：“此正与上引《老子》（天地之间其犹橐籥乎？虚而不屈，动而愈出。）及《易·系辞》（易无思也，无为也，寂然不动，感而遂通天下之故，非天下之至神，其孰能与于此。）之旨相符合，而非般若空宗之义也。”陈先生的评论是很深刻和正确的。

如果说，这种初期的融入尚是不自觉的话，那么后来佛教为了在中国扎下根来，则进行了自觉的、主动的融合。首先在译事方面，佛教学者总结了“格义”法的缺陷以及在翻译中过分讲求文辞，而忽略其思想意义等问题，主动积极地吸收和提倡玄学“得意忘象（言）”的方法，以领会佛典所传达的根本宗旨和思想精神。正如东晋名僧道生所说的：“夫象以尽意，得意则象忘。言以诠理，入理则言息。自经典东流，译人重阻，多守滞文，鲜见圆义。若忘筌取鱼，始可与言道矣！”（《高僧传》卷七）又如，东晋名僧僧肇，深通老庄和玄学，他的著作《肇论》，借老庄玄学的词语、风格来论说般若性空中观思想。在使用中国传统名词和文辞来表达佛教理论方面，达到了相当高妙的境地，深契得意忘言之旨。所以说，玄学对于佛教的影响是很深的，它在连接佛教与中国传统文化方面起了重要的桥梁作用。当然，反过来佛教对于玄学的影响也是十分巨大的。两晋之际，玄学家以佛教义理为清谈之言助，已在在皆是，所以玄佛融合成为东晋玄学发展的一个重要趋势。

事实上，佛教有很多理论上与中国文化冲突的地方。佛教是在印度文化中成长起来的，常常把一个人看作一个个体生命，也落脚在个体生命，这和中国文化把生命看作“连续性的群体生命”的生命观完全不同，所以争论也很多。在这方面，佛教为了适应中国文化，作了一个自我调整，我称之为“自我适应”。佛教把佛经里关于孝顺父母的内容都大量发扬，最典型的就是目连救母的故事，这后来成为中国民间故事，形成了非常重要的节日，这是在相当长的过程中形成的。从理论上来说，更大的冲突是佛教的缘起理论和中国以道家为主的自然观、自然论的冲突。佛教的缘起理论强调因果之间的必然联系，而中国道家的自然观则强调因果之间的偶然关系。从范缜的《神灭论》中可以看得很清楚，他认为因果之间没有必然联系。这个问题一直到唐代才得以解决。比如唐代《神会语录》里，有人问：道家讲自然，佛家讲因缘，两者之间为什么有冲突？神会要调和这个问题，认为只讲因缘，不讲自然，这是“愚僧”；只讲自然，不讲因缘，这是“愚道”。他把两者统一起来。这个理论的统一非常有意义，把必然与偶然统一起来，一切必然都是通过偶然呈现的，而一切的偶然后面都可以寻求它的必然。这把中国道家自然论与佛教缘起论结合得很好，解决了哲学上的一个极大的问题。因此，文化之间不一定要彼此否定，而是要把它结合得更好，这才是“化”。

在中国儒、道、玄思想的影响下，原印度佛教的许多特性发生了重大的变化。诸如，印度佛教杂多而烦琐的名相分析，逐渐为简约和得意忘言的传统思维方式所取代；印度佛教强调苦行累修的解脱方法，则转变为以智解顿悟为主的解脱方法；印度佛教的出世精神，更多地为世出世不二，乃至积极的入世精神所取代，等等。而在理论上则更是广泛地吸收了儒家的心性、中庸，道家的自然无为，甚至阴阳五行等各种思想学说。正是经过这些众多的变化，至隋唐时期，佛教完成了形式和理论上的自我调整，取得了与中国传统文化的基本协调，形成了一批富有中国特色的佛教宗派，如：天台宗、华严宗、禅宗、净土宗等。佛教终于在中国扎下了根，开花结果。与此同时，佛教的影响也不断地深入到了人们的日常衣食、语言、思想、文学、艺术、建筑，乃至医学、天文等各个方面。至此，佛教文化已成为整个中国文化中可以与儒、道鼎足而立的一个有机组成部分。唐宋以来的知识分子，不论是崇信佛老的，还是反对佛老的，无一不出入佛老。也就是说，这时的佛教文化已成为一般知识分子思想结构中不可或缺的一个部分。可以毫不夸张地说，要想真正了解和把握东晋南北朝以后，尤其是隋唐以后的中国历史、文化，离开了佛教是根本不可能的。

五

佛教文化在中国的生根和发展对中国传统的儒、道思想也发生了深刻的影响，促使它们在形式和理论上自我调整和发展更新。

由于汉末道教的创立和发展，此后道家的问题变得复杂起来了。道教是在杂糅原始宗教、神仙方术、民间信仰等基础上，附会以道家老子思想为理论依托而建立起来的。后来又受到佛教的影响，仿效佛教的戒律仪轨、经典组织等，使自己不断地完善起来。道教尊奉老子为其教主，以老、庄、文、列诸子的著作为最根本的经典，如尊《老子》为《道德真经》，尊《庄子》为《南华真经》，尊《文子》为《通玄真经》，尊《列子》为《冲虚至德真经》等。所以，就这方面来讲，道教与道家是密不可分的，因而在人们平时所称的儒、释、道中的道，一般都是含混的，并不严格限定它是专指道家还是道教。

其实，道家与道教是有根本区别的。简而言之，道家是一个学术流派，而道教则是一种宗教。先秦道家，尤其是老子倡导的自然无为主义，在描述道的情况时说："道冲而用之或不盈，渊兮似万物之宗。……湛兮似或存，吾不知谁之子，象帝之先"（《老子》四章）；而在称颂道的崇高品德时则说："辅万物之自然而不敢为"（《老子》六十四章），"生而不有，为而不恃，长而不宰"（《老子》五十一章），等等。这些论述，在当时来讲更是具有一定的反宗教意义。即使在道教问世之后，道家与道教无论从形式上或理论上也还是有区别的。如魏晋玄学家王弼、嵇康、阮籍、郭象、张湛等人所发挥的老、庄、列思想，人们绝不会说他们讲的是道教，而必定是把他们归入道家范畴。反之，对葛洪、陶弘景、寇谦之等人所阐发的老庄思想，则一定说他们是道教，而不会说他们是道家。这倒并不是因为葛洪等人具有道士的身份，而主要是由于他们把老庄思想宗教化了。具体说，就是把老庄思想与天尊信仰、诸神崇拜、修炼内外丹、尸解成仙等道教的种种宗教寄托和目标融合在一起了。而这些在玄学家所发挥的道家思想中是找不到的。以此为基准去判别汉末以后数以千计的老、庄、文、列的注解释义著作，那么哪些应归入道家，哪些应归入道教，应当是十分清楚明白的。当然，这种分辨并不涉及这些著作的理论价值的高低评价问题。事实上，在佛教理论的刺激和影响下，道教理论从广度上和深度上得到了极大的发展，不少道教著作对道家思想有很多的丰富和发展，有的甚至对整个中国传统文化的发展也是有贡献的。

总之，所谓儒、释、道中的道，包括了道家和道教。即使当人们把儒、释、道称为"三教"时，其中的道也不是单指道教。（这里需要附带说明的是，中国传统上所谓“三教”的“教”，其含义是教化的教，而不是宗教的教。）所以，当我们总论“三教”中的“道”时，既要注意道家，也要注意道教，不可偏执；而当我们研究和把握某一具体的著作或思想家时，则应当分清其究竟是道教还是道家，不可笼统。

儒家思想理论在佛教的冲击和影响下，也有很大的变化和发展。如上面所提到的，东晋以后佛教思想就深入到了社会生活各个领域，尤其是宋元以后的知识分子无一不出入于佛老，这些都还只是现象上的描绘。其实，佛教对儒家最主要的影响是在于它促使儒家对发展和建立形而上理论的深入探讨。与佛教相比，原始儒家在理论上更注意于实践原则的探讨与确立，其中虽也有一些形而上学的命题，但并没有着意去加以发挥。所以在形而上理论方面，原始儒家甚至还不如道家。佛教传入后，它那丰富深奥的形而上理论，给儒家以极大的冲击和刺激，一度还吸引了大批的优秀知识分子深入佛门，去探其奥秘。而且，确实也由此而涌现出一批积极探讨形而上理论的儒家学者。唐代著名学者柳宗元，在评论韩愈的排佛论时说，韩愈给佛教所列的罪状，都是佛教中的一些表面东西，至于佛教内所蕴含的精华，他根本不了解。所以说，韩愈完全是“忿其外而遗其中，是知石而不知韫玉也”。实际上，“浮图诚有不可斥者，往往与《易》《论语》合，诚乐之，其于性情奭然，不与孔子异道。”（《柳宗元集》卷二十五《送僧浩初序》）这段话表明，柳宗元透过儒、佛表面的矛盾，看到了佛教理论有与儒家思想相合之处，其见地显然高出韩愈一筹。其实，韩愈虽强烈排佛，但也不能完全摆脱佛教的影响。他所标举的儒家道统说，与佛教的判教和传灯思想不能说全无关系。

人们常把宋明理学的萌发，推求于韩愈及其弟子李翱。韩愈对宋明理学的影响，主要在他所标举的儒家道统说，而李翱对宋明理学的贡献，则在于他指出了一条探讨儒家心性形而上理论的途径。在韩愈那里，还是遵循比较传统的儒家思路的，即更注重于具体道德原则的探讨。

理学以承继尧、舜、禹、汤、文、武、周公、孔、孟的道统和复兴儒学为己任。然而，他们所复兴的儒学，已不完全是先秦的原始儒学了。一方面，理学的形而上理论受玄学影响极深，如玄学所提倡的“自然合理”的理论形态，为理学所积极接受和发展。另一方面，理学受佛教理论的影响也甚多。如理学大谈特谈的“主静”“性体”“体用一源，显微无间”“理一分殊”等，无一不与佛教思想有着密切的关系。所以，理学所代表的儒学，在理论形态上与先秦原始儒学存在着不同。先秦原始儒学的许多具体道德规范，到了理学家手中就平添了许多形而上学的道理。

综上所述，中国文化中的儒、释、道三家（或称“三教”），在冲突中相互吸收和融合；在保持各自的基本立场和特质的同时，又你中有我、我中有你。三家的发展历史，充分体现了中国文化的融合精神。经过一千多年的发展，到19世纪中叶以前，中国文化一直延续着儒、释、道三家共存并进的格局。历代统治者推行的文化政策，绝大多数时期也都强调三教并用。南宋孝宗皇帝赵昚说：“以佛治心，以道治身，以儒治世。”（《三教平心论》卷上）这是很具代表性的一种观点。所以，当人们随口而说中国文化是儒家文化的时候，请千万不要忘了还有佛、道两家的文化，在中国人的精神生活中发挥着巨大的作用。中华人文精神是在儒、释、道三教的共同培育下形成的，这话绝无夸张之意。

儒家的智慧

过去、现在与未来：富有生命活力的儒家

中国的儒学如果从孔子算起，绵延至今已有 2500 余年的历史了。在这漫长的岁月里，随着社会的变化与发展，儒家学说从内容、形式到社会功能也在不断地发生变化与发展。不了解儒家学说的历史演变，是很难做到客观地评价儒家学说的社会历史意义和展望其未来发展的。

如果对儒家学说的内容、形式和社会功能等进行综合的宏观考察，我认为中国儒学有四个明显不同的历史发展阶段。如果要细分的话，在这四个发展阶段的每一个阶段中，还可以再分出若干个小的发展阶段。此又当别论。

一、先秦原始儒学

儒出身于“士”，又以教育和培养“士”（“君子”）为己任。“士”者“仕”也。孟子说：“士之仕也，犹农夫之耕也。”（《孟子·滕文公下》）意思是说，士出来任职做官，为社会服务，就好像农夫从事耕作一样，是他的职业。荀子在讲到社会分工时，

也把“士”归于“以仁厚知能尽官职”(《荀子·荣辱》)的一类人。所以，从这一角度来讲，原始儒家学说也可以说是为国家、社会培养官吏的学说，是“士”的文化。

原始儒学的主要内容都是关于“士”的修身方面的道德规范和从政方面的治国原则。而且，从孔子、孟子到荀子，他们所提出的各种道德规范和治国原则，都是十分具体的、为人处世中践行的规范和原则，而不是一般的抽象的形而上学原理。

孟子除了进一步发展孔子以“仁”修身的思想外，又以推行“仁政”学说而著称于世，而其所论的“仁政”内容，同样也是十分具体的。

与孔、孟相比，荀子的思想则具有更多的现实主义倾向。他在重视礼义道德教育的同时，也强调了政法制度的惩罚作用。荀子在强调自我修养、道德自觉重要性的同时，更为强调“师”与“法”的教育与规范作用。

原始儒家在春秋末至战国时期，是社会上具有广泛影响的“显学”之一。他们提倡的道德修养学说在“士”阶层中有着深远的影响。然而，他们设计的理想政治制度和治国原则，即以一统天下和礼义王道为上等的主要精神，太脱离当时诸侯称霸、群雄割据的社会现实了，因此始终没能得到当权者的赏识和采用。所以，原始儒家学说与以后成为实际社会制度依据的儒学不同，它还只是一种关于道德修养和政治理想的一般性学说。

二、两汉儒学

在儒学政治制度化发展的同时，两汉时期也出现了把儒学宗教化的倾向。在董仲舒和当时流传的纬书中，不断地把“天”描绘成儒学中至高无上的神。如董仲舒说：“天者，百神之大君也。”(《春秋繁露・郊祭》）他们竭力宣扬天是有意志的、能与人相感应的，而王者是“承天意以从事”等一整套宗教神学理论。孔子是儒学的创始人，自然也就成了教主。为了神化教主，在当时流传的大量纬书中，不仅把孔子说成是神的儿子，而且把他的相貌也描绘成与一般凡人极不相同的怪模样。同样，为儒家所推崇的历代圣人，如尧、舜、禹、汤、文王、武王、周公等，在纬书中也统统被装扮成了与众不同的神。又，这些纬书都是以神话和神秘化了的阴阳五行说来附会地阐释“六经”以及《论语》《孝经》“河图”“洛书”等，这些也可以视作是配合当时儒学宗教化所需要的儒教经典。再有，由秦汉以来逐步完备起来的儒家礼仪制度（可参看《礼记》中的《冠义》《婚义》《乡饮酒义》《聘义》《祭义》等篇的内容)，也为儒学的宗教化准备了仪式上的条件。从两汉儒学发展的历史看，儒学的宗教化是与儒学的政治制度化密切相关的，是同步进行的，前者是为使后者得以成立和巩固服务的。

儒学社会政治层面功能的形成和加强，同时也就减弱了儒学作为一般伦理道德修养和政治理想层面的作用。在原始儒学那里，它是通过道德教育、理想教育启发出人们遵守道德规范、追求理想社会的自觉。所以，儒学对于士大夫们的修身养性具有重大的意义和作用。可是，当儒学的一些主要内容被政治制度化以后，它就成了不管你自觉与否、自愿与否，都必须遵守的外在规范，因而它的修养意义和作用就大大地被减弱了。这样，儒学制度化方面的成功，却成了它在道德修养功能方面走向衰危的契机。

到了汉末，政治制度化了的儒学礼教（名教），一方面成为束缚和压制人的自然感情的东西，另一方面又成了那些伪君子沽名钓誉的工具，因而引起了人们的强烈不满。玄学乘此流弊而起，调和名教与自然（性情）的矛盾，而其中又都强调以自然为本，并且在理论学说上，玄学也明确地提出了“道明其本，儒言其用”（《后汉纪》）。所以，自从玄学诞生以后，儒学尽管在政治制度层面仍然保持着它的统治地位，而在思想修养层面的功能，却已为玄学或道家（以及道教）所取代。东晋南北朝以后，以至于隋唐时期，佛教思想的影响又超过了玄学，在士大夫的思想修养方面起着重要的作用。所以，从魏晋南北朝至隋唐五代末约七百年间，儒学只有那些体现为政治制度化方面的东西，在统治阶层的维护下继续起着作用。

三、宋明清的性理之学

佛、道学说对广大士大夫修养身心方面的巨大影响，引起了一部分儒者的不满与不安。但是，也有另一部分儒者注意到了佛教理论并不是完全与儒学相冲突的，只要利用得好，可以与儒学互补，起同样的效果。而有一些儒者则更为高瞻远瞩，他们借鉴佛道心性形而上学理论，主动地去到儒学内部，发掘可与佛、道相抗衡的理论与经典根据，并据此建立起儒学的心性修养的形而上学理论体系。

性理学以继承尧、舜、禹、汤、文、武、周公、孔、孟的道统和复兴儒学为己任。不过，他们所要复兴的儒学，主要不是政治制度层面的儒学。因为，汉唐以来政治制度层面的儒学虽然也有某些变化，但作为社会政治制度的基础，它一直受到当权者的全力维护，而并未中断。因此，性理学家所要复兴的儒学，主要是伦理道德、身心修养层面的儒学。他们希望重新充分发挥儒学道德修养方面的社会功能，夺回被佛、道占据了七百年优势的身心修养、思想理论领域。再则，性理学所复兴的儒学，无论是在内容上还是在形式上，也都与先秦原始儒学有了很大的不同。

宋明清性理之学对儒学的重大发展，是与它积极吸收和融合玄学、佛教、道教（和道家）的理论为己所用分不开的。理学核心理论中的“理一分殊”“体用一源”等，显然吸收于佛教，其中尤其是与佛教华严学中的“法界缘起”以及“六相圆融”“理事无碍”等理论的启发有关。至于王阳明著名的“四句教”——“无善无恶心之体，有善有恶意之动，知善知恶是良知，为善去恶是格物”（《传习录》卷下），则更是明显地表现了儒佛的融合。通过这些基本理论的发展，性理学也大大地丰富了儒学的知识论和修养论。

宋明性理学的兴起和发展，确实在相当程度上恢复了儒学作为伦理道德、身心修养层面的社会功能，从而与作为政治制度层面的儒学相呼应配合，进一步强化了儒学在社会政教两方面的功能。宋明以后，儒学这种两个层面两种社会功能的一致化，使得许多本来属于伦理修养层面的问题与政治制度层面的问题纠缠在一起而分割不清。由于伦理修养层面是直接为政治制度层面服务的，常常使得本来建立在自觉原则上的规范，变而为强制人们接受的律条，而这种以“天理”“良心”来规范的律条，有时比明文规定的律条更为严厉。清代著名思想家戴震曾尖锐批评封建统治者利用性理学之“天理”“良心”来置人于死地，它比之用明文规定的“法”来杀人更为厉害，且无处可以申辩。所以说：“人死于法，犹有怜之者；死于理，其谁怜之。”（《孟子字义疏证》卷上）这是对性理学所引生出的社会流弊的深刻反映。

近代以来，特别是五四运动以来，人们对儒学进行了激烈的批判，斥其为“吃人的礼教”，高喊要“打倒孔家店”，等等。这在当时反封建制度的革命情势下，是完全可以理解的。但是，也应当看到，这种对儒学简单的全盘的否定，也是不科学的。这里显然没有分清先秦原始儒学、两汉政治制度化和宗教化儒学与宋明性理学儒学这些不同历史发展阶段的儒学之间的质的区别。同时，显然也没有分清自汉以来，尤其是自宋明以来儒学所发展出来的两个不同层面及其不同的社会功能。以上这些问题，正是我们探求儒学未来发展所必须和首先要搞清楚的问题。

四、近代新儒学

19 世纪中叶以后，随着中国封建制度开始解体，当时以性理学为代表的儒学也走向了衰落。儒学在西方经济、政治、文化的冲击下，遭到了激烈的批判，从而到了不进行变革就无法继续生存下去的局面。

中国儒学向近代转化，或者说把传统儒家思想与近代西方文化联结起来、融通起来，是从康有为开始的。康有为是中国近代最早、最有影响的资产阶级启蒙思想家之一。他打着托古改制的旗帜，借用儒学，特别是抬出孔孟来宣传其维新变法的理想。他一方面在宣传当时西方社会政治理论和哲学思想时，总要引经据典地到中国传统儒家孔孟的学说中去寻找合适的言论，以证明他所推行的那些社会改革方案也正是我国古代圣贤们孜孜以求的理想；而另一方面，他对儒家孔孟学说做了许多新的解释和发挥，使其符合当时人们所了解的西方文化，并以此证明他所推崇的传统儒学是完全合乎时代潮流的。

康有为对于儒学，特别是原始儒学，孔孟思想的崇拜和信仰是不容置疑的，但同时他又是一位主张变革维新的人。尽管他反对彻底取消君权的民主共和制，但他也反对固守封建君主专制主义，而主张资产阶级的改良主义和君主立宪制。所以，康有为自始至终是借儒家孔孟思想来宣传西方近代的民主思想的，而不是为君主专制主义作论证的。同时，在康有为把儒家孔孟思想与近代西方民主政治学说和哲学理论联系在一起的过程中，虽然有许多生搬硬套、牵强附会乃至幼稚可笑的地方，但是也不能否认，其中多少包含着某些为使传统儒学向现代转化的探索和努力（也许这种探索和努力还不是自觉的）。如果说现代新儒学的概念是指把儒学与西方近代思想文化融通起来的话，那么康有为应当是第一人。

但是，康有为对儒学现代转化的探索并不成功。其中一个主要原因是，他还是要把政治制度层面的儒学与思想修养层面的儒学捆在一起。他不仅根本没有想过要把这两个不同层面的儒学区分开来，甚至主张把儒学改造成为宗教，并在宪法上把孔教规定为国教。这些主张在当时的历史条件下，是很难被正在为推翻封建专制统治而奋斗的人们所接受的。

20世纪20年代以后，由于清王朝已被推翻，封建专制政治制度从名义上讲也不再存在了。因此，除了一小部分当权者继续企图把儒学与社会政治制度联系在一起外，更多的人则是把儒学作为传统思想文化遗产，做学理方面的研究。这些人所关心的是，在西方文化冲击下如何汇通儒学与西方文化，如何继承和发扬儒学的优秀传统，以保持民族的自主精神等问题。这时涌现出了一批关心儒学命运和前途的学者，如梁漱溟、熊十力、马一浮、钱穆、冯友兰、贺麟等，他们都在汇通中西方文化的前提下，解释儒学、发展儒学，乃至建立起某种新的儒学体系。他们的共同愿望，也可以说都包含通过对儒学的现代阐释，发扬民族传统文化，使其在当代人的思想道德修养和民族主体意识的确立方面，发挥积极的作用。

从20世纪20年代至40年代末（乃至50年代初），是现代新儒学发展最为活跃、最为丰富、最有理论深度和价值的时期。他们所取得的成就和尚存在的问题，都值得我们认真地加以研究和总结。因为，迄今为止，现代儒学发展的理论深度和体系影响，似乎还没有哪一个能够超过他们的。

以人为本的文化精神

对于中国这样一种文化的形成及其特点，我觉得我们一定要知道中国文化中的两个优秀传统——一个是“以史为鉴”，一个是“以天为则”。关于“以史为鉴”，唐太宗说，“以铜为鉴，可正衣冠。以古为鉴，可知兴替”，强调历史经验的重要性。正因如此，中国的历史著作在全世界是最系统、最完备的，中国有二十四史或者说二十五史，还有很多野史或辅助性的历史资料。中国每个朝代政权相对稳定以后，做的第一件事情是制礼作乐，第二件事情就是修前朝的历史。中国以人为本的人文精神就是通过“以史为鉴”总结出来的，是这个传统的一个成果。

西周初期，人们反思夏商两代兴亡的原因。通过对历史的观察，他们看到夏代开始是大禹治水。当时天下洪水泛滥，民不聊生。大禹把水灾治好，让老百姓安居乐业，大家拥护他才建立了夏朝。可是到了最后一个君主夏桀，荒淫暴虐，老百姓一天到晚在诅咒他，说“时日曷丧，予及汝皆亡！”就在这样一个“有夏昏德，民坠涂炭”的时期，商部落在成汤的带领下终于推翻了夏朝，建立起商朝，老百姓歌颂他把人们从水深火热中解救了出来。商代是中国历史上非常重要的一个时代，我们现在能看到的早期相对成熟的文字就是商代的甲骨文。商代人很信天命。到了最后一个天子纣王，也是荒淫暴虐。他在位的时候已经出现了民心叛逆，大臣祖伊告诉他，民心都要归向周部落了，得注意了。纣王却说：“呜呼，我生不有命在天！”在中国文化里我们把皇天也看作是自己的祖先，祖先去世以后就在天上保佑着子孙。他自认为周人也奈何不了他。可哪里知道，西北地区的周部落在民众的拥护下，在文王、武王的带领下，推翻了商朝，纣王兵败就自杀了。商灭夏，周灭商，在历史上称为“汤武革命”。

这两代的历史给了周王朝非常深刻的教训。以历史作为一面镜子，周王朝一开始就认识到一个道理：“天命靡常。”天命是会被别人革掉的。那天命怎么变化，根据什么变化呢？《尚书》里记载了周对历史的总结：“皇天无亲，惟德是辅。”这是非常重要的一句话。因此周人提出了一个重要的观念“敬德”，而且要“疾敬德”，努力地、快快地提升自己的德行。这就形成了中国文化的一个根本特性，即决定命运、政权兴亡的不在于外在的力量，而在于人自身德行的好坏。上天是根据民意来做事情的，《尚书》里有很多这样的记载，如“民惟邦本，本固邦宁”“天视自我民视，天听自我民听”，等等。春秋时期齐桓公和管仲曾有一段对话：

> 齐桓公问于管仲曰：“王者何贵？”曰：“贵天。”桓公仰而视天。管仲曰：“所谓天，非苍莽之天也。王者以百姓为天。”
>
> ——《韩诗外传》卷第四

所以，中国文化里的“天”不是简单地指天空的天，也不是一个造物主的天。

天的含义很丰富，是自然而然天道的天，也是代表民意的天。中国文化以人为本的人文精神重点就在于人不是听外在的力量、命运主宰的，不是做某一个神的奴隶，而是要靠自己德行的提升。所以，中国文化非常强调修身。《大学》的第一句话是："大学之道，在明明德，在亲民，在止于至善。"第一个"明"是发扬光大，第二个"明"是形容这个德是光明正大的。每个人都有明德，我们要把它发扬出来。这几句是《大学》的"三纲领"。《大学》还有"八条目"：格物、致知、诚意、正心、修身、齐家、治国、平天下。这中间修身是关键，所以说"自天子以至于庶人，壹是皆以修身为本"。修身就是自我德行的完善和提升，不仅仅是在口头上、认识上，更重要的是在行动上、实践上提升自己。这是中国文化的根本特点，其核心就是决定人的命运的根本因素是人自己的德行，以"德"为本，而不是外在的"天命"。人不能成为"天命"（神）的奴隶。

为了保持和不断提升自我的德行，就必须防止物欲的引诱和腐蚀，人不能成为物的奴隶。先秦末期的思想家荀子在书里记载着一条历史上流传下来的谚语："君子役物，小人役于物。"意思是说，君子能够控制和管理物，而小人就会被物控制住。古代还有一本书叫《管子》，其中有篇文章叫《心术》，这篇文章讲得很清楚，"心"在人体中处于君的领导地位，五官处于臣的地位，"无以物乱官，毋以官乱心"，眼耳鼻舌身这些感官要受心的统治和管理。五官与外界接触之后是去管理外物的。眼睛看到美色、鼻子闻到香味、嘴巴尝到滋味，得去管理物，不能反过来让这些物管住感官，不能让感官管住心，一颠倒就变成小人了。能够用心管住五官，用五官管住外物，这就是君子。

所以要成为一个有独立性、主体性、能动性的人，就不应该被物管住，不能被物欲腐蚀，否则会丧失品德。

我曾对中国文化以人为本的特色作过一个简单的描述，即“上薄拜神教，下防拜物教”。

中国文化以人为本的思想，对欧洲由中世纪进入近代社会曾起过重要的启蒙作用和推动作用。其实，其影响尚不止此。20 世纪上半叶，发生了两次世界大战，发源地都在欧洲。人类竟然发生如此残酷的、互相残杀的战争，究竟是什么原因？追究战争发生的最终目的，无非是资源和财富的争夺，人为了得到资源和财富，而不顾道德、不择手段地去相互残杀，人完全被物欲所左右，人又一次自我异化，丧失了人的主体性、独立性和能动性，而沦为了物的奴隶。因此两次世界大战后，西方一批有见识的思想家，又一次提出要确立人本主义，高举起新人本主义的大旗；而且他们几乎一致地认为，这种新人本主义的思想资源要到中国传统文化中去汲取。如果说，17—18 世纪欧洲启蒙运动时期，从中国文化中汲取到的以人为本的人文精神是为了使人从神的脚下站立起来，不做神的奴隶，而做一个有独立主体、理性自由的人，那么 20 世纪两次世界大战后高举新人本主义的大旗，就是为了使人从物的牢笼中解脱出来，做一个遵循人道、关爱人类、懂得自觉自律的人。

然而，人要自觉地从物欲中解脱出来是何等的不易，人要自觉自律地奉行“为人之道”又是何等的艰难，当今世界人与人之间争斗不已，民族、国家内部、外部大小战争不断，新人本主义的大旗仍需要继续高举、再高举。

启蒙运动时期的人本主义思潮在欧洲，在冲破中世纪神本主义文化中获得了极大的成就，发展出西方近代以来的理性文化，取得了人类社会史无前例的科技、人文文化的大发展、大进步。同时，我们也必须注意到，中国文化中以人为本的人文精神在欧洲西方文化的传统影响下发生的变异。那就是，在西方传统文化中，那种非此即彼的二元分离乃至对立的思维方式所带来的问题，即当人类从神的脚下站立起来以后，人的主体性、独立性、能动性得到肯定以后，人就要替代神来主宰天地万物了。那时的人随着理性的肯定，随着科学的发展、科技力量的增长，都喊出了“人定胜天”的豪言壮语，认为人类应当而且能够征服自然、改造自然。并且在作为人类理性力量的成果——科学和技术的日益发展进步下，“科学主义”“科技万能”的思想日益滋长。人类自以为凭着人类理性的力量，凭着科学、技术的力量，可以随心所欲地去征服自然、改造自然、主宰宇宙。原来与神本文化相对的人本主义逐渐被异化为人类要去主宰天地万物的“人类中心主义”了。人类对自然的征服与改造，又异化成了对自然资源财富的过度开发和掠夺，以满足人类的物欲，使人沦落为物欲的奴隶。这也是现代西方社会批判“人类中心主义”思想的根本原因。

其实，在中国文化中以人为本的思想是不会异化为“人类中心主义”的。中国的以人为本是强调人的自我管理，是向内管住自己。不仅要管住自己的感官，更要管住自己的心。人只有管住自己的心，才能管住自己的行为。“心之在体，君之位也。九窍之有职，官之分也。”（《管子·心术上》）“无以物乱官，毋以官乱心。”(《管子·心术下》)“君子役物，小人役于物。”(《荀子·修身》)人要保持品德，就要警惕物欲的腐蚀。如果放纵自己，对欲望无止境地追求，人就会被物控制住，丧失自己的独立性、主体性、能动性而成为物的奴隶。

本来西方用人本主义对抗神本主义是要强调人在各方面理性的意义和人道德自觉的意义，但在西方文化的传统下，他们的价值观念，特别是思维方式是非此即彼、二元分离对立的思维方式，好就是绝对的好，坏就是绝对的坏，导致了人本主义的变异。这个变异是造成后来很多问题的根源。他们看到神本文化束缚了社会的发展，束缚了人类理性的能动力量，而人本可以让人从神的脚下站起来就是绝对的好，因此走向了另一个极端。原来是上帝决定一切，现在是人决定一切，自然界万物都要听人的主宰，人替代了上帝，人本主义蜕变成了人类中心主义。人们没有想到，人要决定一切，结果人却被一切决定了。西方近代社会发展起来以后，为了争夺资源、财富，什么事情都可以做，人反而失去了自我。

中国文化中的第二个重要传统是“以天为则”。孔子说：“大哉！尧之为君也，巍巍乎！唯天为大，唯尧则之。”(《论语·泰伯》)中国人非常强调以天地为榜样，向天地学习。如果去孔庙，人们就可以看到，我们是用“德配天地”“德侔天地”来赞扬孔子的。圣人的品德能够与天地相配，与天地一样高明博厚，所以人绝对不能去做万物的主宰，相反，恰恰是要向天地万物学习。道家讲的道法自然也是这样。“自然”不是现在自然界的概念，而是说事物的本然，是自然而然、本然的状态。

道法自然就是强调人应尊重事物的本然状态。

天地有很多品德。我们看到天地从来没有因为喜欢不喜欢而舍弃一些东西，天上的太阳、月亮、星星也是光明普照的，“天无私覆，地无私载，日月无私照”（《礼记·孔子闲居》）。天地是这样的广大无私、广阔包容。人们首先就要学天地的这种品德。很多人说中国的文化讲的是天人合一，其实更准确地说应当是“天人合德”，即人与天在德行上的一致。天地非常诚信。孔子说：“天何言哉？四时行焉，百物生焉。天何言哉！”（《论语·阳货》）这用一个字表达就是诚。《中庸》里讲：“诚者天之道也，诚之者人之道也。”孟子也说：“诚者天之道也，思诚者人之道也。”（《孟子·离娄上》）这也就是说，人道是从天道学来的。天道是诚，所以我们人也要诚。这一说法在《周易·观卦·彖传》里也可以得到印证：“观天之神道，而四时不忒。圣人以神道设教，而天下服矣。”这里的“神”不是造物主的神，有道是“阴阳不测之谓神”“知变化之道者，其知神之所为乎”（《周易·系辞上》），在中国文化中神最根本的含义是指万物的变化。过去我们对“神道设教”曲解得一塌糊涂，以为就抬出一个神秘的、高高在上的神来教化大家。其实，这里一点儿神秘主义都没有。我们观察天的次第变化之道，看到春夏秋冬四时是没有差错的，这就是诚。圣人按照天的这样一种神道——“诚”来教化民众，天下就太平了。所以说，人最主要的品德都是从天地中学来的。

我们不仅要向天地学习，还要向万物学习。唐代诗人白居易的一首诗中，描述小草说：“离离原上草，一岁一枯荣。野火烧不尽，春风吹又生。”这是要人们学习小草顽强的生命力。宋代徐庭筠又有两句描写竹子的诗：“未出土时先有节，及凌云处尚虚心。”（《咏竹》）这是用竹子做比喻，人们要学习它那样从根子上坚持做人的气节，地位身份再如何显赫也要虚心谦下。而最值得人学习的物，那就是“水”。老子《道德经》中说：“上善若水。”也就是说，水具有最高的品德。很多书里记载孔子遇水必观，中国最注重向万物中的水学习。水的品德太多了。水总是往下流，普润万物，从来不居功自傲、要求回报，这是谦虚的品德。水也能够包容万物，没有自己的形状，而是随器赋形，所以孔子说“君子不器”（《论语·为政》）。水还有坚韧不拔、以柔胜刚的品德。水滴石穿，最柔弱的水滴穿了坚硬的石头，就是因为水有坚韧不拔、坚持不懈的精神，一滴一滴地滴，一年、十年……最终把石头滴穿了。

因此，在中国的文化中，一方面强调人不能做神的奴隶，也不能做物的奴隶，而要做人自己，保持人的主体性、独立性和能动性；但另一方面也不能狂妄自大，去做天地万物的主宰，反而要人们虚心地向天地万物学习，尊重自然，顺应自然。这就是中国文化中“道法自然”“天人合一”的优秀思想。“以人为本”的人文精神与“道法自然”“天人合一”的思想的结合，保证了中国文化中的人本主义不可能异化为“人类中心主义”。

纵观近几百年来的历史，人与自然的关系、人与人（社会）的关系、人自身身心的关系，日趋紧张、恶化，其中一个重要原因就是以人为本的人文精神的丢失。因此，现在亟须重振以人为本的人文文化，而扬弃异化了的“人类中心主义”以及与此相关的“科学主义”“科技万能”等思想。正确地阐释和弘扬中国文化中以人为本的人文文化的真正意义和精神，将它贡献给世界，是当前继承和弘扬中国优秀传统文化的重要任务。

强调自我修养的儒家学说

我国古代哲人在修养问题上有着极其丰富的理论阐发和实践原则，对于这些理论和原则我们不仅要进行历史的整理研究，而且要根据时代的需要“择其善者而明用之”(《荀子·王霸》)，即选择其精华，阐明其现代意义，把它运用到现代人的修养生活中来。

儒家所讲的修养主要是道德方面的修养，但他们所讲的道德是一种广义上的道德。它包括人作为一个社会的人所应具备的各方面的基本品质。因此，儒家讲的修养范围，实际上包括了一个人的文化、艺术、性格、品德等多方面的修养。儒家在这方面有许多论述是相当深刻的，很值得我们择其善者而明用之。

文化修养

文化修养，首先当然是一般文化知识的接受和提高。由于儒家着重强调的是道德教育和修养，所以在许多人的印象中，儒家轻视一般文化知识的教育和修养。这种印象是不够全面的。在中国历史上，儒家是以从事社会国民教育为主要职业的一个学派。他们的教育对象，从幼儿开始，各种专门人才都有。他们的教育内容，则相应地包括童蒙识字和各种专门知识的传授。《论语》记载，孔子以四方面的内容教育学生，首先教的是历史文献。他认为，通过学习《诗经》，不仅可以学到许多做人的道理，同时也可以增加许多关于鸟兽草木方面的知识。孔子非常注意因材施教，在他的学生中，既有以德行著称的颜渊、闵子骞等，也有专长于政事的冉有、季路等，同时还有语言方面的专家宰我、子贡等和文学方面的专家子游、子夏等。可见，儒家对于文化知识教育还是相当重视的。他们反对的只是为知识而学知识的倾向，而强调学知识要有助于提高人的道德品质。在今天新知识层出不穷、瞬息万变的信息时代，人们如果不能在文化知识方面不断地提高和更新，则必将被时代所淘汰。但是，人们在不断提高和更新文化知识时，也不能回避这样一个问题：这些高、新、精、尖的知识，在迅速提高人们的物质生活水平的同时，是否有利于改善人的整体生存环境，是否有助于人的精神生活的提升？

儒家所讲的文化修养，不单单是知识的高低多少，同时也表现在一个人的礼仪风度方面。今天，我们许多人似乎特别欣赏那些在礼仪上不拘小节的人，认为这样才是“潇洒”。在我们对中小学青少年的一般文化教育中，也主要偏重于知识的传授，而对他们的基本礼仪规范的养成教育则是很不够的。我想一个坐没有坐相，站没有站相，吃没有吃相，穿着邋遢，见了尊长连个招呼都不打，麻烦了别人连句感谢话也不说，在公共场所目无他人、为所欲为的人，总不能说是一个有文化教养的人吧！礼貌、仪表、风度是反映一个人文化素质高低的重要方面。在儒家经典《仪礼》《礼记》等著作以及许多著名学者的家训、学规中，有大量的关于日常衣食住行、待人接物等方面的礼仪规范。其中有相当一部分，在经过新的解释后，是可以作为今日礼仪教育或修养之用的。

艺术精神

人们常说中国传统文化是一种富于伦理精神的文化，殊不知中国传统文化还是一种具有丰富艺术精神的文化。可以毫不夸张地说，在中国传统文化中，伦理精神与艺术精神，犹如车之两轮、鸟之两翼，两者相辅相成，相得益彰。儒家对于艺术教育和修养的重视，丝毫不亚于伦理道德的教育和修养。在他们看来，艺术修养有助于道德修养，同样是达到完善人格不可或缺的一个基本组成部分。在先秦儒家那里，艺术教育和修养的主要内容是“诗教”与“乐教”。孔子教训他的儿子伯鱼说：“不学诗，无以言。”（《论语·季氏》）他认为，认真地学习古代诗歌，可以感发人的心志，提高观察能力，培养合群性，学得表达感情的方法。而且诗歌中所讲述的道理，近则可以用于事奉父母，远则可以用于服事君上。对于音乐，儒家尤为重视，总是把它与礼相提并论。他们认为，音乐体现了一种和谐精神，音乐最能深刻感动人心，最能迅速变化人的性情，从而起到移风易俗的作用。孔、孟、荀诸子，都注意到了不同的音乐会对人产生不同的影响，产生不同的社会效果。有的使人哀伤，有的使人悲壮，有的使人淫荡，有的使人端庄。所以，儒家十分重视音乐的格调和品位，认为一首好的乐曲应当是美与善的统一。随着时代的发展，艺术的样式和内容越来越丰富多样，书法、绘画、戏剧、小说等，也都成为人们表达情感、陶冶性情、提升格调的手段与方式。

艺术活动，无论是创作还是欣赏，都是一个人内心感情最直接的表露，反映了他对于自然、社会、人生的理解和追求。艺术创作中立意的正邪，欣赏趣味中格调的高低，会反映出或影响到一个人品格或境界的正邪与高低。因此，通过艺术修养培养起高尚的艺术欣赏趣味，这对于高尚人格、理想人生境界的追求和确立是有重要的、积极的意义的。追求艺术的完美与追求人生的完美，在其终极处是相通的、一致的，这就是中国传统文化中艺术精神的体现。

变化气质

儒家在修养论中还提出一个“变化气质”的问题，所谓“气质”，许多儒者都把它说成是与生俱来的，而另一些学者则认为是后天习染所成。从现代科学的观点看，所谓“气质”，与个人某些先天的生理特征有一定的关系，但最主要的还是由后天的环境影响形成的，它大致相当于我们今天所讲的“习性”。变化气质，改变习性，也就是性格修养。北宋著名哲学家张载十分重视变化气质的问题。他认为，求学最大的益处在于使人自觉地改变自己的气质，否则的话，学问反而会对人有害，而变化气质是与能否虚心互为表里的。由此看来，儒家所讲的“气质”含有某种贬义，是与心浮气躁、骄傲自满等习性联系在一起的。所以，儒家强调的“变化气质”，如果从正面来讲，主要指的是涵养与意志等方面的修养和锻炼。

一个趾高气扬、自以为是、指手画脚、高谈阔论的人，人们一定会说他是一个缺少涵养的人。所以变化气质而使自己成为一个有涵养的人，其关键和目标在于要能虚心地待人接物，这也就是人们所说的涵养功夫。在孔子弟子中，曾参是一位特别注重修养的人，他说的“吾日三省吾身”（《论语·学而》），是早已为人们熟知的名言。此外，他更大力提倡要向在才能上、学问上不如自己的人请教。而自己则应当表现为像是一个没有学问、腹中空空的人那样。即使是受到了别人的欺侮，也不要与人计较。他说，他从前的一位朋友（指颜渊）就是按照这样的教导进行修养的。一个人要做到时时事事都能够谦虚谨慎并非易事，尤其是要做到如曾子所说的不耻下问，更是需要经过长期的自我修养。古语说：“人道恶盈而好谦。”（《周易·谦卦》）又说：“满招损，谦受益。”（《尚书·大禹谟》）“君子以虚受人。”（《周易·咸卦》）这些都是儒家学者所推崇的人生哲理，至今读来仍然不失为为人处世的至理名言。

汉代著名儒者刘向在《说苑》一书中，记载了一个孔子由观周庙中一种空时倾斜，注入一半水时持平，而灌满水时就倾覆的器皿（“欹器”）而得到“恶有满而不覆者”的启发的故事，并且借子路之问，进一步引发出了孔子关于“持满之道”当“挹而损之”和如何“损之”的一番议论。所谓“挹而损之”，就是从灌满水的器皿中舀出一些来，使它不致倾覆。以人的修养来讲，“损之”之道的具体内容，则如孔子所说，当是“高而能下，满而能虚，富而能俭，贵而能卑，智而能愚，勇而能怯，辩而能讷，博而能浅，明而能暗”。这就叫作“损而不极”，即保持一定的空虚，而不是满到了极点。最后，孔子十分肯定地说：“能行此道，唯至德者及之。”今天，我们以这个故事和孔子所论述的“持满之道”“损之”之道来作为个人修养的教材，也还是相当生动而深刻的。

价值选择

孟子为他心目中的“大丈夫”（真正的人）立了三条标志，即“富贵不能淫，贫贱不能移，威武不能屈”。（《孟子·滕文公下》）确实，一个人如果真能做到这三条，那他就是一位无愧于天地、具有高尚品德的真正的人。然而，一个人要真正做到这三条又谈何容易。他需要长期地进行品德方面的修养，树立起一个正确的人生观和价值观。在这方面，儒家以“义利”“公私”“苦乐”“生死”等人生面临的最现实的价值选择问题，对人们进行基本的品德修养教育，是很值得令人注意的。

讲到“义利”问题，儒家总的倾向是重义而轻利、先义而后利，主张以义制利、见利思义。在当今这个功利为上的世界里，如果有人按汉代大儒董仲舒所提倡的“正其谊不谋其利，明其道不计其功”（《汉书·董仲舒传》）的训条去做，则将被人们视为迂腐。其实，无论哪一个社会，也总是有这么一些只问耕耘不计功利的“迂腐”者的，他们的真诚和高尚的品德是无可非议的。我们并不要求每个社会成员都这样去做，都要达到这样的境界。但是，我们也不会希望社会每个成员凡事都斤斤计较于功利吧！当然，更不会希望人人唯利是图，见利而忘义。

因此，希望人们做到如清初大儒颜元修正后的训条“正其谊以谋其利，明其道而计其功”（《四书正误》卷一），也就不能说是过分的要求了。

在“公私”问题上，儒家一贯强调大公无私、先公后私，提倡公而忘私，反对假公济私。随着时代的发展，“公”和“私”的具体对象和内容都已发生了根本的变化，但是，我想在处理公与私两者之间的关系上，儒家强调的这些原则至今仍然是正确而有效的。

在“苦乐”问题上，儒家历来不以物质生活的贫富论苦乐，而是以精神生活的充实与否论苦乐；又以为个人之苦乐算不了什么，众人的苦乐才是真正的、最大的苦乐。历史上儒者所称道的“孔颜乐处”，就是一种安于物质生活贫困，而去追求充实的精神生活的“乐”。孟子则反对“独乐”而强调要“与民同乐”。他曾以欣赏音乐为例说，一个人乐，不如与他人一起乐；与少数人乐，不如与所有人一起乐。北宋大政治家范仲淹的名言“先天下之忧而忧，后天下之乐而乐”（《岳阳楼记》），可以说集中地表达了儒家的“苦乐”观。

至于“生死”问题，孔子说的“死生有命”（《论语·颜渊》），代表了儒家对待自然生死问题的基本态度。对于来自社会原因的生死问题，儒家则总是与“义利”“公私”等问题联系在一起，始终提倡“杀身成仁”“舍生取义”，反对“苟且偷生”。儒家这些有关“苦乐”“生死”方面的基本观念和精神，至今也还是值得肯定和应当效法的。

知行合一

儒家在修养论上十分强调“知行合一”，也就是说，修养不但要在认识上弄清道理，而且要在行为上身体力行。由此，他们在“求知”和“力行”方面，提出了许多具体的修养方法，其中也不乏可供今人择善而用之的东西。

儒家讲修养，首先讲立志。所谓“立志”，就是要有宏大的、坚定的志向，明确自身的责任和奋斗的目标。孟子讲：“天将降大任于是人也，必先苦其心志，劳其筋骨，饿其体肤，空乏其身，行拂乱其所为，所以动心忍性，曾（增）益其所不能。”（《孟子·告子下》）他在这里指出了一个事实，即一个要承担天下重任的人，必定要受到种种艰难困苦的磨炼，只有那些有宏大而坚定志向的人，才会自觉地去进行修养，主动地接受种种艰难困苦的磨炼。孔子弟子子夏说：广博地学习而且志向坚定不移，诚恳地讨教而且联系实际思考，这样仁德就在其中了。宋儒程颐在解释第一句话时说：“学不博则不能守约，志不笃则不能力行”，明确地指出了坚定的志向对于修养实践的重要性。反过来说，一个志向不坚定的人，他的修养是不能成功的；而一个志向不宏大的人，他的修养至多也只能使自己成就为一个独善其身者。

儒家以“反求诸己”“改过迁善”“见贤思齐”为修养要旨。孔子说：“君子求诸己，小人求诸人。”（《论语·卫灵公》）所以他总是强调“不患人之不己知，患其不能也”，强调“不怨天，不尤人”。（《论语·宪问》）孟子则更具体而明确地说：如果你爱别人而别人并不亲近你，那就应当反思你的仁爱是否真诚；

如果你治理别人而别人不服从你，那就应当反思你的智慧是否足够；如果你礼貌待人而别人并不敬重你，那就应当反思你的礼貌是否虔诚。总之，任何行为如果达不到预期的效果，都应当“反求诸己”。反求诸己就是要能发现自己的不足或过错，不足者补足之，有过错则不讳言，勇于改过。儒家是允许人们犯过错的，只是要求人们知错必改。诚如孔子所说：“过则不惮改。”（《论语·学而》）“过而不改，是谓过矣。”（《论语·卫灵公》）程颐在解释这一思想时，进一步发挥说：“学问之道无他也，知其不善，则速改以从善而已。”又说：“君子自修之道当如是也。”朱熹也说：“自治不勇，则恶日长，故有过则当速改，不可畏难而苟安也。”不足者补足之，就要善于发现别人的长处，积极主动地学习别人的长处，这就是儒家常说的“见贤思齐”。同时，如果当你见到别人身上“不贤”的方面，则应当反思一下，自己是不是也存在着这方面的问题以便一并改过。修养就是要通过平时长期的自我锻炼、自我改造以适应环境、改造环境。儒家在修养中强调的“严于律己”“反求诸己”“见贤思齐”“改过迁善”，等等，仍然是我们今天进行修养的有效方法。

在“严于律己”方面，儒家还提出了一个“慎独”的修养方法。“慎独”的主要含义是洁身自好。如孟子说：古时候的人，得志时则普施恩惠于百姓，不得志时则修品德以显于世。一个人不通达时应当“独善其身”，当其通达之时则应当“兼济天下”。孟子所谓的“独善其身”，也就是“洁身自好”的意思。荀子最早提出“慎其独”这个命题，并把它与“诚”（诚实不欺）的概念联系在一起。他认为，一个人的修养，最重要的就是要做到“诚”。君子有至德，所以为人们理解、亲近与尊敬，这都是因为他能慎其独的缘故。然而，只有做到诚，才能慎其独；只有慎其独，才能显示出至高的品德，才能支配万物、教化百姓。以后，儒家重要经典《大学》和《中庸》也都讲“慎其独”，进一步发挥了荀子所强调的“诚”的思想。如把“慎其独”解释为“诚其意”，而“诚其意”就是“毋自欺”；或者说，在人们看不到、听不见的地方要格外地谨慎，不可做出亏心事来。后人引申此意，有所谓“不欺暗室”之说。宋明理学家大都十分赞赏“慎独”的修养方法，因此近代以来也常常受到人们的批评和否定。朱熹在讲解《大学》“慎其独”一句时说：“独者，人所不知而己所独知之地也。言欲自修者知为善以去其恶，则当实用其力，而禁止其自欺。”我以为这是很有道理的。试问，一个连“毋自欺”都做不到的人，还谈得上什么修养？

进行自我修养也与做其他事一样，要从一点一滴做起，要能专心一志、持之以恒地去做，否则是达不到修养目的的。荀子曾说：路虽然很近，不走是到不了的；事虽然很小，不做是成不了的。荀子还认为，人们在修养方面应当有明确的目标；目标确定之后，只要坚持不懈地去做，那么不管什么样的人，或快或慢，或先或后，总是可能达到的。持之以恒与专心一志也是分不开的。孟子关于弈秋教二人下棋，一人专心致志，一人三心二意的故事是人们十分熟悉的。孟子举这个例子，正是为了批评那种“一日暴之，十日寒之”，即不能持之以恒的现象的。决心、专心、恒心，这是修养者能否达到修养目标的基本前提。荀子有两句十分精辟的话，可以作为我们修养时的座右铭："锲而舍之，朽木不折；锲而不舍，金石可镂。""无冥冥之志者，无昭昭之明；无惛惛之事者，无赫赫之功。"（《荀子·劝学》）

俗话说："近朱者赤，近墨者黑。"环境和师友对一个人的影响是不容忽视的。所以，孔子以能与仁者相邻为美事，认为不能选择仁者做邻居，就不能算是有智慧的人。荀子则反复强调"隆师而亲友"。他认为，一个人不管原有的资质如何良好、如何聪慧，也必须"求贤师而事之，择良友而友之"，然后才能不断地进步。假如整天与不良的人处在一起，那么最后连身陷刑网时还糊里糊涂呢！所以俗话说："不知其子视其友。"他还说，所谓朋友的意思，就是在共同理想的基础上互相帮助，如果没有共同的理想，又怎么能互相帮助呢？因此，他告诫说"不可以不慎取友"，这是人们在修养中绝不可忽视的一个方面，否则或将因师从不当、交友不慎而使自己的长期修养成果毁于一旦。

言行不一是儒家修养论中最为人所不齿的。孔子说：古人不轻易说话，就是怕自己在行动上做不到。又说：君子以说得多、做得少为羞耻。这些都是要求人们在修养中做到言行一致。一个人立志固然要宏大，但如果他只是一位言而不行的人，那就反而不如那些立志虽不宏大，却能说一点就做到一点的人。

儒家认为，修身是做人的根本，要达到"齐家""治国""平天下"，都要从"修身"做起，所以他们说："自天子以至于庶人，壹是皆以修身为本。"（《大学》）我并不认为修身有如此之大的作用，因为社会经济的决定力量大大超过道德的教化力量。但我也不认为因此就可以放弃道德教化的努力，否定自我修养的必要。人不应当沦为单纯的经济动物，把自己变成自己创造的物质的奴隶；人应当用自己创造的物质经济成果，为净化人的生活环境、提升人的道德品格服务，修养将使人自觉认识到这点。物质文明越发达，精神文明就越重要，自我修养也就越不可缺少。

符合人性中道精神的“节欲”观

欲，是人类生活中一个最基本的问题。儒家对此问题的基本立场，就是认为欲不应当无限度地放纵，要受到一定社会规范的制约。

孔子说，他七十岁以后达到了一种随心所欲而又不违离规范的境界。孔子这里所说“欲”的含义是很宽泛的，包括各种生理要求和社会行为。这种个人欲求既能得到自由发挥，同时又能不违离社会规范，显然是对欲有所节制的结果。孔子到七十岁以后才能做到，说明是通过长期自觉地节制欲而培养出来的一种精神境界。这也是以后历代儒学家追求的理想精神境界。

孟子也认为，人们的欲求是受到道德规范制约的，而且应当按一定的道德标准去取舍。如他说，求生是我的欲望，求义也是我的欲望，当二者不能兼得的时候，我将牺牲生命而去求得义。所以，他遵循这样一条原则：不去做那些我不当做的事，不去追求那些我不当追求的东西。孟子还认为，太多的物质欲望甚至会有碍于人们的道德修养，因而提倡“寡欲”。他说，修养心性的方法最好是减少物质欲望。一个人如果欲望不多，那么善性即使有所丧失，也不会很多；他如果欲望很多，那么善性即使有所保存，也只是很少一点。

荀子提出了一套较为详密的“节欲”理论。例如，他在分析“礼”（指社会各种制度、道德规范、礼节仪式等）的起源时，曾这样说：人生下来就有各种欲求，欲求得不到满足，就不能没有追求。人们对欲望的追求如果没有一定的规定和限度，那就必然会发生争斗。争斗会造成社会的混乱，混乱会使社会陷于困境。古代的圣王，为防止社会陷于混乱，制定了各种等级制度、道德规范、礼节仪式等，以规定人们的社会地位，调节人们的欲望，满足人们的要求，从而使人们的欲求不至于因为物资的不足而得不到满足，而自然物资也不至于为人们的欲求所用尽。总之，使自然物资和人的欲求相互制约，保持协调地增长，这就是社会等级制度、道德规范、礼节仪式等产生的原因。荀子的分析是相当深刻的，他在此既指出了“欲”是人类生理本能的一种要求，更说明了它是构成人类社会关系的一个基础部分。同时，又强调了社会各种制度、道德规范等在调节人们的欲望、协调自然物资和人们欲求之间关系中的重要作用。这就是说，人的欲求应得到满足，但也不能任其自流，而要由社会来加以限制和调节。由此也告诉我们，今天世界各国的人民和政府可以而且应当充分发挥社会各种制度、道德规范等的作用，既使人们的合理欲求得到应有的物资满足，同时又积极地保护好自然资源，使其不至于为人们的欲求所破坏。

荀子不同意“寡欲”“去欲”的主张。他认为，欲不是有没有的问题，而是受之于自然的本性。那种认为只有减少人们的欲求才能治理好国家社会的理论，完全是由于他们没有办法合理节制人们的欲求，而被人们的过多欲求困扰住了。其实，如果人们所追求的欲望是合理的，即使多些，对于国家社会的治理又有什么影响呢？相反，如果人们所追求的欲望是不合理的，即使再少，也会给国家社会带来混乱。于是，他指出，人的欲望虽然不可能完全满足，但可使它近于满足；人的欲望虽然不可以完全去掉，但可加以节制。

同时，荀子又指出，欲虽然受之于自然本性，但在很大程度上要受到人的内心多方面考虑的制约。这样，现实中的欲不再是单纯的自然本性的欲了。用现代用语来说，现实中的欲是要受到社会发展情况的多方面制约的，而不可能任意发挥。他举例说：人对于生的欲望是最迫切的，而对于死的厌恶是最强烈的。但是，有人竟放弃生的希望而去死，这并不是不愿意生而愿意死，只是由于考虑到某种情况下是不可以偷生的，而应当去死。因此，对于欲，不是简单地去除和减少的问题，关键是在于，如何按照一个正确的原则来处理欲望。人们如果能掌握这个原则，那么在可能的情况下，欲望将得到最大的满足；而在条件不许可的情况下，欲望将得到有效的节制。

荀子在充分肯定“欲”存在的合理性前提下，针对“去欲”说，提出了“道（导）欲”说；针对“寡欲”说，提出了“节欲”说。[1]人的欲求既不能“无”和“去”，也不应“寡”和“纵”，那么唯一可行的就是“导”“节”“养”了。所以我认为，荀子的“道（导）欲”说、“节欲”说和“养欲”说，不仅在过去是一种正确调节人类欲求的理论，即使在当今世界，也仍然有着重要的现实意义。

荀子曾经从经济的角度来分析和阐明“节欲”的必要性。他说，吃想吃鸡鸭鱼肉，穿想穿绫罗绸缎，行想有车马代步，此外还想有大量的财富积蓄，永远也没有满足的时候，这就是人的真实本性。然而，在现实生活中，人们虽然养了鸡鸭猪狗，又养牛羊，但在吃的时候也不敢又是酒又是肉的；虽然有积蓄的钱财、粮食，但在穿的时候也不敢全身丝绸，行的时候也不敢出入车马。这并不是人们从本性中就不想得到这些，而是由于从长远考虑，顾及以后，怕一旦接济不上。因此，人们采取节约消费和节制欲望（“节用御欲”）的办法来积累财物，作为接济日后的需要。荀子批评那些目光短浅的人，只图眼前不顾以后，无限度地挥霍浪费，那么用不了多久，财物就会耗费殆尽，他也就免不了冻饿而死。荀子在经济理论上强调节约消费，同时又强调积极发展生产，使人们过上宽裕的生活。这也就是他所向往的理想社会。

宋明理学家十分注重“天理”与“人欲”的分别。所谓“天理”，是指自然的、普遍的、公共的准则或道理；所谓“人

1　按：“寡欲”的反面是“纵欲”，在战国时期也有一些学派着力鼓吹“纵欲主义”理论，荀子对此持尖锐的批判态度。他认为，“纵欲”会使人在道德上堕落，成为物欲的奴隶，以致损害自己的寿命，所以他又有“养欲”的说法。

欲”，是指一己的私欲。如，以吃为例，朱熹曾分析说：人必须吃东西才能维持生命，这种生理需要是“天理”；然而追求好吃的东西，为了满足个人口腹的欲望，那就是“人欲”了。理学家们把“欲”归为一己的私欲，并把它与“恶”联系在一起，因此在总的倾向上是排斥欲的。如北宋著名思想家周敦颐，积极提倡“无欲”说。他认为，孟子提倡“寡欲”还不够，而应当寡以至于无，才可以达到圣人的境界。周敦颐的“无欲”说，明显受到道家思想的影响。又如理学的主要创立人程颐认为，人所有的不善行为，都是欲的诱惑或过分欲求的结果。因此，必须遏止人的欲望，使人寡欲，才不至于做出违背“天理”的事来。发展到理学的集大成者朱熹那里，则把“天理”“人欲”的对立推到了绝对的、互不相容的地步。他说：在一个人的心中，保存着“天理”，“人欲”就会消亡，相反“人欲”如果旺盛，那么“天理”就会消亡。“天理”和“人欲”是不可能混杂在一处的。因此，他大声疾呼要彻底消灭“人欲”，完全恢复“天理”。

由此可知，程朱等理学家过分夸大了“人欲”的可恶和可怕，过分强调压制和消灭“人欲”，表现出了禁欲主义的倾向。应当说，程朱理学家并不是完全反对欲，只是他们把那些最基本的、合理的欲归到天理中去了。但是，他们把人的欲求限制到最低的生理需要的程度，也确实有某种禁欲主义的倾向，因而遭到了当时和以后许多思想家的反对和批评。例如，与朱熹同时的、以提倡心学著名的陆九渊，他就不同意朱熹等把“天理”和“人欲”截然对立起来的观点。他认为，这种说法把天

[""]

与人分割开来，是一种极有害的说法。明末清初大思想家王夫之也不同意把"天理"和"人欲"截然对立起来。他认为，离开人欲也就无所谓天理，每个人的欲望得到合理的满足，也就是天理的全体了。但是，他并不主张纵欲，特别是放纵"私欲"，而主张发扬"公欲"（合理的欲望），去除私欲，以至于彻底干净。

程朱学派的后学，对于程朱在理欲问题上的一些偏激说法，多少有所纠正。如明代著名程朱派学者罗钦顺，对其前辈不无批评地说，人的欲望是天性所有，既不是个人所能去掉的，也有其不可改变的必然理由。只要是合乎必然的欲望，就不可能是不善的，只有那种任意放纵欲望而不知节制的，才会发展为恶。前辈学者都说要去除人欲、遏制人欲，他们的出发点固然是为了防止人们堕落为恶，因而不得不严格防范，但是强调得有些过分了。人的欲望与喜怒哀乐，都是本性中所具有的，怎么能去掉呢？

清代著名思想家戴震与王夫之一样，反对把"天理"和"人欲"对立起来，而认为理就存在于欲中。他一方面对道家、佛教以及周敦颐等的"无欲"说进行了尖锐的批评，另一方面也坚决反对纵欲。他认为，人的欲望如不加注意，很容易失去控制而泛滥起来，从而影响人的道德行为。因此，他主张人们应当以正确的原则来规范欲望，像大禹治水那样疏导欲望，而不是简单的防御和遏制。特别值得一说的是，戴震直接把"天理"与"节欲"说联系了起来。他明确地说：所谓天理，就是要节制人的欲望而不至于无限度地放纵欲望。所以说，欲望只

是不应当无限度地放纵，而不是不应当有。有欲望而能节制它，使欲望既不超过它应有的限度，又可达到应有的满足，这难道能说不是天理吗？这些论述，都是与荀子的“节欲”说、“导欲”说前后相呼应的。

人类欲求的无限度追求，从大处说破坏了整个自然界的生态平衡，恶化了人类生活的自然环境；从小处说也直接影响到个人生理和心理的健康成长。此外，无可讳言，当今世界和社会上有许多国与国之间、人与人之间的争斗和不安定，也是与无限度地追求私欲的满足有着密切的关系。我们不是禁欲主义者，但也反对纵欲主义。我们需要一个美好的生活环境，一副健康的身心。为此，我们今天很有必要大力宣传一下儒家丰富的“节欲”“导欲”“养欲”理论，用它来认真地合理地规范一下现实中的人类生活的欲求，让人类从那无尽欲求的桎梏中摆脱出来，把当今人类生活的格调和情趣升华到一个新的境界。

道家的智慧

崇尚自然，倡导无为

崇尚自然，倡导无为，这是中国道家哲学最主要的思想。

中国一些古籍中说，崇尚自然无为的思想在远古时代即已有之，相传为中华民族始祖的黄帝就是自然无为理论的倡导者和实践者。所以，在以后的道家或道教学者中也常常把黄帝奉为道家或道教的创始者。然而，就现存史料和典籍看，道家思想当奠基于《道德经》一书。《道德经》的作者相传为老子，所以《道德经》亦称《老子》。可老子究竟是谁，汉代人已搞不清楚了。司马迁在《史记·老子韩非列传》中就列举三位名叫老子的人，而他的倾向性意见则是：生活于春秋晚期、略早于孔子、孔子向其问过礼的李耳（字伯阳，谥曰聃）为作《道德经》的老子，并概括其思想的要点说："李耳无为自化，清静自正。"以后，学术界大都以此说为是，奉李耳（老聃）为道家学说的创始者。

老子以后，传扬道家思想的学者很多，如列子（列御寇）、关尹、文子、田骈、慎到等，然其中最有名、最有影响者当数战国中期的庄周。司马迁在《史记・老子韩非列传》中说，庄周“其学无所不窥，然其要本归于老子”。现存《庄子》一书，既记述有庄周的思想，同时也保存了不少战国时期其他道家学者们的思想资料。所以,《庄子》一书并不是一部单一作者的书，各篇形成的时期不同，其思想理论也不完全一致。其中究竟哪些篇代表了庄周思想，学界至今也还存在着很不相同的看法。然《庄子》一书从总体上来讲是承继并发挥了《道德经》自然无为思想的，并在中国的思想史、文化史上有着极大的影响。魏晋以来,《道德经》与《庄子》一直并称，是为道家学说的两部根本经典。所以，在中国的思想史、文化史上，老庄思想也就成了道家思想的同义语。

道家的自然无为思想，一是崇尚天道（自然界的法则）的自然无为，如《老子》说，“道法自然”（《老子》二十五章），“道常无为”（《老子》三十七章），天地生万物，然“生而不有，为而不恃，长而不宰”（《老子》十章、五十一章）等。二是提倡人道（人事的规范）的自然无为，即人类应当效法天道的自然无为，如说，人的活动应当“辅万物之自然，而不敢为也”（《老子》六十四章），“功成事遂，百姓皆谓我自然”（《老子》五十一章）等。在人道自然无为的主张中，又包含有两层意思：一是在人与自然界的关系方面，道家强调人与天地万物之间和谐、一体的关系，认为人应当顺物之则、缘理而动，不要以人的主观意愿去胡乱行动，从而破坏自然界（包括天地万物与人类）的和谐与平衡。二是在社会人际关系方面，尤其是处于社会领导地位的统治者，要效法“道”的自然无为精神，尽量简化各种制度、规范，使百姓保持纯朴的民风。

道家崇尚天道的自然无为，不仅合乎自然的本来面貌，而且在理论上也有着反对神学目的论的重要意义，这已为历史所肯定。道家强调人与自然应当和谐一体的思想，也正在为越来越多关心地球生态环境的有识之士所认同。然而，关于道家提倡人道自然的思想，则还存在着不同的看法和评价。荀子在评论道家思想时说，“老子有见于诎（曲），无见于信（伸）”（《荀子·天论》），“庄子蔽于天而不知人”（《荀子·解蔽》），即批评他们不注重人的能动作用，在自然界面前陷于消极被动。这也是历史上对道家人道自然无为思想一种比较普遍的评价。无可否认，在道家（特别是庄子学派）人道自然无为思想中确有导致人们消极等待、无所作为、屈从环境等消极的一面，但这绝不是说道家人道自然无为的思想就一无可取了。

我认为，在人与自然的关系中，道家人道自然无为的思想，至少有两点是值得肯定和重视的。

一、尊重客观事物的本性和法则

司马谈在《论六家要旨》中把道家人道自然无为的思想概述为“以因循为用”，这是很准确的。“因循”之意，可以从消极方面去理解它，也可以从积极方面去发挥它。《管子·心术上》给“因”下了这样一个定语：“以其形，因为之名，此因之术也”“因也者，无益无损也”“因也者，舍己而以物为法者也”，等等。这里的最后一句话，充分表达了道家人道自然无为思想中所包含的尊重客观事物本性和法则的精神。汉代道家就是从这方面来理解和发挥人道自然无为的积极精神的。如《淮南子·修务训》中说："若吾所谓无为者，私志不得入公道，嗜欲不得枉正术，循理而举事，因资而立功，推自然之势，而曲故不得容者。故事成而身弗伐，功立而名弗有，非谓其感而不应，攻而不动者。"这里所讲的无为，明确地指出：是排除了"私志""嗜欲"的"循理而举事，因资而立功"，而不是消极的无所作为。这里提到的"推自然之势"，含有因势利导之意。在中国古史中，有一则大禹治水的传说，一直被看作"推自然之势"取得治理水灾成功的典范为后世传诵不息，就连积极主张人道有为的儒家，也对大禹因水之势的治水思想和业迹称颂不已。孟子就赞誉大禹说："禹之行水也，行其所无事也。如智者亦行其所无事，则智亦大矣。"(《孟子·离娄下》)理学大家朱熹对此也评论说："禹之行水，则因其自然之势而导之，未尝以私智穿凿而有所事，是以水得其润下之性而不为害也。"(《四书章句集注》)由此可见，因顺自然之势的无为，绝不是消极等待，相反倒是最积极有效的有为。

此外，《淮南子·原道训》还说："所谓无为者，不为物先也；所谓无不为者，因物之所为也。所谓无治者，不易自然也；所谓无不治者，因物之相然也。"由此可见，这样的"无为"，比之于那种盲目的、违背物性事理的、不顾后果的、唯人类私意是求的"有为"，难道不是具有更多的合理性和积极意义吗？

二、注重事物的变化，强调随感而应、与时变化

这一点是由上述以物为法、缘理而动的思想中合理地引申出来的。司马谈在《论六家要旨》中描述道家"以因循为用"

的具体特征时说："无成势无常形，故能究万物之情"；"有法无法，因时为业；有度无度，因物与合。故曰：'圣人不朽，时变是守'。"道家强调"因时为业""时变是守"，是与他们尊重事物客观法则的精神一致的。这里有两层意思：一是要随所感之物的不同，做出不同的反应。二是要随事物的变化而变化反应，其中又包含着把握时机的意思。这方面的思想，甚至在积极提倡人道有为的儒家那里也得到了积极的响应。如荀子在批评人道无为而主张有为的同时，也十分强调尊重事物的客观法则。他认为，草木在开花结果之时，不应当去砍伐，鱼鳖在怀孕产卵期间，不应当去捕捞。道家的自然无为思想，无疑是人类在与自然界斗争中，力量低弱时期的一种反映。今天，人类改造和控制自然界的力量，可以说在某种程度上强大到了"随人意志"的地步。然而，许多有识之士很快就发现，这种"随人意志"改造自然界的行为，不仅遭到了自然界日益严重的反抗和报复，使人类生存的环境急剧恶化，而且人类也越来越受到自己创造的人工自然环境的制约，成了它的奴隶。因此，人类对于自然界的"自由意志"究竟有多大，是一个亟待研究的问题。今天，人类似乎很有必要重新学会更好地去尊重自然。在这方面，道家自然无为思想中的上述合理内容是很有启发的。

道家的反异化思想

道家自然无为思想中，包含着相当深刻的反异化思想。

人类改造自然、改造社会的努力和活动，目的是获得自身更多的自由。然而，其结果往往是事与愿违。人类通过各种努力创造出来的成果，常常是在给人类增加某些自由的同时，也给人类带来更多的限制和烦恼。或者是只给一部分人增加了自由，而给另一部分人带来了更大的不自由。这种人类创造活动中的事与愿违的现象，也就是哲学上所说的“异化”（alienation）现象。

人是自然界的产物，是自然界的一部分。随着人类征服自然界的能力愈强、成果愈大，人类离自然界也就愈远，人的自然本性也就丧失得愈多。同样，个人从社会中得到的权利和保障愈多，那么个人受到社会的约束和限制也就愈多。这就是人类为了生存而面对的一个无法避免的矛盾的现实。所以从某种意义上来讲，自然和人类的发展过程本身，就是一个不断自我异化的过程。道家对这一点似乎有很深的体会，所以《老子》才会说，“反者，道之动”（《老子》四十章），把向着反面发展看成是“道”的一个根本特性。

历史上不同的学派对于这种自然和人类自我异化的现象和必然性，有着不同的认识和解决方案。道家老庄对于人类与自然的异化和个人与社会的异化，都是持批判态度的。他们认为，顺其自然、因循无为是防止异化、克服异化的最好方法。所以他们倡导的自然无为的自然主义哲学，从一定意义上讲，也可以说是一种反异化的哲学。

道家认为，人只是自然界中的普通一物，人与自然界原本是和谐一体的，即《庄子·齐物论》所谓“天地与我并生，而万物与我为一”。因此，人如果认为自己不同于或优越于其他自然物的话，则一定会被自然界看成是不祥之物。《庄子·大宗师》中的一则寓言就表达了这层意思："今大冶铸金，金踊跃曰：'我且必为镆邪！'大冶必以为不祥之金。今一犯人之形，而曰：'人耳！人耳！'夫造化者必以为不祥之人。"反过来就是说，人只有把自己放在与天地万物平等的位置上，才能与天地万物融为一体，才能防止人与自然的异化。

道家竭力反对人类把自己的意志强加给自然，反对随意干涉和改变自然界的规律。《庄子·应帝王》中讲了一个寓言，南海之帝儵和北海之帝忽一起去拜访中央之帝混沌，混沌热情周到地款待了他们。告别之时，南海之帝与北海之帝想回报一下混沌。他们商量说，人人都有七窍（眼、耳、口、鼻），用来看、听、吃和呼吸，可独独混沌没有，我们来为其打开七窍吧！于是，他们一天给混沌打开一窍。七天后，七窍是开了，而混沌却因此死去了。这个寓言告诉人们，人为地改变自然，不仅无益，甚至会置自然之物于死地。所以最好的做法是"辅万物之自然而不敢为"。

道家自然无为学说的一个要点，就是反对和防止人类社会和个人的自我异化。道家认为，社会的各种制度、道德规范，乃至人的智慧，都是人的纯朴本性的丧失、自我异化的产物。如《老子》讲："故失道而后德，失德而后仁，失仁而后义，失义而后礼。夫礼者，忠信之薄而乱之首。"（《老子》三十八章）又说，"大道废，有仁义；智慧出，有大伪；六亲不和，有孝慈；国家昏乱，有忠臣"（《老子》十八章）。"人多伎巧，奇物滋起。法令滋彰，盗贼多有。"（《老子》五十七章）《老子》的这些言论，从表面上看是对人类社会种种进步现象的否定，不过细想来也确实相当深刻地揭示了人类社会自我异化的现实。《庄子》则更明确地把“仁义”和“是非”等看成是加在人的自然本性之上的一种枷锁和酷刑。如他在一则寓言中，批评尧教育人们要“躬服仁义而明言是非”是“黥汝以仁义而劓汝以是非”(《庄子·大宗师》)。他还以牛马为例说：“牛马四足是谓天，落马首、穿牛鼻是谓人。故曰：无以人灭天。”(《庄子·秋水》）这是说，放开四足自由奔跑是牛马的天性，给牛马套上笼头，限制它们的行动，是违背牛马天性的。

正因为如此，《老子》公开提出要“绝圣弃智”“绝仁弃义”“绝巧弃利”。他认为，这样才能“民利百倍”“民复孝慈”“盗贼无有”。(《老子》十九章)《老子》还认为，人治理社会也应当像自然生养万物那样，采用自然无为的态度和方法。治理者越是无为，老百姓就越纯朴易治。他说：“不尚贤，使民不争；不贵难得之货，使民不为盗；不见可欲，使民心不乱。”(《老子》三章）意思是说，治理者如果不推崇贤者，老百姓就不会去争；不看重难得的货物，老百姓就不会去抢；不用各种欲望去引诱，老百姓的心就不会胡思乱想。所以说，“我无为而民自化，我好静而民自正，我无事而民自富，我无欲而民自朴”(《老子》五十七章)。《庄子》则把能忘掉仁义和礼乐的人推崇为至高无上的“至人”“真人”。他所向往和追求的是“不以好恶内丧其身”(《庄子·德充符》)，不以名实是非“劳神明”(《庄子·齐物论》）的人生境界。

道家这些主张恢复人的自然本性的思想，得到了历史上许多受社会压抑的知识分子的赞赏和发挥，而其中所包含着的反道德、反理智的倾向，也遭到了不少思想家的尖锐批判。从人类社会的现实来讲，任何一个社会，如果没有一定的制度和道德规范来约束其成员，这个社会就无法维持下去；而且社会的发展和进步，必然是使人与人之间的关系越来越密切和复杂，因而约束人的行为的制度、规范也会越来越繁多和严密。《老子》所设想的“小国寡民”“邻国相望，鸡犬之声相闻，民至老死不相往来”（《老子》八十章）的时代，已是一去不复返了。所以，道家希望完全恢复人的自然天性的理想，大概也是一种永远不能实现的理想。

不过，这也并不是说，道家人生观方面的自然无为思想中一点合理成分都没有。一方面，老庄尖锐地指出社会各种制度、规范中有压制人性的方面，具有重要的社会批判意义，它对于改进和建立更为合理的社会制度和规范，具有一定的积极意义。另一方面，就个人修养方面来讲，道家的自然无为思想也有相当的价值。如《老子》说：“五色令人目盲，五音令人耳聋，五味令人口爽，驰骋畋猎令人心发狂，难得之货令人行妨。”（《老子》二十章）这是说，过分的物质欲求，将使人反受其害。所以，“见素抱朴，少私寡欲”（《老子》十九章），以保持人的清净自然本性，也正是现代人极其需要的生活态度和修养。当今世界上许多有识之士，都在为人类日益被迫地成为经济动物、物质奴隶而忧心忡忡。经济和物质的强大压力，几乎使现代人的自我丧失殆尽，人们陷于严重失落和迷惘的痛苦之中，力求人性的反朴归真。这也正是道家自然无为思想在当今世界日益为人们所关注的原因之一。

玄学的“自然合理”说

玄学在中国传统哲学的发展历史中，是一个极其重要的环节，它对于中国传统哲学（乃至整个传统文化）的某些基本性格的形成，起着决定性的作用。它在沟通当时作为外来文化的佛教思想与中国传统文化方面，也起了重要的桥梁作用。玄学的“自然合理”论，确立了中国传统哲学的基本理论形态。

玄学的理论体系以儒道融合为基本特征，这在学术界的看法是一致的。但关于玄学究竟是以儒为主，还是以道为主，是儒表道里，还是道表儒里，人们对此有各种不同的分析和结论。因此，在学术界中有的称玄学为“新道家”，有的则称玄学为“新儒家”。这两种称呼，各自都有充分的史料作为根据，因而都是有道理的，也都可以成立。但是，我认为，玄学就是玄学，不必再冠以“新儒家”或“新道家”等称号，以致造成人们对玄学的某种先入为主的片面之见。

大家知道，自然与名教的关系问题是玄学讨论的中心题目之一，而这两者（名教、自然）分别是道家和儒家理论上的主题，也是两家矛盾、争议的焦点所在。玄学在理论上的任务，就是如何使自然与名教最和谐地统一起来。在这方面，玄学家们做出了特殊的理论贡献。王弼所谓圣人体无，故言必及有，老庄未免于有，故恒致归于无，已表明了他将儒道有无之说熔于一炉的理论特色。玄学发展到了郭象，高唱“内圣外王”之道，论证所谓“圣人虽在庙堂之上，然其心无异于山林之中”（《庄子·逍遥游》注），则更是将儒道两家的理论主题——名教与自然，融合到了无法再分你我的极高明地步。这一点正是玄学在理论上的最根本特色，因此在南北朝时期即已玄儒并称、玄道同言了。如果一定要把玄学再加以分析，将其定性为“新儒家”或“新道家”，那么反而会使玄学本身十分鲜明的特色失去光辉。

玄学融合儒道的理论，以自然与名教为中心，深入地讨论了有无、本末、性命、物理、圣王等问题。对于这些具体问题的分析和论证，玄学家们有同有异，从而形成了玄学内部的不同派别。不管这些玄学家们在具体问题阐释上有多少异同，他们都表现出一个共同的理论特点，即采用“自然”而“合理”的理论形态来论证上述各种具体问题。

王弼玄学的主题是“以无为本”，这里所谓“无”的基本内容之一是指“顺自然”(《老子》三十七章“道常无为”句注)。他认为，“万物以自然为性”(《老子》二十九章注)，因此“天地任自然，无为无造”(《老子》五章注)。王弼解释说，“天地不为兽生刍，而兽食刍；不为人生狗，而人食狗。无为于万物而万物各适其所用，则莫不赡矣”(《老子》五章注)。同样，与此相关的另一个主题，即“圣人体无”，则是要求“圣人达自然之性，畅万物之情”“因而不为，顺而不施”(《老子》二十九章注)，能够“辅万物之自然而不为始”(《老子》二十七章注)。总之，“天地之中，荡然任自然”(《老子》五章注)。这是宇宙、人生的根本法则，只有任其自然，才合万物之本性。万物是有理的，万物之自然本性也就是它的理。换句话说，万物的本性也就是自然而合理的。所以王弼在指出“物无妄然，必由其理”

(《周易略例・明象》)的同时，反复强调这样一点，即他认为，一切事物均“自然已足，益之则忧。故续凫之足，何异截鹤之胫？”(《老子》二十章注)又说：“自然之质，各定其分。短者不为不足，长者不为有余，损益将何加焉？”(《周易・损卦・象传》注)

玄学的另一位主要代表郭象，不讲“以无为本”，而以“独化自足”为其学说的主旨。但是，郭象在论证其“独化自足”的主旨时，所采用的理论形态则同样是“自然”而“合理”论。郭象是明确宣布“造物无物”(《庄子序》)的，其结论自然是“物皆自然，无使物然”(《齐物论》注)。如果说，王弼在论证万物的自然发生和存在时，强调一个统一的必然的根据的话，那么郭象在论述万物的自然发生和存在时，则强调“物之自造”(《庄子序》)，即事物各自的独立自得，而否定一个统一的根据。从郭象反复申述“物之生也，莫不块然而自生”(《齐物论》注)、“掘然自得”(《大宗师》注)、“忽然而自尔”(《知北游》注)等来看，似乎郭象否定了事物发生和存在的必然之理。其实不然，他同样十分强调各个事物自然所得之性，并非自己可以决定或更改的。如所谓“天性所受，各有本分，不可逃，亦不可加”(《养生主》注)。又说：“大物必自生于大处，大处亦必自生此大物，理固自然。”(《逍遥游》注)这也就是说，事物虽自生自得，而这种自生自得是有其自然而必然之理的。所以，郭象不仅承认事事物物都有其必然之理(如说“物物有理，事事有宜”。)，同时也认为，物与物之间的关系虽是“自然相生”的，但又是“不可一日而相无”的(《大宗师》注)，这是一种

“必至之势”（《胠箧》注）的体现。这就如同“君臣上下，手足内外，乃天理自然，岂其人之所为哉！”（《齐物论》注）由此，他又说：“顾自然之理，行则影从，言则响随。”归根结底是由于“物无妄然，皆天地之会，至理所趣”。（《德充符》注）就这方面来说，郭象与王弼的观点是一致的。

至此，玄学“自然合理”论的理论形态已十分清楚了。这种“自然合理”论的理论特征是，通过顺物自然之性（王弼说），或自足其自得之性（郭象说），来论证事物各自地位的合理性以及物与物之间关系的合理性。玄学家王弼和郭象都肯定“物无妄然”，认为事物都有其“所以然之理”，即一种必然性。这种“所以然之理”的根本特性，在玄学理论中也就是“自然而然”。

王弼说：“自然，其端兆不可得而见也，其意趣不可得而睹也。”（《老子》十七章注）郭象说：“自然者，不为而自然者也。”（《庄子·逍遥游》注）就这一点来说，“万物以始以成，而不知其所以然”（《老子》二十一章注）。但是，此所以然之理又不是全然不可知的。所以王弼又说：“识物之动，则其所以然之理皆可知也。”（《周易》乾文言注）这是说，所以然之理体现在事事物物的性用之中，通过观察事物之性用，则其所以然之理也就可以把握了。

由于玄学家们还不能完全正确解释事物的所以然之理，同时也由于他们所处时代的限制，在他们的理论中存在着严重的命定论内容。但是，我们应当看到，他们把命归于“自然合理”之自性，而没有归之于造物主的决定，这在理论思维上是有重要意义的。就此而言，玄学的“自然合理”论是一种具有理性思辨形式的理论形态。正是这种理论形态，在改变两汉的神学目的论的理论形态以及开创宋明理学的理论形态，以至确立中国传统哲学的基本性格等方面，都有着重要的意义。

与西方传统哲学和文化相比较，中国传统哲学和文化中宗教的色彩相对淡薄，甚至在某种意义上可以说表现为一种非宗教的特征。它在内容上表现为注重人事、注重现世，因而伦理的和政治的成分十分突出。在理论形态上，则表现为强调自然本性的合理（或合于天理），注重理性的自觉。

过去，人们在分析中国哲学或文化这一非宗教传统的特征时，往往追溯到先秦儒家的传统上去。经常引用《论语》中孔子的话，诸如“子不语怪力乱神”（《论语·述而》），“未知生，焉知死”，“未能事人，焉能事鬼”（《论语·先进》），“务民之义，敬鬼神而远之”（《论语·雍也》）等作为证明。我们不能否认，孔子上述言论对中国传统哲学非宗教特征的形成，确实有一定的影响。但是我认为，对于中国哲学或文化非宗教化发展起关键作用的，是由魏晋玄学所建立起来的“自然合理”论。

从儒家孔孟思想中，我们确实可以看到人格化的上帝（神）已基本消失。但也不可否认其中仍保留了非人格的意志之天，天命观念相当严重。汉代的今文经学家可以说是着重发挥了儒家的天命观。他们吸收阴阳五行以及象数纬候等学说，炮制了一套相当精致的天人感应理论，把儒家的天命观发展到了一个新的高度，西汉著名的今文经学家董仲舒是其中最重要的代表。

董仲舒举出孔子说的“不知命，无以为君子”（《论语·尧曰》）一语，并且明确地定义说：“命者，天之令也”（《汉书·董仲舒传》），“王者，必受命而后王”（《春秋繁露·三代改制质文》）。因而他认为，王者最重要的任务之一就是“承天意以从事”“承天意以顺命”（《汉书·董仲舒传》）。他还认为，“王道之三纲，可求于天”（《春秋繁露·基义》），即人类社会一切最基本的政治制度、道德规范，都源于天。他声言，“天虽不言，其欲赡足之意可见也”（《春秋繁露·诸侯》）。推而广之，人的一切行为，特别是人君的行为，都会引起天的反响（感应），或呈瑞祥，或降灾异，从而显示天意、天命。总之，在董仲舒眼中，天是“百神之大君”（《春秋繁露·郊祭》），天除了无人格形象外，其至高无上的绝对地位和意志，比之殷周时期的上帝，诚有过之而无不及。

同时，从董仲舒起，还开始了一个神化圣人（圣王）的“造神”运动。董仲舒说，“唯圣人能属万物于一而系之元也”（《春秋繁露·重政》），“圣人能系心于微而致之著也”（《春秋繁露·二端》）。这就是说，只有圣人能沟通天与万物和百姓之间的关系。他特别推尊孔子，认为“仲尼之作《春秋》也，上探正天端，王公之位，万物民之所欲，下明得失，起贤才，以待后圣”（《春秋繁露·俞序》），把孔子打扮成一个为万世立法的教主。

这种倾向到了纬书和《白虎通》中更有进一步的发展。圣人不仅在智慧上不同凡人，而且在外貌上也与众不同。《白虎通·圣人》篇中不仅鼓吹“非圣不能受命”，圣人“与天地合德，日月合明，四时合序，鬼神合吉凶”等，而且还特别强调

“圣人皆有异表”。诸如“尧眉八彩”“禹耳三漏”“皋陶鸟喙”“文王四乳”“周公背偻”“孔子反宇”等。在某些纬书中，这些圣人的形象就更是神奇古怪了。如《孝经纬》中描述的孔子容貌是“海口”“牛唇”“虎掌”“龟脊”“辅喉”“骈齿”等。按照这种描述，孔子已完全超出了凡人的范围，而升入了神的行列。于是，又出现了孔子为黑帝之子的神话。此外，东汉光武帝建武初（公元 24 年），召令尹敏、薛汉等校定图谶，至中元元年（公元 56 年），“宣布图谶于天下”。从此，谶纬被统一起来，作为东汉王朝官定的辅助儒家经典的文献，使儒家经典也神学化了。

由此可见，从董仲舒、经谶纬，至《白虎通》，两汉今文经学制造了至高神（天）、经书（谶纬）、教主（圣人、孔子）等，走的是一条企图把儒家变为宗教（儒教）的道路。两汉时期的古文经学派缺乏理论，在思想上的影响是无法与今文经学派相匹敌的。两汉之际的扬雄、桓谭，东汉的王充等，特别是王充的《论衡》一书，着重发挥了道家自然无为的思想，从理论上有力地批驳了今文经学的神学目的论，是有着重要历史意义的。但是由于王充这本书在当时社会环境下，没有能够广泛流传，其影响也不足以遏止今文经学把儒学宗教化的趋向。

玄学趁西汉经学之弊而起，接过王充自然无为的理论，但是作了重要的改造。王充的自然无为论有以下主要特点：一是建立在气为天地万物之本的基础之上，二是主要从宇宙万物生成方面来论述，三是针对神学目的论，而强调自然无为的偶然性。玄学则不从气化方面论天地万物之生成，而是主张“归一于无”或“独化自足”。因此，玄学所说的自然无为，不是指某一实体的特性，而主要是指一种普遍的、客观的、抽象的必然性，或者说是决定一种事物得以生成、存在以及与他种事物之间构成某种关系的所以然之理。就这一点来说，玄学在理论上克服了王充自然无为论中过分注重偶然性的缺陷。由此可知，玄学既以自然无为论否定了两汉今文经学的神学目的论，又以“物无妄然，必由其理”肯定了事物存在的客观规定性和必然性。

玄学把自然无为推演为一种客观存在的、抽象的必然之“理”，对于东晋以后的名教理论，以至于宋明理学以理为本的哲学体系的确立，是有重要影响的。如东晋袁宏作《三国名臣赞》，在夏侯太初赞中就说道：“君亲自然，匪由名教。”（《晋书·袁宏传》）又如《宋书·傅隆传》载其《议黄初妻罪》文中有云：“原夫礼律之典，盖本之自然，求之情理，非从天堕，非从地出。”总之，大都强调礼律名教出自人的自然性情，是自然合理者。理学创始人之一的程颢说：“吾学虽有所受，天理二字却是自家体贴出来。”（《二程外书》卷十二）从他们对天理的解说来看，理学的天理思想在很大程度上是受到了玄学的启发。这样说，大概并不过分或牵强。如程门高弟谢良佐曾说，“所谓天理者，自然底道理”“学者只须明天理为是，自然底道理，移易不得”。（《上蔡语录》卷上）这里明确地强调了天理即是自然的道理，与玄学所讲的“自然”而“合理”的思想是完全一致的。理学家确认万物皆有理，一物有一物之理，而这些理都是自然的、必然的。

在宋明理学时代，哲学中有气本、理本、心本等不同的学派，他们在哲学的基本问题上存在着重大的差别，有的甚至于对立，因而对于理的地位、作用等看法也有很大的不同。但是，在理具有自然而必然性这一点上，各派基本一致，以至于到明末清初的王夫之和以后的戴震那里，也仍然是这样的。当然，关于理的理论，宋明理学比之于玄学要丰富得多、深刻得多。如果说理在玄学那里还只是一株小苗，而到理学那里则已长成一棵参天大树了。但是，关于理的基本性格，即作为事物之所以然，既是必然的，又是自然的，理即顺物自然，顺物自然即是合理等则在玄学那里就已基本确定了。这正是玄学在中国传统哲学（以至文化）中所具有的不可忽视的重要意义。

玄学的“忘言得意”说

玄学的“忘言得意”论，构成了中国传统哲学中最主要的思维方式之一。忘言而得意，是玄学在认识方法上的一个主要观点，它与当时的言意之辨有密切的关系。汤用彤先生在《魏晋玄学论稿》的《言意之辨》一文中说：“夫具体之迹象，可道者也，有言有名者也。抽象之本体，无名绝言而以意会者也。迹象本体之分，由于言意之辨。依言意之辨，普遍推之，而使之为一切论理之准量，则实为玄学家所发现之新眼光新方法。”并认为：“玄学统系之建立，有赖于言意之辨。”汤先生的这一番分析是很重要的。

在当时的言意之辨中，关于言意之间的关系主要有三种不同的观点：

第一，认为言尽意，其主要代表为欧阳建。他认为，言与意的关系“犹声发响应，形存影附，不得相与为二矣。苟其不二，则言无不尽矣”（《言尽意论》）。他还说：“诚以理得于心，非言不畅；物定于彼，非名不辨。”也就是说，言能尽意，离言不能得意。

第二，认为言不尽意，以荀粲、张韩、郭象等为代表。如荀粲认为：“盖理之微者，非物象之所举也。今称立象以尽意，此非通于意外者也；系辞焉以尽言，此非言乎系表者也。斯则象外之意，系表之言，固蕴而不出矣。”（《三国志·魏志》卷十《荀彧传》注引何劭《荀粲传》）张韩则更主张不用舌。他说：“卷舌翕气，安得畅理？余以留意于言，不如留意于不言。”（《全晋文》卷一〇七，《不用舌论》）郭象则说：“意尽形教，岂知我之独化于玄冥之境哉！”（《徐无鬼》注）“不能忘言而存意则不足”“故求之于言意之表后至焉”（《则阳》注）。此派对言象持根本否定态度，因而强调“意会”和“冥合”。

第三，认为言以出意，得意在忘象，以王弼为代表。如在《周易略例·明象》中，他明确说：“夫象者，出意者也，言者，明象者也。”“言生于象，故可寻言以观象；象生于意，故可寻象以观意。”他还认为：“意以象尽，象以言著。”所以，此派对于言象的作用并不完全否定，而是认为言象只是出意的工具，如果停留在言象上，就不可能得其意，因此必须忘言忘象，“乃得意者也”。其主旨在于强调通过言象去得意。

上述第二、三两种观点由于均为重意轻言象，以强调得意为主，因此常被混为一谈，而不作分别。我们这里所说的玄学“忘言得意”的方法，也是综合这两者的意思而言的。

关于忘言得意的方法在当时学术思想界中所起的作用，汤用彤先生从五个方面作了详细的论述：①用于经籍之解释；②契合于玄学之宗旨；③会通儒道两家之学；④于名士之立身行事亦有影响；⑤对佛教翻译、解经亦有重要影响。（《言意之辨》）此处只想就玄学阐发的“忘言得意”论作为中国传统哲学的主要思维方式之一，对于中国传统哲学和文化的影响，补充一些意见。

忘言得意的方法，主要是从探求对于事物现象之本源、根据的认识中提出来的。玄学作为一种玄远之学，诚如汤用彤先生所分析的那样，“论天道则不拘于构成质料，而进探本体存在。论人事则轻忽有形之迹，而专期神理之妙用”。这一点，可以以王弼之说为证。如他说：“夫欲定物之本者，则虽近必自远以证其始。夫欲明物之所由者，则虽显而必自幽以叙其本。”（《老子指略》）这里所谓的“本”“始”也就是他所谓的无形无象、无称无名的道。郭象也同样强调，欲求圣人之道，不应停留在有形之“迹”上，而应当进而把握其“无迹”之“所以迹”。因此，忘言得意的实质，也就是要求人们不要停留在事物的迹象上，而要深入到事物的内部去把握其根本。就这方面说，玄学的“得意”之论，反映了人们对于宇宙、社会认识的深化的要求，“忘言”（“借言”）以“得意”，即是取得这种深化认识的玄学方法。

“得意”之论，在王弼那里还是肯定要通过言象去获得的，这从他的“故可寻象以观意”（《周易略例·明象》），以及前文所引“识物之动，则其所以然之理皆可知也”等论述中都可以得到证明。但是，到了郭象那里则不仅仅讲“寄言以出意”了（《山木》注），而是更多地强调通过“超言绝象”的“冥合”去“得意”。他说：“夫物有自然，理有至极，循而直往，则冥然自合。”（《齐物论》注）又说：“至理之极，但当冥之，则得其枢要也。”（《徐无鬼》注）郭象的自然冥合论是一种通过主体修养，使主客体合而为一的自证、意会的方法，它带有神秘主义的色彩。

后人所理解的玄学“忘言得意”论，常常是合王弼、郭象两者的方法而言的。无论是因言象而得意，还是超言象而会意（冥合），其中的关键都在于强调要充分发挥认识主体的能动作用。没有认识主体的能动作用是不可能得意的，而得意之深浅，又与认识主体的素质有着密切的关系。就此而言，这种认识方法包含了由外而内，由内而外，得之于外，证之于内，内外合一，主客通明的过程。这也正是中国传统哲学思维方法中一些重要的特点。

我认为，著名理学家朱熹在论述“即物穷理”时所说的那一番话，即“至于用力之久，而一旦豁然贯通焉，则众物之表里精粗无不到，而吾心之全体大用无不明矣”（《大学》注），正是对王弼、郭象“得意”论思维方法的继承和发展。

玄学的“忘言得意”论不仅在中国传统哲学的认识方法上有着重要的意义，而且对于中国传统文学、艺术的创作论和欣赏论也有着深远的影响。在某种意义上可以说，“得意”是中国传统文学艺术的最主要特点之一。

在中国古典文艺理论中，认为文学艺术的创作，最重要的是“立意”。这里所谓的“意”，从字面上说是泛指文艺作品的思想内容。而进一步具体地讲，这种思想内容往往又是指带有一定倾向的、一个历史时期的最根本的政治、伦理之道。三国时吴郡著名文学家陆机在其《文赋》一文中就说道：“恒患意不称物，文不逮意。”这句话的意思是说，常常担心自己的意思（认识）不能符合事物的实际情况，而所写的文章又不能完全表达出这些思想内容。这里的“意”虽然还是比较笼统地指一般的思想内容，但也可以看出，他是把表达“意”放在十分重要的地位的。

在南朝梁代刘勰的名著《文心雕龙·原道篇》中，我们可以看到这样的说法：“道沿圣以垂文，圣因文而明道。”这里所说的道，既有“观天文以极变”的自然之道的含义，也有“察人文以成化”的社会政治、伦理之道的含义。这句话的意思是，“道”通过圣人而流传于文章中，圣人借助文章来阐发“道”。这里已经表露出了“文是用以明道”的意思。沿此而进，到了北宋的周敦颐那里，就十分明确地提出了“文所以载道也”（《通书·文辞》）的命题。“达意”“明道”“载道”，都是从文学、艺术思想内容方面来说的，而从文章、诗歌（特别是在一些形象性的艺术作品中，如绘画、书法、戏曲等）的技巧表现上来讲，则是人们常说的贵在“传神”，如晋代著名画家顾恺之就明确提出绘画应当“以形写神”。上述各点构成了中国古典文学艺术创作论中最主要的理论和特点，而这些理论的形成又是与玄学

“得意”论的影响分不开的。

比起对文学艺术创作论的影响，玄学“忘言得意”论对于中国传统文学艺术的欣赏论的影响，更为巨大。对于文学艺术，中国传统的欣赏习惯最注重于得意于言外（形外），喜欢那些“意犹未尽”“回味无穷”的文学艺术作品。对于那种只能就眼前呈现的形象来评论文学艺术的人，则认为根本不够一个真正欣赏者的资格。

不仅如此，人们在观赏中所得到的“其意”（包括对文艺作品的观赏和对自然风光的观赏），也往往不是语言所能表达的，而是超出言语之外，靠自我去心领神会。如东晋著名诗人陶渊明，在他那首脍炙人口的“采菊东篱下，悠然见南山”一诗中，其最后两句就说明了这样的观赏特点。诗曰：“此中有真意，欲辨已忘言。”这是说，他当时在十分轻松自在（“悠然”）的心情中所领略到的“南山”风光“山气日夕佳，飞鸟相与还”，其中的“真意”，是无法用语言表述清楚的，而只有忘却语言，去自我体会与回味。

中国传统的文艺欣赏中，最喜欢谈“诗情画意”、“韵味”（“气韵”“神韵”等）、“境界”，等等，都不是停留在表面言象上所能领略到的，也不是语言、形象所能明白表达的，真所谓“只可意会，不能言传”。中国传统文化中这种不拘泥于言象，而注重于得意的欣赏论，给文学艺术欣赏者带来了极大的自由性。同一作品、同一自然风光，不同的欣赏者从不同的角度去观赏，用不同的心情去体会，结果对于作品所包含之意以及各人所得之意，往往相去甚远。而且，即使是同一人欣赏同一作品或自然风光，在不同的环境和心情下，也往往前后有极大不同的体会和所得。借用一句中国的老话来讲，即所谓“诗无达诂”。在这里，欣赏者可以充分发挥其主观能动性，以至可以完全离开创作者的原意，而体会出另一种新意来。

在玄学“忘言得意”论影响下形成的这些中国传统文学艺术创作论、欣赏论上的特点，构成了中国古典文学艺术中以表现主义为主的鲜明特点和传统。

玄学的“忘言得意”论，无论在认识的思维方法上，还是在文学艺术的欣赏习惯上，都表现出一定的主观随意性。这从一方面来说，反映了中国传统哲学思维方式中缺乏精确性的弱点、缺点，然而从另一方面来说，却又反映了中国传统思维方式中的主观能动性和灵活性，并在一定的条件下可以起到解放思想的作用。如玄学本身，即是借用这种思维方式，把人们的思想从两汉今文经学的荒诞和古文经学的烦琐中解放出来，从而开创了一种简约而深邃的义理之学。宋明理学正是继承这一方法发展起来的。

佛家的智慧

命运要由自己掌握

佛教中所谓的因果报应，并不是让人屈服于前世的安排，而是主张今生的命运要由自己掌握。

明代一位文学家叫袁黄，字了凡。他出身贫寒，幼年丧父，身体很差，母亲建议他放弃仕途，学些医术，这样既可以养家，又能为人治病，于是他努力学习当上了医生。一天，了凡在路上遇到一个道士，告诉他有做官的命，应当好好读书参加科举考试，同时还告诉他何时会中举，何时会当官，一辈子都不会有子嗣，在53岁那年必死。袁了凡听后信以为真，便回家苦读，果然中了举又当了官。

一次他去庙中探望云谷禅师，与他一起坐禅。云谷见他定力很好，便夸奖他心境平和。他说因为自己的命运早已注定，再如何努力也无用，所以心境反而平和。大师说："原本以为你是个了不起的人，现在看来你再平凡不过。命怎么能让人算住了呢？"于是便向他讲述了佛教的因果教义是"命由己造"，如果是不平凡的人，就一定会突破束缚，创造更好的命运。袁了凡听后改掉了自己的坏习惯，做了很多善事，最后不仅生了两个儿子，还活到了 74 岁，突破了所谓命运的安排。

说起命运，很多人都会有疑问，佛教宣扬的因果理论不就是告诉我们前世种因、今世得果吗？一切好像都是“业”和“报”，既然今生都是前世注定，那我们还需要努力吗？这不正是一种宿命论吗？

其实佛教是告诉我们要超越自我，要学会在今生造新的善因、结新的善果。这正是改变人命运的好方法。命运都掌握在自己手中，只要自己努力付出，就一定会有丰硕的回报。佛教中常讲“自作自受”和“自性自度”，就是说因和果都是自己造成的，出现了恶果也必须由自己去解决，所以必须要依靠自己的智慧和毅力来解决问题。这么看来，佛教宣扬的正是一种积极向上的人文精神。

很多文化人信了佛教，反倒没文化起来，相信宿命，其实佛教并不强调笃信神灵，而是强调自强自立。

一次我和一位电视台主持人聊天，他告诉我：“现在有很多人，本来是很有文化的人，怎么信了佛教以后反而变得没有文化了？”

这是个奇怪的现象，我觉得一个人信了佛教以后应该变得更加有文化、有品位、有智慧，可的确有一部分人，信了佛教反而陷入了某种误区，变得迷信起来。也许，他们只看到了人生的痛苦，因此把希望寄托在虚无缥缈的神灵身上。

很多宗教的人文关怀都是通过神灵的方式来体现的，而佛教倡导的是自立，强调人要依靠自己的力量、智慧和毅力来超越生死、超越自我。佛教是一种理性的、充满智慧的宗教，这并不是我在美化佛教，我们回顾一下佛教的历史，就能看到这一点。

佛教产生于公元前 6 世纪的印度，当时在印度占统治地位的是婆罗门教，此外还有很多其他的宗教和哲学学派存在。这些学说，释迦牟尼把它们大体归结为两类——“邪因说”和“无因说”。前者认为一切事情的原因都是神灵决定的，后者则认为任何事情的产生都是毫无原因的。释迦牟尼创立佛教的目的就是为了纠正这两种观点，并非宣扬神灵主宰一切。现在很多人却以为膜拜佛像就能够带来好运，这是不符合佛教根本教义和精神的。

针对上述两种观点，释迦牟尼提出了事情都是有因有果的。因果的关系不是外在的，是每一个生命体自己的行为、言论、思想种下的因所结出的果，这就是“业”和“报”的关系。它并不强调神的力量，而认为完全是生命体自身的。从这个角度，佛教认为人是可以掌握和改变自己命运的。

佛教认为，如果抱着苦不放，人生也必将非常痛苦。中国的禅宗把这方面的精神发挥到了极致，认为人要把握当下，这样人才是充实的，用禅宗的话来说就会“日日是好日”，如果把握不住，那么日日是烦恼。

如果我们对佛教没有正确的认识，不是依靠自己的毅力和智慧去求得解脱，而想依靠外在力量，就会变得没有文化。佛教提倡“求人求神不如求己”，所以根本的问题是开发自己的智慧，磨炼自己的毅力。

净化心灵、启迪智慧的佛教

中国传统文化以儒释道为主要内容，佛教传入中国后，佛学与儒、道文化融为一体，你中有我、我中有你，各自有独立性，又相互交融，体现出中华文化兼容并包、多元并存的特征。作为中国传统文化的主体结构，佛学在中国文化中的影响无法忽视，我们常说的境界、缘起、世界、识别等词语，都是从佛教里来的。以儒治世、以道治身、以佛治心，佛学思想对净化我们的心灵有很大作用。其原因在于，佛教核心理念认为人的各种问题都来源于贪嗔痴之心，导致个人的行为失当，对他人、对社会产生不良影响。佛家用戒定慧来治理贪嗔痴，节制贪欲，消除嫉妒仇恨等心理，看清事物的本质，从而起到净化心灵，进而净化社会的作用。人追求物质欲望是天生的，因此关键在于能否自己管理好自己。物欲的无限膨胀使人自我异化，成为物的奴隶，被物牵着鼻子走，导致争斗冲突不断。在这种情况下，佛教的理念对于社会和谐以及个人身心健康都大有裨益。

在传统文化热的环境下，社会大众对于佛学思想越来越关注，但是在这个过程中，存在一个关键问题：我们是不是真正理解了传统文化？从佛学思想来看，经常存在着误读的情况。

佛教在传统文化里有两个基本点，一个是缘起思想。缘起是佛教最核心的宇宙观，万物都是因缘聚合而生，不是神有意识创造的。很多人把佛教简单理解为求神拜佛，把菩萨认为是神。其实神这个概念并非不可以，关键在于是什么样的神。菩萨是值得敬仰的神，不是造物主的神。佛家认为缘起而生成的各种现象世界是短暂的，不是永恒的，只有各种条件聚在一起的时候才形成这个事物。佛家希望破除人们把现象看成是永恒的观念，从而看清事物的本质。

另一个是因果业报理论。佛教认为每个人的命运是由个人的行为造成的，个人的言行举止观念构成了一个人会得到的结果。因是业，受到的果就是报，所以要改变个人的现状，就要改变你造的业。这在某种意义上是说你的命运掌握在你自己手里，进而强调你的命运是可以改变的。可是我们很多人对这个理念理解得不清楚，把因果简单等同于宿命论。宿命论在印度本土一些宗教里的确存在，但在中国传统文化里，佛学所说的因果业报关系，完全是由个人来决定，正如《了凡四训》第一训所说：命由己立。

还有人把因果报应看成是迷信。其实任何事物都是结果，我们看到一个结果便要去寻求它形成的原因，科学不就是这样吗？根据现象来探究原因，探寻因果关系。就拿雾霾来说，雾霾对环境造成了危害，我们探究雾霾的成因，从而做出相应对策，减少雾霾的产生。又比方说，一个人跟所有人关系都不好，那么他找到自身的原因，改正自己言谈举止的不当之处，对人和蔼一些，自然而然就会与别人融洽起来。明白了原因，趋利避害，做出相应的改变，就是改变因果。佛教正是从生命现状来探求造成这个现状的原因，所以因果理论不是迷信思想。

对于佛教理念的误读是对传统文化误读的一个缩影。再看儒家的为己之学，“人不为己，天诛地灭”这句话似乎人人都知道，但大多数人的理解，包括很多影视作品中都认为是鼓励人们为私利去奋斗，这恰恰是完全错误的。儒家说的“为己”是要不断提升自己，希望每个生命都更加完美。这样才能理解后面的话——如果人不能不断完美自己，老天爷也不容，不是说不为自己谋私利就不是人了。

所以我们要真正弘扬传统文化，重点不在于轰轰烈烈，而是要一点一点地把优秀传统文化讲清楚，把误解的问题讲正确，这样才能真正理解传统文化的精髓并且落实在自己的言行之中。不可否认，我们文化中存在弊病，有的把德行看得高尚，也有把功利看得高尚，关键在于我们如何选择。

中华文化是强调智慧的文化，用智慧来了悟人生，看得破、放得下。佛教有两句话非常简要地点明了这一点，“执着名相看不破，执我为本放不下”。智慧超越知识，知识是静的，智慧是动的，是发现知识、掌握知识、运用知识的能力。我刚入大学的时候，大家都很崇尚英国哲学家培根所说的“知识就是力量”，而五十年后我体会到，智慧才是力量。我们现在很多人让知识困扰了，分辨不清。智慧使我们看清事物的本质，用智慧驾驭知识，可以使知识真正发挥出更大的力量。

禅悟中有极大的灵活性

佛教以悟为修行的根本目的，所谓“不悟，即佛是众生；一念若悟，即众生是佛”[1]，充分道出了悟的重要性。悟，指生起

1　本文所引《坛经》原文均从敦煌本。部分误字、佚字，则随文据日本兴福寺本和敦煌博物馆本校改。

真智，扫却迷妄，断除烦恼，证得佛法的真理。其中，包含了两方面的意义，从开悟方面讲，是指能证的智慧，如菩提等；而从证悟方面讲，是指所证的真理，如涅槃等。通常合两者而言悟。

禅宗言顿悟，也包含开悟与证悟两个方面，前者谓“顿悟菩提”“知本性自有般若之智”；后者谓以此“般若之智”“各自观心，令自本性顿悟”，即“识心见性，自成佛道”(《坛经》)。禅宗六祖慧能反复强调“世人性本自净”“自性能含万法”，所以，他的得法偈说：“菩提本无树，明镜亦无台。佛性常清净，何处有尘埃。”同时，慧能又强调“菩提般若之智，世人本自有之”。因此，所谓悟即在于：“见自性自净，自修自作，自性法身，自行佛行，自作自成佛道。”或者说：“自性心地以智慧观照，内外明彻，识自本性。若识本性，即是解脱。”若以一言赅之，则禅宗顿悟的根本精神可归结为“本性自悟”或“自性自度”。

这种本性“自悟”“自度”的禅悟，强调的是个人的体验和自我的直接把握。换句话说，别人的体验不能代替你的悟，自我的体验无法以概念推理来获得。在禅宗的《灯录》中，许多禅师得悟的故事，生动地说明了这一点。

如，唐末香严智闲禅师，先事百丈怀海，聪明灵利，问一答十，问十答百。百丈死后，他去大师兄沩山灵祐禅师处参禅，灵祐问了他一个问题：“请你说一说生死的根本，父母未生你时是怎么回事？”谁知道这位原先问一答十、问十答百的聪明禅师，竟被问住了，而且遍查平时读过的书，也找不到可回答的话。于是，他反复要求灵祐为他说破。然而，灵祐对他说，如果我告诉了你，你将来是会骂我的。再说，“我说的是我的，终不干汝事”。后来有一天，香严智闲在田里除草时，随手把一片碎瓦扔到田边的竹子上，这时碎瓦击竹发出的声音，忽然使他有所醒悟。因此，他十分感激灵祐，说，“当时他如果为我说破的话，哪里还会有今天的醒悟！”又如，南宋著名禅僧大慧宗杲的弟子开善道谦，参禅二十年，没有个悟入处。一次，宗杲派他出远门去送信，他怕耽误了参悟，很不愿意前去。这时，他的一位朋友宗元说：“我陪你一起去。”他于是不得已而上了路。一路上，他哭着对宗元说：“我一生参禅，至今一点收获也没有，现在又要长途奔波，到什么时候才能入门啊！”这时宗元对他说：“你现在暂且把从各方参来的，自己体会到的，包括师父给你讲的都放在一边。旅途中凡是我可以替你的事，我全部替你去做。只有五件事我替你不得，必须你自己去做，那就是：你身上寒冷，我不能替你穿衣；你腹中饥渴，我不能替你吃喝；再有，拉屎、撒尿、驮着自己的身体走路，我也无法替你。”道谦听完宗元的话后，忽然大悟，不觉手舞足蹈起来。这两则故事均说明，任何别人的悟都不能代替自己的悟，只有靠自己去亲身体验一番，才可能获得真正的悟。

有一则故事讲，唐代禅师龙潭崇信有一天对他的老师天皇道悟说：“自从我到了老师您这里，还没有得到过您关于禅悟要旨的指点呢！”道悟回答说：“哪里话，自从你到了我这里，我无时无刻不在向你指点禅悟要旨！”崇信不明白地问道：“您在哪里指点了？”道悟说：“你端茶来，我接了；你送饭来，我受了；你行礼时，我也回礼了。我哪一处不在向你指点禅悟要旨！”崇信听后，想了很久也没有领会过来。此时，道悟又说道：“如果要把握禅悟要旨，那就应该当下直接把握，若是用心去细细推敲，就完全错了。”崇信于此得到解悟。这是比较明确地点明，禅悟不能用推理，而只能直接把握的一例。在禅宗《灯录》中，人们随处可以看到各种各样稀奇古怪的问答，而禅师们则都是在这种看来违背常识、不合逻辑的稀奇古怪的问答中获得解悟。这些不胜枚举的例子，集中起来说明一点，即禅悟不是理智和逻辑推理的结果，而是内心直接把握的自我体验。

正是由于禅悟的这种特性，长期以来禅悟被视作一种非理性或反理性的神秘主义（佛教中人则有自许为超理性者）而为哲学上的理性主义者和唯物主义反映论者所否定。无可否认，禅悟作为佛教禅宗的一种解脱理论和方法，必然地包含有浓厚的宗教性体验和某种神秘主义的东西。但是，21 世纪以来，随着人们对于人类自身精神（心理）分析的深化以及对于禅宗理论和方法了解的深入，许多学者注意到，在禅宗关于禅悟的理论和方法中，相当充分地揭示出了那些无法用理智分析或逻辑推理给以圆满解答的人类精神（心理）活动，如潜伏在每个人意识深处的、那些突然迸发出来的、各种各样奇奇怪怪的、随意的自由联想。同时，禅悟在充分调动和发挥这种自由联想的意识作用，来求得对天地万物和人生自我的忽然贯通、彻底了悟时，运用了各种各样不合常理的奇怪方法，其中也包含了不少有意义的心理分析和认识方法。因此，人们有可能透过禅悟的宗教体验和神秘主义，去把握其中那些有意义的心理分析和认识方法。这里须声明一下，我以上的叙述绝没有否定佛教禅宗信仰者在禅悟中获得的宗教体验方面的喜悦心情之意，而只是想让那些非佛教禅宗信仰者也能了解禅悟在心理和认识等方面的积极意义。

以下仅就禅悟中的主体实践经验和主观能动性的发挥以及禅悟中的辩证思维方法这两方面，作一些简要的介绍。

禅宗认为，一个人的悟解，大善知识或老师的点拨是需要的，但从根本上来讲，“悟不由师”。因此，禅悟是一种具有强烈主体意识的自我体验，在禅悟过程中，离不开个人主体的实践经验和主观能动性的充分发挥。

所谓主体实践经验，就是强调一个禅者的悟，必须通过亲身的体验去获得，而不是简单地接受或模仿他人的经验和体验。有一则故事讲，俱胝和尚向他的师父天龙和尚参问，天龙和尚向他竖起一个指头，俱胝和尚当下大悟。此后，凡有向他参问的，他都只竖起一个指头，而不说别的。他在晚年总结说：自从悟透了天龙的一指禅，一生都受用不尽。在俱胝和尚处，有一个做杂事的童子，他每次遇到人问事时，也总是竖起一个指头作回答。于是，有人告诉俱胝和尚说，您这里那位童子也参透了佛法，凡有人提问题，他总与和尚您一样竖起一个指头。有一天，俱胝和尚在袖子里藏了一把刀，把该童子叫来问道：听说你也参透了佛法，是吗？童子回答说：是的。俱胝又问：那你给我说说，怎样才是佛？童子竖起一个指头。俱胝乘其不备，挥刀将其手指砍掉。童子痛得大叫而走。俱胝又把他叫回来，还是问他，怎样才是佛？童子又习惯地举起手准备伸指头，但一看手指没有了，于是豁然大悟。随便砍掉人的指头是十分残忍的行为，但这则公案想借此对俱胝和尚的“竖一指”与童子的“竖一指”，做出一种强烈鲜明的对比。前者是在经天龙和尚的指点后，有了自身的深切体验和觉悟，才以竖一指头来解答问学者的各种问题；后者则完全是形式上的模仿，那个童子根本没有什么自身体验可言。因而只有在被砍去手指后，发现无指可举时，这位童子才从自己这一痛彻心扉的切身体验中得到了觉悟。

禅悟也只有通过充分发挥主体的主观能动性，才可能获得。这类事例在禅宗公案中俯拾皆是。相传南宋著名禅师五祖法演，有一天对他的徒弟们说，你们可知道我这里的禅是一种什么样的情况？打个比喻说，有一个贼，他的儿子一天跟他说，您老了以后我怎么来养家呢？我需要学点本领才行啊！贼说，这好办。于是，一天夜里，贼把他儿子带到一有钱人家，撬开柜门，叫他儿子进去偷取衣物。可是当他儿子刚一进去，他就把柜门锁上，并且故意弄出很大的声音，好让主人家听见，而自己则偷偷先溜回家了。这家人听到声音后，立即起床点灯找贼，然而找了半天也没找着，以为已逃走了。这时，贼儿子在柜子里正纳闷，心想我老子要干什么？突然，他心生一计，学老鼠咬东西的声音，这家人以为柜子里有老鼠，就打开柜寻找。贼儿子趁此机会，推倒开门者一溜烟地逃走了。这家人一路紧追不舍，此时正路过一口井，贼儿子又心生一计，捡了一块大石头扔下井去。当这家人围着井找他时，他已逃回了家。到家后，贼让他儿子把逃出来的过程讲一遍。贼听完后说，行了，你完全可以独立做事了。这个教儿子做贼的故事，乍看有伤风化，然而，如果人们能得其意而忘其言，去领会其中所寄的精神，那么它正是指示人，只有通过充分发挥自己的主观能动性，面对所处的现实环境开动脑筋想法子，才有可能使自己获得解脱。

禅宗所指的顿悟，并非轻易就能达到，而是需要经过自我的刻苦磨炼才能获得的。元代著名禅师中峰明本就说过：如果没有废寝忘食的精神，没有坚持二三十年寒冬酷暑的劳苦，是不可能获得禅悟的。他还引用了一句禅门名言说明这种自我刻苦磨炼的精神："不经一番寒彻骨，争（怎）得梅花扑鼻香。"禅师们这种为了追求佛教真理而刻苦自我磨炼的精神，难道不值得一切追求真理者效法吗？

禅悟中还包含着不少的辩证思维方法。南宋黄龙派禅僧青原惟信有一段叙述他禅悟体会的话，是很值得回味的。他说："老僧三十年前未参禅时，见山是山，见水是水。及至后来，亲见知识（指他的老师黄龙祖心禅师），有个入处，见山不是山，见水不是水。而今得个休歇处，依前见山只是山，见水只是水。"他并且问大家，这三种见解，是相同还是有区别？（《五灯会元》卷十七）在这段话中，禅悟后的"见山只是山，见水只是水"与参禅前的"见山是山，见水是水"，这两种见解肯定是有所不同的，其中经历了一个自我否定的过程，即"见山不是山，见水不是水"的见解。为什么不同？有什么不同？禅师们根据自己的体会可以做出不同的解释。

如，有的禅师从"万物一体""物我一体"的角度来体会，就说，青原惟信参禅前，只是就山见山，就水见水，当他从

“万物一体”的观点去看山和水时，那么山就不再是山，水也不再是水了，再当他有了“物我一体”的体验后，领悟到山、水在我之中，我也在山、水之中，这时他又会认识到山是山、水是水了。这种解释，似乎艺术心理体验的味道更浓一些。

从认识论的角度看，我想可以作这样的解释：青原惟信参禅前，只是从一般的现象上来认识山和水，所以“见山是山，见水是水”。经过老师指点后，他才明白自己原有认识的肤浅，于是对以前的认识提出了极大的疑问：我见的山是山吗？我见的水是水吗？[1] 所以，此时的青原惟信是“见山不是山，见水不是水”。等到他真正领悟了佛法后再去看山、水时，虽说“依前见山只是山，见水只是水”，然而此时所见到的再不是山、水的一般现象了，而是它们的“实相”了。这种通过否定的过程达到认识的深化，是一种辩证的思维方法。

再有，对这个例子似乎也可以作另一种的体会和解释。比如说，禅认为一切事物原本都是十分平常的，因此，人们也只需用平常心去对待它。可是，要以平常心去对待一切事物谈何容易，一般人的智慧总是把那些本来极平常的事物看得很复杂，结果是“见山不是山，见水不是水”。而当他走过这段曲折的探求之路后，突然发现山和水并没有什么特别的地方，一切也还

1　按：起疑是禅悟过程中的一个重要环节，有所谓“信有十分，则疑有十分，疑有十分，则悟有十分”的说法。元代高峰原妙把能否起“大疑情”作为参禅必须具备的条件之一，他的嗣法弟子中峰明本也说：“当知正信亦有疑。于正信中未有证得，所以致疑，疑念益深，久远不退，忽尔洞明，一念开朗，是谓大疑之下必有大悟。”

是它们平常的本来面目，于是当下落到实处，“依前见山只是山，见水只是水”，从而悟到“平常心”的意义。“平常心是道”，这是禅悟的又一个重要观点。从普通人的“平常心”（有分别心）上升为禅悟的“平常心”（无分别心）同样也是一个通过自我否定过程达到更高层次认识的一种辩证思维方法。

禅宗大师们常以“饥来吃饭，困来即眠”教导参禅者，来比喻平常心，作为参禅的一种修养功夫。在一般人看来，“饥来吃饭，困来即眠”人人都能做到，算什么功夫？当一位和尚以此问题请教大珠慧海禅师时，他断然地告诉这位和尚说，这两者是根本不相同的。他说，一般人吃饭的时候不吃饭，睡觉的时候不睡觉，总是东思西想、要这要那的。这和我不用其心、顺其自然的“饥来吃饭，困来即眠”是完全不同的。世界上有许多事物本来是很简单而平常的，可是常常被人为地搞得复杂而神奇。人们要认识表面的平常是比较容易的，要认识事物本来（内在）的平常则殊非易事，禅悟提倡“平常心是道”，在强调按事物的本来面目来认识事物方面，是有积极意义的。

此外，禅悟最忌执着、认死理。如，南岳怀让参六祖慧能八年后，一日忽然有悟，于是就告诉六祖说：“我有个省悟的地方。”六祖问道：“你所说的省悟是个什么样的？”怀让说：“要说它像个什么就错了。”这是最为典型的反执着的问答。又如，德山缘密圆明禅师（云门文偃法嗣），就明确强调要“但参活句，莫参死句”（《五灯会元》卷十五）。大珠慧海禅师也说：“经有明文，我所说者，义语非文，众生说者，文语非义。得意者越于浮言，悟理者超于文字。法过语言文字，何向数句中求。

是以发菩提者，得意而忘言，悟理而遗教，亦犹得鱼忘筌，得兔忘蹄也。”（《景德传灯录》卷二十八）总之，禅师们认为，任何的执着或参死句，都可能成为一种错用心，即使像追求“悟明见性”“成佛作祖”，或者把“平常心”的“行住坐卧”“吃粥吃饭”存之于心，那也是会妨碍人的参禅的。

一方面，禅师们对同一个问题常常有许许多多不同的回答，如关于“祖师西来意”“佛法大意”等问题，自古以来可能不下百十种答案。这些都是禅师针对当时不同问话对象的认识水平或所处环境的具体情况，做出的随机应答。另一方面，禅师们对同一问题或许多很不相同的问题却又常常给予同一个答案，但又绝不允许参问者以同一个意思去体会它，而是要根据自己的疑问去体会它。于是，表面上相同的语言，会有很不相同的体会和解释。马祖道一说过这样一番话，他说：“我有时教伊扬眉瞬目，有时不教伊扬眉瞬目，有时扬眉瞬目者是，有时扬眉瞬目者不是。”（《景德传灯录》卷五）石头希迁的嗣法弟子药山惟俨禅师就在马祖这番话的启发下得到了契悟。这些地方都表明，禅悟中有着极大的灵活性和丰富的辩证法，是值得人们去用心探讨的。

佛教中的和平精神

在争取世界和平、维护世界和平的事业中，宗教是有着重要作用的。宗教具有广泛的社会影响，当今世界上信仰各种宗教的人占世界总人口的三分之二以上，如果全世界的宗教徒能团结起来争取和平，必将对世界的和平与稳定发挥举足轻重的作用。在所有的宗教中，佛教是最具有和平精神的宗教，这已为人们所共许。所以，传播和发扬佛教的和平精神，对于净化人类的心灵，制止和消除人类的暴力行为，求得个体心灵的和平与群体生存环境的和平，肯定是有积极意义的。

佛教的慈悲精神

佛教被称为慈悲的宗教，在其发展进程中，从“自度”到“度人”，以至发愿有一众生得不到超度誓不成佛，贯穿着一种伟大的慈悲精神。慈悲体现为一种同情和怜爱。按佛教经典本来的解释，慈与悲分别从两个不同方面体现了佛教的同情和怜爱，慈是给予快乐，悲是除去痛苦。如《大智度论》卷二十七中说：“大慈与一切众生乐，大悲拔一切众生苦。大慈以喜乐因缘与众生，大悲以离苦因缘与众生。”佛教视世间人生为无尽的苦难，佛陀以拯救众生出此苦海为己任。所以，不少记述佛陀本生的经典在描写佛陀降世时的奇异中，于其自言“天上天下，惟我为尊”之后，或有言“此生利益一切人天”（《过去现在因果经》卷一），或有言“三界皆苦，吾当安之”（《修行本起经》卷上）。总之，佛陀“感伤群生耽惑爱欲，沉流苦海，起慈悲心，欲拔济之”。（《过去现在因果经》卷一）由此可见，在佛教慈悲的“拔苦与乐”中，拔苦更为根本。

佛教的慈悲精神，随着大乘佛教的兴起和发展，得到了进一步的发扬，甚至认为是佛教的根本精神。如上引《大智度论》卷二十七中就说：“慈悲是佛道之根本。”《观无量寿佛经》中也说："佛心者，大慈悲是。"佛教的这种慈悲精神，不单是对于人间社会，也遍及于一切有情之生命，乃至所有无情之草木土石。为救助一切有情而不懈努力，是佛教最为推崇的菩萨的利他行。这在一方面，表现为不惜牺牲自己的一切，甚至连头目脑髓都可施舍与人；在另一方面，表现为戒杀和放生。我们在众多的佛教戒律中可以看到，戒杀生总是放在第一位。

佛教的兼容精神

佛教理论，特别是大乘中观学派的理论，充满着辩证的思维方法，而反对各种片面、独断或绝对的理论和方法。因此，佛教往往在尖锐批评它所反对的理论的同时，注意吸取其中的合理因素；或通过分析比较给予其适当的地位，表现出一种宽厚的兼容精神。关于这一点，我们可以从佛教由印度传播到亚洲各国，并先后在亚洲各国生根、开花、结果的历史中得到深刻的印象。佛教在传入这些国家后，虽然也与该国家的原有民族文化和宗教发生各种矛盾和冲突，但从未用佛教去消灭和替代其原有民族文化和宗教，而是不断地使自己适应该国家民族的文化环境，与该国家的原有民族文化和宗教和平相处。

例如在中国，佛教传入后与中国原有的儒家文化和民族宗教道教发生过理论和教义方面严重的冲突，但同时也积极吸收了儒家与道教的东西，使自己适应中国的文化环境，不仅生存了下来，而且得到了极大的发展，以至成为中国文化有机体中不可分割的组成部分。隋唐时期，佛教的影响遍及文化领域的各个方面，也就开始形成了儒、佛、道并重兼容的格局。宋明清时代的佛教，在其内部调和各宗派和学派，在外部则在保持自身根本教义的情况下进一步融合儒、道思想。佛教的兼容精神，在中国佛教中得到了充分的体现。

在世界历史上，有相当一部分国家民族之间的暴力冲突是由文化或宗教的矛盾引起的，即使在当今世界，在一些令人不安的地区，宗教性的紧张也还在助长那里的动荡局势。应当说，这是与宗教的根本宗旨相违背的。佛教在其发展和传播的历史中则是以完全和平的方式推进的，它为世界各国家民族间的文化交流树立了良好的榜样。发扬佛教的宽厚兼容精神，对争取和维护世界长久和平是有重要积极意义的。

佛教的净化精神

佛教认为，人类的苦难主要来源于自身的贪欲心、嗔怒心和愚痴心，即所谓“三毒”。同时，这“三毒”也是人类身、口、意等一切恶行的根源。按照佛教的说法，贪欲是对名声、财物等已所爱好的东西没有满足的一种精神作用。嗔怒是对不合已意的有情生起憎恨，从而使自己身心不得安宁的一种精神作用；愚痴是指愚昧无知、不明事理的一种精神作用。这些精神作用的扩张，使得人们互相争夺不已，仇恨不已，永远不知解脱人类苦难的真正道路在哪里。佛教教导人们要“勤修戒定慧，息灭贪嗔痴”，就是要人们通过戒定慧的自我修养，去除贪欲心、嗔怒心和愚痴心，净化自己的心灵。在具体实践上，则是要人们以布施去转化贪欲心，以慈悲去转化嗔怒心，以智慧去转化愚痴心。

佛教净化心灵的教义，在中国佛教中，特别是在中国禅宗的理论中，得到了充分的发展。禅宗认为，佛与众生的差别，仅在于一迷一悟，迷即众生，悟即是佛。所谓悟的根本内容，就是能“自净其心”。他们认为，“三毒”是魔王，只有用佛教的正见让自己除掉三毒心，才能恢复清净的本性，才是真佛。所以，在禅宗的经典《坛经》中，常常可以见到这样的说法，如：“心但无不净，西方去此不远”“但愿自家修清净，即是西方”，等等。

人类社会之所以会产生争斗、暴力、战争等，其原因是十分复杂的。因此，要消除人类社会的这些丑恶现象，也需要从许多方面去努力才能奏效。佛教从净化心灵这一方面来促使人各自摒弃私见私欲，以博大的胸怀，视人类为同胞兄妹，视万物与我一体，从而共同维系人类及其生存环境的和谐。应当说，这对于争取世界的持久和平具有深远意义。

常住世间，救度众生

佛教本是一种出世法，但它又具有积极的入世精神和人间性格。这既与佛教教义中强烈的人文精神有关，同时也是与释迦牟尼创立佛教的本怀大愿相一致的。

人们都很熟悉佛传故事中释迦牟尼诞生时自行七步后所说的话：“天上天下，惟我为尊”“我于一切天人之中最尊最胜”（《过去现在因果经卷第一》），“天上世间我为最尊”（《普曜经卷第四》）；但大家不一定记得紧接其后的那句话，即“三界皆苦，吾当安之”（《修行本起经卷上》），“当度三界生老病死，令至无为”（《普曜经卷第四》），“此生利益一切人天”（《过去现在因果经卷第一》）。而这正是释迦牟尼出家、修道、证悟的本怀大愿，或谓之“诸佛常法”。《长阿含经卷一》中记载着如下一段论述：

> 佛告比丘，诸佛常法。毗婆尸菩萨当其生时，从右胁出，专念不乱。从右胁出，堕地行七步，无人扶侍，遍观四方。举手而言：天上天下惟我为尊，要度众生生老病死。此是常法。

这里的毗婆尸菩萨也就是佛教传说中过去七佛中的第一佛，经中描述他出生时的情景与释迦牟尼佛出生时的情景完全一样。在原始佛教时期，只有释迦牟尼一人被尊称为佛，到大乘佛教发展起来后，才有三世诸佛和十方诸佛等说法。这段经文的寓意是要说明过去佛和现在佛的一脉相承，更重要的是点出“要度众生生老病死”的本怀大愿，乃是从过去七佛以来，直至今佛释迦牟尼一以贯之的“诸佛常法”。

从原始佛教到大乘佛教，无论在教理还是在实践宗旨等方面都有很大的发展。如，在教理方面原始佛教总的倾向是强调“我空”，而不讲“法空”，大乘佛教则主张“我”“法”皆空，乃至认为诸法自性本来清净（空）。又如，在原始佛教那里空和色、清净和染污、出世和世间、众生和佛等，都被看作是分别对待的法。所以，他们一般都是断色取空，离染求净，厌生死欣涅槃。然而大乘佛教以“中道”“不二”的理论和方法，从根本上破除了一切法的分别对待，于是产生了“色空不二”“色即是空，空即是色；色不离空，空不离色”；“染净不二”“生佛不二”“世出世不二”“勿离世间上，外求出世间”（敦煌本《坛经》）等论述。

再如，在实践宗旨方面，原始佛教一般追求即生断除自身烦恼，以个人的自我解脱为主，从了生死出发，以离贪爱为根本，以灭尽身智为究竟，主要取向是出世的。大乘佛教则认为，修证需要经过无数生死，历劫修行，以“摩诃般若”（大智慧）求得“阿耨多罗三藐三菩提”（无上正觉），除断除自己一切烦恼外，更应以救脱众生为目标。因此，他们宣称佛法大慈大悲，以普度众生、成佛救世、建立佛国净土为目标。佛法既是出世的，又要入世间，开大方便门，以引度众生。

大乘佛教的上述宗旨，集中地体现在其悲智精神中。大乘佛教的悲智精神，又决定了佛教入世为众生、为社会服务的人间佛教的性格。

许多大乘经典中，都认为声闻、缘觉二乘虽然也有“慈心”，但缺乏“大慈悲心”，他们没有救度众生的大愿，而大乘菩萨乘在这一点上远胜过二乘。如说：

> 阿罗汉无大慈悲，无本誓愿度一切众生。（《大智度论》卷二十八）
>
> 声闻、辟支佛虽有慈心，本不发心愿度一切众生，亦不回善根向阿耨多罗三藐三菩提，以是故菩萨一日修智慧，过声闻辟支佛上。（同上卷三十五）

大乘佛教把救度众生作为自己的根本宗旨，把能否为救度众生而舍弃自己一切，作为证菩提、成佛道的根本条件。这也是所有大乘经典反复强调的主题。如说：

菩萨见诸众生，于如是苦聚不得出离，是故即生大悲智慧，复作是念：此诸众生，我应救拔，置于究竟安乐之处。（唐实叉难陀译八十卷本《大方广佛华严经》卷三十四）

这里所讲的“大悲智慧”是《华严经》中提到的“四智”之一。《华严经》说要以“四智河”来润泽天人沙门婆罗门，使他们都进入阿耨多罗三藐三菩提智慧大海。什么是“四智河”呢？经中论述道：

一者愿智河，救护调伏一切众生，常不休息。二者波罗蜜智河，修菩提行，饶益众生，去来今世，相续无尽，究竟入于诸佛智海。三者菩萨三昧智河，无数三昧，以为庄严，见一切佛，入诸佛海。四者大悲智河，大慈自在，普救众生，方便摄取，无有休息。（同上卷四十二）

我认为，这四智相当于通过大乘四大菩萨体现出来的大乘佛教的四大根本精神。“愿智”相当于地藏菩萨所体现的“大愿”精神，波罗蜜智相当于文殊菩萨所体现的“大智”精神，“菩萨三昧智”相当于普贤菩萨所体现的“大行”精神，“大悲智”相当于观音菩萨所体现的“大悲”精神。若将这四种智慧或精神归结为一点，那就是“调伏众生”“饶益众生”“普救众生”，使众生“见一切佛，入诸佛海”。

所以，《华严经》中又强调说：

见诸众生受大苦，起大慈悲现世间。以大慈悲方便力，普遍世间而现身。（卷七十五）

一切佛法依慈悲，慈悲复依方便立。方便依智智依慧，无碍慧身无所依。（卷五十）

总之，大乘佛教的教义和实践都要求“以慈悲心养育民物，出慈悲水溉灌众生”。（《七佛所说神咒经》卷三）

诸佛菩萨为了普救众生，可以舍弃一切，乃至涅槃。如佛典中说：

欲求佛智最上，救济一切众生。尊有胜悲心，欲行救济，何物不舍！有悲心者，为他故，涅槃尚舍，况复舍身！舍身命财有何难也。舍财物者不如舍身，舍身者不如舍于涅槃。涅槃尚舍，有何不舍！（《大丈夫论》卷上）

所谓舍涅槃的意思，则诚如慈恩大师窥基在《说无垢称经疏》说的：

菩萨发愿度众生尽方入涅槃，以众生界无尽期故，菩

萨毕竟不入涅槃。（卷第三末）

同时，诸佛菩萨的舍涅槃，也体现着诸佛菩萨与有情众生苦乐同受的精神。如《大乘理趣六波罗蜜多经》中说：

> 若我舍于众生取涅槃者，即同受于地狱诸苦；若与有情同解脱者，虽处地狱无异涅槃。（卷第一）

再进一步说，在大乘佛教看来，生死和涅槃不二，若把生死、涅槃分别看待，厌弃生死，欣乐涅槃，那是成就不了如来境界的。所以《大般若波罗蜜多经》中说：

> 诸菩萨摩诃萨，若观生死而起厌怖，欣乐涅槃，则堕非道，不能利乐一切有情，通达如来甚深境界。（卷第五百七十二）

天台智者大师在《观音玄义》中说："菩萨若但起慈悲心不牢固，故须发弘誓加持使坚。"（卷上）接着分析了由悲心和慈心分别发起"众生无边誓愿度，烦恼无量誓愿断"和"法门无边誓愿知，无上佛道誓愿成"这四弘誓愿。四明尊者知礼则引申说：

> 此四弘者，诸佛所师，诸佛由兹，而成正觉。故须学佛慈悲，发起弘誓，上求佛道下化众生。（《四明尊者教行

录》卷第一）

在《大乘修行菩萨行门诸经要集》中，记载了普贤菩萨对普智菩萨讲的修行菩萨道的十种行愿，文曰：

> 尔时，普贤菩萨语普智菩萨言：佛子修行菩萨，为求阿耨多罗三藐三菩提故，应起十种行愿。何者为十？所谓一者愿度一切众生，二者令其远离一切烦恼，三者除灭相续习气，四者于一切佛法无所疑惑，五者除救众生一切苦聚，六者愿救众生三涂八难，七者归依亲侍一切诸佛，八者愿学菩萨一切戒行，九者升于空中示现毛端无量佛事，十者以大法鼓击动一切佛刹，众生闻者，随机速入无余涅槃。（卷上）

这里普贤菩萨所讲的十种行愿，全都与救度众生有关。由此可见，弘愿可以巩固慈悲心，而弘愿的主要内容也就是发起慈悲心。这也正如《大智度论》中所说：

> 菩萨如是无数劫，发大正愿，度脱众生，愿名大心要誓，必度一切众生断诸结使，成阿耨多罗三藐三菩提，是名为愿。（《大智度论》卷五）

值得注意的是，有的大乘佛典中还进一步论述说："菩萨思惟，虽有重结使然，菩提道难得，如是但有悲智二事为伴，心终不疲厌。”（《大丈夫论》卷下）意思是说，虽然有重重烦恼缠缚，菩提道难以求得，但是只要一刻不离地去实践悲智二事，那么追求菩提道的心就永远不会懈怠。

至此，我想悲智精神作为大乘佛教最根本的教义、理念和实践宗旨，应该是没有任何疑问的了。

诸佛菩萨既以度尽无量众生为求佛道之本怀大愿，因此正像通常所传地藏菩萨愿誓所表达的：“众生度尽方证菩提，地狱不空誓不成佛。”只要有一众生尚在苦难中，诸佛菩萨就不会离此五浊世间。

正因为如此，大乘佛教反复强调出世与世间的不二，强调出世间法与世间法不二。这在许多大乘经典中都有所论述。因为在大乘佛教看来，“世间性空，是出世间”（《维摩诘经·入不二法门品》），“法界非世间法亦不离世间法，法界非出世法亦不离出世法。法界即世间法，世间法即法界。法界即出世法，出世法即法界。”（《大般若波罗蜜多经》卷第三百八十五）

禅宗将不离世间求出世间、不离世间法而行出世间法的理论做了最充分的发扬和最具体的实践。永嘉玄觉禅师说：“行亦禅，坐亦禅，语默动静体安然。”（《永嘉真觉禅师证道歌》）赵州从谂禅师以“本分事”接引学人，都是在揭示禅不离世间人伦日用，出家人也离不了吃饭、睡觉、行走。所以，当有僧问大珠慧海禅师：“和尚修道，还用功否？”禅师回答说：“用功。”再问：“如何用功？”禅师说：“饥来吃饭，困来即眠。”这不就是世间法吗？所以问者十分疑惑地问：“一切人总如是，同师用功否？”这时，慧海禅师斩钉截铁地回答说：“不同！”

不同在哪里呢？慧海禅师分析说：

> 他吃饭时不肯吃饭，睡时不肯睡，所以不同也。（《大珠慧海禅师语录卷下·诸方门人参问语录》）

这里，吃饭时的“百种须索”，睡觉时的“千般计较”，与“饥来吃饭，困来即眠”的不同，正是对于不离世间法而行出世间法的最好注释。

如果还不够清楚的话，我们再引黄檗希运禅师的一段名言来作说明。黄檗禅师尝说：“终日吃饭，未曾咬着一粒米。终日行，未曾踏着一片地。”这也是身处世间法而行出世间法的生动注释。那么这里的玄机在哪里呢？说出来其实也很平常，这就是黄檗禅师指出的：“终日不离一切事，不被诸境惑。”（《黄檗山断际希运禅师传心法要》）

大乘佛教发展起来的我法二性空和中道、不二等教理，从一定角度讲，都是为诸佛菩萨常住世间救度有情众生的根本宗旨来提供理论基础的。

关于人间佛教的含义，人们可能有各自不同的理解和界定，但我想对世间有情众生的人文关怀，应是人间佛教的本质所在。其主要的特性则是指佛教的实践不离世间以及以救度人间众生、建设人间净土为己任，也就是人们常说的“庄严国土，利乐有情”。也正因为如此，我认为大乘佛教的悲智精神，最充分地显示了大乘佛教的人间性格，也决定了大乘佛教必然是人间的佛教。

中国人的艺术世界

中国文化中的人文精神养成，主要是通过传统的礼乐教育实现的。中国文化精神包括了伦理精神与艺术精神。中国的道德教育和艺术教育的紧密结合，使得道德所追求的最高境界，常常也是艺术所追求的最高境界。中国文化艺术中的音乐绝不仅仅是为满足人们的一种生理欲望，而是为了促使人们达到一种理想的人格。任何艺术都不是孤立的，它不仅仅作为艺术家个人的主体意识表达，更重要的是作为人类共同追求的境界表达，每位艺术家的艺术作品都应该贯彻这种精神。美育的社会引导作用是中国文化的重要特点之一，始终有一种体悟的精神贯穿在中国文化艺术的各个方面。中国传统艺术深刻传达了中国文化的精神境界和生活情趣，中国艺术的方方面面都体现了中国文化最根本的人文精神，集中反映了国人的生活情趣和对精神境界的追求。

中国的文化是艺术的文化

重视礼乐教化是中国文化的特征之所在。礼乐教化是培养人文精神的重要途径，礼教是伦理教育，乐教是艺术教育，而后者使中国传统文化渗透了一种追求艺术境界的精神。这种精神体现在多样的艺术形式中，引导人们向善向上，强调文以载道、以道统艺。

中国艺术注重表意，讲究体悟，要求艺术家在从事艺事之前应当树立向天道学习的志向，认识每种具体事物的本性，并建立起道德的自觉，这一点深刻传达了中国文化的精神境界和生活情趣。

一、中国文化的伦理精神与艺术精神

中国文化最根本的特征是以人为本，以人为中心，是人文的文化，体现出一种人文的精神。这种人文精神的养成，主要通过传统礼乐教育实现。礼乐教育一方面讲的是“礼”，作为一种伦理的教育，体现出一种伦理的精神；另一方面是“乐”，作为一种艺术的教育，或者说是美育，体现出一种艺术的精神。艺术精神所包含的意义比一般的艺术教育或者艺术种类宽泛得多，它并不是指诗歌、绘画等具体的艺术门类，而是指体现艺术追求的境界和精神。在某种程度上，它是超越了具体艺术的一种精神。

可以说，中国文化精神包括伦理的精神与艺术的精神，两者相互融合，不可分割。礼是用来规范人的社会身份和社会地位的，即“别异”“明分”，确定每个人在社会上的责任、权利和义务，即建立社会秩序。按照传统的说法，乐是用来“统同”“合群”的。社会是一个群体，用礼教将其分成各种不同的身份、地位、等级，明确各自不同的责任、权利、义务；同时又通过乐教使不同等级的社会达到和谐一体。人们通过乐表达志向、情感，通过乐来交流，从而构建起和谐的人际关系。中国文化中的礼与乐是紧密结合在一起的，通过礼乐教化使人成为一个真正的人、合格的人、有高尚品德的人。过去常讲，中国历史文化是一种伦理的文化，这种看法有其片面性，只看到了礼教而忽略了乐教。其实中国历史上是非常重视乐教的。古代社会看起来好像非常严肃且等级森严，其实它也是非常和谐的。因此，要了解中国文化，如果不了解乐教，不知道中国文化是一种充满艺术精神的文化，那么这种了解就是不够全面的。

中国的文化是艺术的文化。一讲到艺术的文化，我们自然会想到有很多的艺术形式。单从文学上讲，就有汉赋、唐诗、宋词、元曲和明清小说等。从音乐上讲，我们的音乐样式也是多种多样的，不但有传统艺术，还把外来的音乐、舞蹈都吸收进来，使之变得异常丰富。一直延续下来的就有琴、棋、书、画。如果继续上溯，还有六艺，即礼、乐、射、御、书、数，这些都是艺术宝库中的精髓。比如古琴和昆曲：中国的古琴是世界上流传至今的弹拨乐器中最古老的一种乐器，到现在至少有 3000 年的历史了。与印度的梵剧、希腊的悲剧、日本的古典戏剧相比，无论是从剧本的文学艺术、音乐演唱艺术、舞台表演艺术还是整个戏曲理论体系来讲，中国的昆曲都更胜一筹。希腊的悲剧早已消亡，只剩下了一些文学作品；印度的梵剧只零零散散地存在于现代印度舞蹈中；日本能剧的历史比中国的昆曲要早几百年，但它从剧本到唱腔，再到表演艺术理论都没有昆曲那么完整和丰富。因此，昆曲可以说是中国古老的剧种中保存较为广泛的。中国的昆曲、古琴已先后被列入世界非物质文化遗产名录。这些例子说明，中国的某些艺术在世界上已经达到了一个顶点，其价值无法估量。

中国的道德教育和艺术教育紧密结合，道德追求的最高境界实际上也是艺术追求的最高境界。我们经常讲“真善美”，“真”是对知识、真理的追求，“善”是对伦理、道德的追求，“美”是对艺术境界的追求。中国人不仅讲“天人合一”，也强调“真善美”的统一。在根本上，道德的追求和艺术的追求是完全融通、合二为一的。不仅如此，中国人还把艺术精神贯彻到日常生活中。有人说，中国人的生活是艺术的生活。总之，中国文化渗透了一种追求境界的艺术精神，礼乐教化是其中最重要的部分。

乐教从狭义上讲，是指音乐教育。中国古代讲的音乐包括诗歌、舞蹈在内，内容非常广泛。广义上讲，乐教指所有的艺术教育，或者美育。对于乐教，孔子曾说：“兴于诗，立于礼，成于乐。”（《论语·泰伯》）他主张通过“乐”完成对人的培养，把“乐”看作人格完善的最高境界。古人把音乐教育放在如此重要的地位，是因为他们认为，音乐是最迅速、最深刻的感人方式，音乐可以移风易俗。《礼记》中的《乐记》是讲音乐的产生和音乐的社会功能，不仅指音乐这一门艺术，还包括了整个艺术教育。《乐记》首先考察了音乐是怎么产生的，认为：“凡音之起，由人心生也。”（《礼记·乐记》）就是说音乐是由人心所生的，而“情动于中，故形于声”（《礼记·乐记》），感情在心里发动，就用声音的形式表现出来。但声音并不等于音乐，还必须“声成文，谓之音”（《礼记·乐记》），声音经过修饰编排之后叫作“音”。有了音还不是乐，必须“比音而乐之，及干戚羽旄，谓之乐”（《礼记·乐记》），将音节联在一起，有了大小、高低、快慢变化才形成了“乐”。

乐是由音生成的，而“其本在人心之感于物也”（《礼记·乐记》），音乐是感情的一种迸发。感情聚集后通过声表达出来，声经过修整之后变成音，音经过编排再成乐，乐就是这样产生的。“物之感人无穷”，人们每天接触到各种各样的事物，就会产生各种各样的情感，这是很正常的。但如果一个人的好恶没有节制的话，就难免会被物化。人如果被物化了，就成了“灭天理而穷人欲”了，必须要用正确的乐来引导、节制。因此，乐实际上是教化民众的一种重要手段。由此可见，中国历史上是把礼乐和刑政放在同等地位来看的。“礼乐刑政，其极一也”（《礼记·乐记》），礼乐和刑政最终的目的完全一样。“声音之道，与政通矣”（《礼记·乐记》），声音的道理跟政教是相通的。《乐记》中辨明了音乐的几个层次：第一层是“知声而不知音者，禽兽是也”，即只知声不知音就跟禽兽一样；第二层是“知音而不知乐者，众庶是也”，即普通人只知道音而不知道乐；第三层是“唯君子为能知乐”，只有君子才能知道乐。《乐记》认为礼和乐是相互配合的，将乐提到了很重要的位置进行强调。同时，它还认为音乐对人的感受力、震慑力是最为强大的，即：“故乐行而伦清，耳目聪明，血气和平，移风易俗，天下皆宁。”（《礼记·乐记》）如果音乐教育进行得很好的话，那么人们会耳聪目明，血气也会和平，并且能移风易俗，这样天下就会达到一种安宁、和谐的状态。

显然，在中国文化中，音乐绝不仅是为满足人们的生理欲望，而是使人们达到理想的人格。“君子乐得其道，小人乐得其欲”（《礼记·乐记》），道即一种人格的境界，而“以道制欲，则乐而不乱；以欲忘道，则惑而不乐”（《礼记·乐记》）。中国传统文化更注重通过乐来引导社会风气、培养人们的情操。形式固然重要，但只是停留在外在，根本不是乐的本质。“乐者，非谓黄钟大吕弦歌干扬也。乐之末节也。”（《礼记·乐记》），乐并不是指奏响黄钟大吕，唱歌、跳舞都是音乐的末节。其实，此类思想孔子也讲过：“礼云礼云，玉帛云乎哉？乐云乐云，钟鼓云乎哉？”（《论语·阳货》）真正的乐教，或者说艺术的精神，是通过外在形式寻求人生最高的境界。音乐的根本在于培养人的品德与德行，而不是培养人的艺事，“德成而上，艺成而下，行成而先，事成而后”（《礼记·乐记》）。德行是最高、最重要的，而艺事是其次的。艺术不是一种竞技性、表演性的活动，六艺“礼、乐、射、御、书、数”中，射跟御实际是体育活动，但其本质不是竞技性、表演性的，而是要通过艺术、体育等活动来陶冶性情，以寻求人生更高境界。《乐记》把德行放在第一位，把艺事放在第二位。通过艺术，人们追求人生的根本道理。陶冶情操、提升人生境界需要由艺入道，同时要用道来统摄艺，这应该是中国乐教中最根本的精神。

二、中国艺术的文化自觉与社会功能

任何艺术都不是孤立的，它不仅仅作为艺术家个人的主体意识表达，更重要的是作为人类共同追求的境界表达，每位艺术家的艺术作品都应贯彻这种精神。可以说，不是为了艺术而艺术，这应该是中国传统文化中体现艺术精神的一个最根本的原则。有人提出，中国没有艺术，因为中国传统文化过分强调艺术的社会作用，或者是政治意义，而没有凸显艺术自身的独立性。因此，近代以来很多人都在探讨所谓艺术的自觉。他们认为，艺术的自觉就是艺术能够脱离政治，只反映艺术家的个人追求。或者是为了艺术而艺术，也就是说追求形式上的完美，而不去管其内容对大众究竟是有利还是无利，只有这样艺术才是自觉。这是一种误导，现在很多美学研究、艺术研究，都把“什么叫作艺术的自觉”作为重点讨论的问题。

就中国历史发展而言，很多研究者认为，到了魏晋时期，中国的艺术才开始进入艺术的自觉，因为魏晋时期强调人个性的张扬，强调尊重自然，与先秦两汉以来强调乐教要服从于伦理的原则、服从于治国的理念、服从于人格境界的提升相比，艺术好像完全成了人自然个性的充分表露。其实，这里也存在一个误区。魏晋时期，确实强调人的个性，强调尊重人的自然本性，要解决人的自然本性发展与整个社会礼教束缚之间的矛盾，产生了“越名教而任自然”的思潮。代表人物就是“竹林七贤”，嵇康、阮籍、刘伶、阮咸等非常强调狂放、放任。然而，仔细考察就会发现，这批人之所以这么狂妄，很大程度上是为躲避当时激烈的政治斗争，通过表面的狂妄来保护自己。

他们的内心并非真正是放任的，相反，他们是非常重视礼乐规范的。譬如，阮籍虽然非常狂放，但教育儿子决不能学习自己的放荡不羁。嵇康虽放任却明确提出“越名教而任自然”，在《养生论》中说，完全放任自己最后会害了自己。因此，中国传统文化中，艺术家们是有社会责任的，艺术必须要有鲜明的社会伦理内容。中国传统文化对于艺术的这种定位，对于艺术和人格培养之间关系的诠释是非常重要与准确的。每位艺术家都应具备非常明确的社会责任感和社会意识，而不能随心所欲。否则，很难讲社会风气会被引导到一个什么样的方向，这是非常可怕的。现在有些艺术家缺乏社会责任感，因此学习和了解中国传统文化中对于乐教，或者艺术教育、美育教育的看法，对现代人而言非常重要。

美育的社会引导作用是中国文化的重要特点之一。西方文化通过宗教进行道德教化和艺术教化，西方艺术中有九成涉及宗教艺术，礼乐的教化大都通过宗教进行。中国没有像西方那样的宗教形式，如果我们抽掉关于做人的道理和人际关系的教化，而仅仅去学习西方近现代以来所谓张扬个性的表达，就会失去自己的根本。在根本问题上，西方宗教规定的伦理道德是根深蒂固的，它就是西方的道德防线。除去个性张扬的表达之外，西方还有非常传统与深入的宗教教化。而中国如果抛弃自己的礼乐教化，去学习西方的张扬、放任，但又没有西方那种宗教教化，就会失去自己的道德防线，这是非常严峻的问题。中国的许多艺术曾在这个方面起了很大作用，譬如以前的中国社会，绝大多数老百姓是没有机会受教育的，他们对做人道理的学习大多通过艺术教化完成，说书、演戏等都给了他们学习做人的途径。这样一来，尽管老百姓大多不识字，但对于做人道理的把握，可能比那些识很多字、有很高文化的人还要准确。在知识分子当中，更是非常强调艺术修养的。艺术创作者要在作品中寄托志向、人格，或对人生境界的追求；艺术接受者也要从作品中体会生活的意义、人生的价值。

人们对于好的诗篇和散文常评价为“脍炙人口”，因为好的作品不仅辞章华美，更重要的是寓意深刻。宋代学者周敦颐的《爱莲说》虽然很短，但其中的寓意却非常深刻。通过对牡丹、菊花、莲花的比较，突出了三种花的品格，更凸现了喜爱这三种花的人的不同追求。中国古代散文中，《岳阳楼记》为大多数人所熟知，其中范仲淹发出“先天下之忧而忧，后天下之乐而乐”的慨叹，成为流传至今的名句。这样的名句，不仅辞藻优美，而且含义深刻。对联里也有这样的例子，如“未出土时先有节，及凌云处尚虚心”，描写的是竹子，非常贴切。我们从中可以体会到做人的道理，人应该像竹子一样，要有节操，就算到了再高的地位，也还要虚心，要谦逊有礼。艺术精神就是这样体现在中国文化中，它引导人们向善、向上。在艺术精神中包含着社会责任，文以载道，艺术不只是为满足欲望，更重要的是用来教化民众、和谐社会、休养生息、陶冶情操。因此，不能玩物丧志、好恶无节，而应当通过艺术提升修养，通过文以载道、以道来统艺，提升欣赏趣味、审美境界，进而体悟生命意义和人生价值。在人生修养或者文化修养中不仅要有伦理修养，而且一定要包含艺术修养。艺术教育是素质教育的重要内容，但现在的艺术教育特别是所谓课余的艺术教育，可以说基本上是一种功利性教育。在这样的情况下，艺术不仅不能起到陶冶性情、体悟人生的作用，反而会助长、滋生功利心。因此，如何发扬中国传统文化中的艺术精神，正确把握中国艺术精神的内涵，成为迫切需要解决的问题。

三、中国艺术的美学意蕴与生命体悟

中国艺术强调社会功能，这是从艺术及其社会功能的关系来讲的。从艺术本身的特征来讲，应该说中国艺术更强调表意，而不强调形式。这种注重表意的特点，从魏晋南北朝时期就得到了理论支撑，这种理论支撑源于玄学家，是他们在解释《周易》时归纳总结出来的。我认为，两汉注重《周易》的象数，而魏晋玄学注重《周易》的义理。魏晋时期著名玄学家王弼提出一个很重要的命题得意忘言。他说：

> 夫象者，出意者也；言者，明象者也。尽意莫若象，尽象莫若言。言生于象，故可寻言以观象；象生于意，故可寻象以观意。意以象尽，象以言著。故言者，所以明象，得象而忘言；象者，所以存意，得意而忘象……是故，存言者，非得象者也；存象者，非得意者也。象生于意而存象焉，则所存者乃非其象也；言生于象而存言焉，则所存者乃非其言也。然则，忘象者，乃得意者也；忘言者，乃得象者也。得意在忘象，得象在忘言。故立象以尽意，而

象可忘也；重画以尽情，而画可忘也。(《周易略例·明象》)

其实，卦象也好，彖辞、卦辞也好，爻辞也好，都只是表意的工具。人们的根本目的是要去掌握意，而不是停留在象和言上。我们的目的是得意，得意以后可以忘言，也可以忘象。只有真正忘掉象和言才能得到意，而“言外之意”是庄子非常重要的思想内容。玄学以《周易》《老子》《庄子》作为最基本的依据,《庄子》中讲工具和目标的关系：“筌者所以在鱼，得鱼而忘筌。蹄者所以在兔，得兔而忘蹄。言者所以在意，得意而忘言。吾安得夫忘言之人而与之言哉！”(《庄子·外物》) 王弼也用庄子的该观点解释言、象、意三者之间的关系：“故言者所以明象，犹蹄者所以在兔，筌者所以在鱼，得兔而忘蹄，得鱼而忘筌也。”这就形成了中国思想中强调获得意义是第一位的特点。获得意义并不是一定的，它是可以根据每个人的体会去把握的。汉代董仲舒就认为：“《诗》无达诂,《易》无达占,《春秋》无达辞。”(《春秋繁露·精华》)《诗经》是可以由每个人自己去体会的。《诗经》中“关关雎鸠，在河之洲，窈窕淑女，君子好逑”(《诗经·国风》)，有人认为比喻男女之间的爱情，而理学家认为，这不是简单的男女爱情，还蕴含着“后妃之德”。这种“诗无达诂”的精神就等于得意忘言。把握意思而不停留在语言上，这形成了中国艺术非常重要的特点——文以载道，创作者在其作品里寄托个人的志向、追求、理念或者理想。欣赏者也可以通过作品体会到自己想要的东西，而并不一定还原到作者想要寄托的原意。由此可知，这不是单纯的考据问题，而是体悟问题。因此，就中国艺术来讲，创作者有创作，欣赏者同时还有创作。现在人们对于一些内容的理解可能已经完全离开了其原本想要表达的意思。例如，从诗本身来讲，《登鹳雀楼》要表达的意思非常清楚，就是一次实时实地的描述。王之涣在写这首诗的时候，应该说是即景而生。但后人欣赏完全脱离即景，将其中的“意”抽出来，特别是对“欲穷千里目，更上一层楼”引申、发挥出更深层的寓意。

中国艺术的重要特点之一是创作者和欣赏者的双重创作，强调内涵而不看重外在形式。创作是以立意、传神、韵味、吸引、生动作为最高标准，如果只是形似而不能传神的话，那就不是上品。欣赏则强调要得意、会心、体悟、回味无穷。如果只是看一幅画表面上像或不像，就没有意义。苏轼曾讲：“论画以形似，见与儿童邻，赋诗必此诗，定非知诗人。”（《书鄢陵王主簿所画折枝二首》之一）这就是中国艺术的特点。要谈论画，不能从外形、外表来看它像不像某个东西。如果只追求外在形似，就跟孩子的见识一样了。如果一首诗表达的东西，欣赏者却领会不到言外之意的话，那他一定是不懂诗的人。苏轼的话很有代表性，欧阳修也说过类似的话：“古画画意不画形，梅诗咏物无隐情。忘形得意知者寡，不若见诗如见画。”（《盘车图》）艺术到了高妙之处是无法言谈的，完全靠个人的体悟。欧阳修认为，应该这样欣赏梅圣俞的诗：“乐之道深矣，故工之善者，必得于心应于手而不可述之言也；听之善，亦必得于心而会于意，不可得而言也。”（《书梅圣俞稿后》）他用音乐比喻诗，从创作者和欣赏者角度来讨论。无论是创作还是欣赏，讲的是心灵之间的沟通，一个是得于心而应于手，一个是得于心而会于意，都不是可以用语言来表达的。这些内容与西方艺术理论或者原则相比，有着鲜明的不同之处。

中国传统文化始终有一种体悟的精神贯穿在艺术的各个方面。譬如古琴，它是礼乐教化中有标志性和代表性的一种乐器，“士无故不撤琴瑟”(《礼记·曲礼》)，因为琴瑟对于士人的意义，不仅仅是外在的表象。陶渊明认为：“但识琴中趣，何劳弦上声。”(《晋书·列传第六十四》) 只要能够把握琴中的意趣，又何必非要弹出声音来呢？很多东西是需要个人来体会，并在体会中把握的。中国文人强调琴棋书画，琴是排在第一位的。东汉时有部文献叫作《白虎通义》，简称《白虎通》，是汉章帝召集的一次会议的记录，是将儒家治国和人生修养的理念规范化、制度化的一部文献。这部文献对各种各样的社会关系都有规范，对礼乐教化的功能也有说明：“琴者，禁也。禁人邪恶，归于正道，故谓之琴。”琴含有禁、禁止的意思，它能禁止人的邪念，使其归于正道。这应该是中国古代对于琴的一个基本认识，也是一个共同的认识。一直到近代，对于琴的基本认识都是这样。同样，其他的音乐形式也都起这样的作用。

中国的艺术非常重视效法自然，不仅仅是效法自然界多姿多彩的山水草木，更多的是效法自然界所呈现出来的本然状态，因此，创作者内心对于人生和生命的体验就更加强烈了。诚如古人所言，“外师造化，中得心源”。要做好一门艺术，首先要做好一个人。北宋著名画论者郭若虚认为：“窃观自古奇迹，多是轩冕才贤，岩穴上士，依仁游艺，探赜钩深，高雅之情，一寄于画。人品既已高矣，气韵不得不高；气韵既已高矣，生动不得不至。所谓神之又神而能精焉。”（《图画见闻志》）我们看古代各种各样的画，创作者都是一时的才俊，或者是隐居在山林里的高士，这些人都是“依仁游艺”的。“志于道，据于德，依于仁，游于艺。”（《论语·述而》）“志于道”，要树立向天道学习的志向。“据于德”的“德”意思就是得到，天的本性是天道，从天道那里得到事物具体的本性，就叫作“德”。道是一个总体的、自然的本性，德则是每个具体事物的本性。“依于仁”，要建立起一个道德的自觉。最后才能“游于艺”，即从事种种的艺术行为。中国古代的“艺”，不是我们现在理解的狭义的艺术，而是包括所有的技艺在内，指艺事。“道”和“艺”是相对的，“道”讲的是总的原则，而“艺”讲每件具体的事情。“游于艺”指所从事的所有事情，在此之前都必须“志于道”“据于德”“依于仁”。郭若虚强调，不管是社会才俊还是远离社会的隐士，都是依仁游艺，都是“探赜钩深”的。所谓“探赜钩深”就是探求宇宙自然的道理，探求人生的道理，他们把这种高雅之情“一寄于画”。如何才能达到气韵生动？首先要看人品。人品已经很高了，气韵就会随之增高；气韵既然已增高了，生动自然就有了。所以，气韵生动不是光靠技术就可以得来的，关键是看人品修养，也就是欧阳修讲的“得于心”。得于心才能够应于手，人品是最重要的。

近代著名画家陈衡恪讲到文人画时，就指出了文人画的特质。他认为，文人画有四要素：人品、学问、才情和思想。具此四者，乃能完善。他还说：“不在画中考究艺术上之工夫，必须于画外看出许多文人之感想。”这就是中国的艺术，它不是把技巧、技术放在第一位，而是把作者的人品、见地、思想、学问放在第一位，并非从画中考究艺术上的工夫，而是必须在画外看出许多意义来。中国艺术的这些特点与其强调的艺术的社会功能，是直接联系在一起的，从理论上也得到了“得意忘言”这种思维方法的支撑。言外之意、得意忘言的思想，可以说体现在各个方面。譬如读书，书读得多并不代表这个人一定聪明，还要看他是否能从书本里跳出来。得意忘言，就是要求不但要进得去，更重要的是出得来，只有这样才能把握书本内在的精神和要点。

中国人强调不停留在文字上的思维方式，与西方人的思维方式有很大不同。西方的分析哲学、语言哲学，都是在文字上面下工夫，大多通过文字来分析。中国恰恰要求个人透过文字去把握内在的意义、要领或者精神。禅宗六祖惠能为法达说《法华经》的故事，说明的就是这一点。法达禅师自小开始诵读《法华经》，却始终不能参透其中要领，参见六祖惠能时，“念《法华经》已及三千部”。惠能大师指出其犯了“但依文诵念，岂知宗趣”的过失，并作一偈，其中说：“心迷法华转，心悟转法华。诵久不明己，与义作雠家。”惠能大师说，你虽然诵了三十年《法华经》，但不得要领，是被《法华经》转了，你应当转《法华经》，不要被它的文字所束缚，要通过字面去把握它的根本精神。法达一听，恍然大悟，以偈赞颂说：“经诵三千部，曹溪一句亡。未明出世旨，宁歇累生狂？”从此领悟了《法华经》与禅宗的精髓，不再执着于文句，同时“亦不辍诵经”。正是因为有这样的思想，中国的艺术品才能够反复被欣赏与体会，领悟其中的道理。同样是一幅画，用不同的心情去欣赏，会有不同的体会；不同年龄的人去欣赏，又会有不同的体验。因此，艺术的生命力是恒久的。中国的这种艺术精神，使得每件艺术品的生命得以永恒，可以随时随地给欣赏者全新的体验，实际上也是重新创作的过程。

联系中国传统文化“述而不作”的传承方式来思考，会得到相同的启示。中国文化的传承在很大程度上，是通过对传统经典的不断阐述来发展创造的。中国文化的根源性典籍，就是“三玄、四书、五经”。其中，“三玄”和“五经”中的《易》相重，《大学》《中庸》原为《礼记》中的两篇，归并之后实际上有九部根源性典籍。根据这九部书，后人又阐发出很多道理，而这众多的道理又可以统领到这九部典籍中去。可以这样说，中国的文化，既是一散为千方的，同时又是百用而归一的。如果被经典束缚，思想就会止步不前；如果领会了，就能从这些经典中再创造出无数新的思想。在继承基础之上的创造，才是真正有生命力的创造。很多传统的东西都具有旺盛的生命力，只有不断进行反复的研究才会出来更多的新意。现在主张原创性，其实离开传统的创新是不能长久存活的。

中国的传统艺术深刻传达了中国文化的精神境界和生活情趣，这不仅是艺术和社会的关系，也包括艺术自身的特点。通过艺术教育懂得做人、做事的道理，才能更好地体会人生、体验生命。中国艺术强调经营布置，即将各种关系处理好，有无虚实、刚柔动静、远近疏密、轻重浓淡、高低缓急等都要处理好。不要以为把画布画满才漂亮，有的时候空着恰恰是最好的。《琵琶行》中“别有幽愁暗恨生，此时无声胜有声”便是如此，有时没有声音其实更有别样的效果。清代画家汤贻汾曾论述：“人但知有画处是画，不知无画处皆画。画之空处全局所关，即实相生法。”（《画鉴折览》）人只知道有画的地方是画，不知道没画的地方处处都是画。往往画中空的地方才是全局最关键的地方，也就是虚实相生。把所有的格局、虚实、浓淡都布置得当，达到和谐，才是好的艺术。通过这些中国艺术思想，可以体会到很多做人、做事的道理。因此，艺术的修养不仅使一个人懂得艺术，更重要的是能使其成为一个更具智慧的人。通过一个人的艺术欣赏趣味，往往可以看出其人品的高下、做事能力的高低。中国艺术的方方面面都体现了中国文化最根本的人文精神、礼乐教化的精神，这些都集中反映了中国人的生活情趣和对精神境界的追求。现在整个文化氛围发生了变化，要懂得中国文化的精神，直接由道入手是比较困难的，因为道都是一些比较抽象的道理，很难理解，而由艺入道就相对比较容易。很多人都喜欢欣赏中国的古典诗词，读诗的时候不要仅仅停留在诗的本身，还要看一些诗论、词话来弄明白为什么中国的诗词是这样表达的，这对我们了解中国文化的艺术精神是十分有帮助的。

以道统艺，由艺臻道

一、“道”与“艺”的形上与形下关系

世界上任何一种文化都包括“有形”和“无形”两个层面，或者说都有物质和精神两个层面，中国人称之为“艺”和

“道”。《周易·系辞》说：“形而上者谓之道，形而下者谓之器。”“器具”的“器”，就是具体可见、可操作的“艺”。在中国文化中，形上与形下统一而不可分，并且着重强调要“以道统艺，由艺臻道”，把“求道”作为最根本的旨归。“道”在中国文化中具有特殊意义，甚至居于至高无上的地位，在某种意义上将中国文化称为“道文化”也不为过。中国传统文化的任务是明道、行道、传道，人生境界以求道、悟道、证道为根本，各种技艺也都以“载道”为内涵，以达到“道”作为最终究竟。

中国文化里“道”和“艺”这两个层次也可称为“本”和“末”。人们做什么事情都首先要“知本”，然后“求本”，以“本”为最终归宿。“道”是形而上之学，“艺”是形而下之学，所以“道”这个层面看不见、摸不着，“艺”这个层面是可见、可操作的。中国古代典籍中有很多描述“道”的语句，道家自不必说，《管子》里也有很多对“道”的描述，如“口之所不能言也，目之所不能视也，耳之所不能听也”，强调“道”只能心领神会，不能通过语言、形象、声音来传达。

儒家非常强调学习要“下学”和“上达”，这也相当于“艺”与“道”的关系。“下学”者，学人伦日用、日常生活的礼仪规范等；上达者，达天道、性命等抽象道理。下学可以言传，上达必由心悟。现代教育把下学和上达割裂，人文科学特别是哲学，专门研究上达，走上极端就变成无源之水、无根之木，空空洞洞的学问，而下学只朝向专业技能、知识。下学必须上达，上达也必须落实到下学，二者结合的最终目的还是上达。“读书学习所为何，通晓人道明事理，开启智慧增艺能，变化气质美其身。”变化气质，使人完美，这才是读书学习的目的。

中国历来区分“为己之学”和“为人之学”。《论语》曰：“古之学者为己，今之学者为人。”荀子解释说：“君子之学也，以美其身；小人之学也，以为禽犊。”为己之学是完美自身，为人之学是将之作为财富的象征。“君子之学也，入乎耳，箸乎心，布乎四体”；而“以为禽犊”实际上是一种贩卖，“小人之学也，入乎耳，出乎口，口耳之间则四寸耳，曷足以美七尺之躯哉？”古语“人不为己，天诛地灭”，正确的理解是人一定要通过“为己之学”不断完善自己、提升自己，与天地达到最和谐的状态，让人的生命能够生生不息。

二、从“六艺”看艺的范围

在中国文化里“艺”这个概念非常宽泛。《礼记》记载孔子经常讲要以六艺来教育青少年，六艺指礼、乐、射、御、书、数。礼、乐属于基本的文艺，指各种各样的礼仪规范，包括唱歌、跳舞，相当于“文艺”。射、御属于体育运动，也可称为“武艺”。至于书、数，传统的解释指“书”为“六书”，即中国文字起源的六个方面：象形、指事、会意、假借、转注、形声。“书”也常被指为写字、书法。“数”，古代指一、二、三、四、五、六、七、八、九、十、百、千、万等数字和各种各样的计算方法，即算术，后来发展为术数，包括天文地理等，可以称为“技艺”。六艺之中包含文艺、武艺、技艺，范围非常之广，涵盖了日常生活方方面面的知识和技能。

“艺”过去都是小学的教学内容。当然这个“小学”跟我们现在的小学概念不同。《礼记》有一篇文章被单独抽出来，成为“四书”里的一本，叫《大学》，大学即大人之学，相对于大人之学的就叫小人之学，即小学，后来小学又专指文字、音韵、训诂之学。朱熹《大学章句序》说古代儿童八岁入小学，在十五岁之前学洒扫、应对、进退之节。“洒扫”是整理内务，“应对”即待人接物，“进退”即礼节，如《孟子》里说的“徐行后长”，慢慢跟在长辈后面走，这是礼节，从进退中何时在前、何时在后等方面体悟出大人做事的进退。此外，小学还学礼乐之文，习惯成自然，长大以后自然会遵守规范行事。

武艺中的“射”这项体育活动从古到今从来没有断过，只不过形式变了。古代射箭时对面摆一个靶子，后来变成投壶，即对面摆一个花瓶，拿一把箭往里面投，现在变成套圈。古人非常重视“射”，因为这可以提升自身修养。《礼记》里讲，若要射中靶心，首先要端正身体；其次要专心致志、心无旁骛，就像弈棋；再次，万一射不中，不能去埋怨靶不对，而是反求诸己、反躬自问，在“射”这一武艺中培养心性和技艺。

技艺的内涵也很丰富，包括中医。《汉书·艺文志》将各种典籍分类，其中“方技”类都跟现在所讲的中医有关，它包括四方面：一是医经，即人体生命理论；二是经方，即医药；三是房中，即男女阴阳关系；四是神仙，即养生。“方技者，皆生生之具”，即各种各样维护生命的方法。当然技艺还包括制造器物等。

所以说，日常生活中可操作的、看得见的、听得见的、摸得着的有形有象的所有方面都属于“艺”，我们在生活层面享受着“艺”的成果。

三、艺的作用

艺能够提供享受，也能够为害于人，如果应用不好便适得其反。比如食物越来越丰富，人们吃得越来越精细，用各种食品、调料来满足口腹之欲，可究竟是好是坏？人们也许只看到当时的好吃，看不到之后对身体的损害。《吕氏春秋》讲养生之要是去害，太咸、太甜、太辣、太酸都是害，若是去掉这些，生命就能够健康、和谐。生命是因和而生，任何的“过”都不对。艺的“过”同样会引诱我们的眼耳鼻舌身，会带来反面作用。所以中国文化强调艺一定要在道的统摄下面，否则就会走偏。

艺，尤其是文艺对人的影响极大。因为人都有感官的欲望，文艺作品实际上就在影响人们的情绪。其中声音对人的影响最大，像音乐会观众动辄上万人，音乐是深入人心的，能够潜移默化、移风易俗。古人认为先王制乐是用来制内情，防止内部情感没有方向地过分发展，所以艺术应该是正情的，而不是重情的。

艺术对社会的引导非常显著，它比理论的影响要大得多、快得多、深入得多。古代教育远没有现在普遍，老百姓从说唱、戏曲里学习做人的道理。传统戏曲里的人物脸谱化，白脸是坏人，红脸是好人，让人懂得什么是好、什么是坏、什么是善、什么是恶，这就叫高台教化。所以说艺要有道来统摄，要有一个指导思想或者价值观念，看戏不能光停留在热闹上，要从中学会做人和做事的道理。

艺都是用来陶冶性情的，就像欧阳修论述琴艺时所说，“弹虽在指声在意，听不以耳而以心”，琴曲最重要的不是悦耳，而是移人情。弹以无邪之音，听以清白之心。弹者、听者，一同移情归正，这才是传统古琴美学的精华与追求。艺的根本目的，在于导情归正，把人们的情引导到正而非邪的方向。其他艺术如绘画、书法等，莫不呈现出类似的情形。

因此，艺术的实践和发展一定要遵循“以道统艺，由艺臻道”的传统精神，努力恢复艺术陶冶性情、净化人心、提升人生、和谐社会的本来功能，不要再让艺术异化为拼比技巧、追逐名利、刺激感官、煽动人欲、腐蚀人心、污染社会这样一种玩物丧志的状态。《论语》曰：“志于道，据于德，依于仁，游于艺。”为了求道，立志是第一位的，如果沉迷于玩物那就容易丧志。艺与道不能脱离，艺若无道则没有灵魂。学艺如不能上升至道，那就只能沦为技艺。

四、如何由艺臻道

1. 平心养气之养生

宋代欧阳修曾记载了一位自号“无仙子”的人，其人有言曰：“自古有道无仙，而后世之人知有道而不得其道，不知无仙而妄学仙，此我之所哀也。道者，自然之道也，生而必死，亦自然之理也。”（《删正黄庭经序》）这真是“世上无仙而人人求仙，世上有道而人人不修道”。实际上，道不远人，道就在事物变化之中，有生就有死，这是自然规律，也就是道。

如何上升到道的层面？先秦道家著作乃至《管子》都提到“心正”。《汉书·艺文志》云：“神仙者，所以保性命之真。”真性也可以说是先天之性，即天地之和气也。天出其阳、地出其阴，阴阳和合就有了万物。生命因阴阳之气的和谐而诞生，又因阴阳之气的和谐才能维持。但是人一生下来这个性命之真就变成后天之性了，后天各种干扰和诱惑一来就失去了先天之真性，所以要“游求于外”。如何来求？第一，荡意平心，或曰荡平心意；第二，同死生之域，即打破生死界限，不要贪生怕死；第三，无怵惕于胸中，不惊不怖，君子坦荡荡，小人长戚戚。能做到这三条就是神仙。

所修者何？气也。道家著名八仙之一吕洞宾所著《百字碑》，首句曰：“养气忘言守。”忘掉语言，忘掉守气。清代有人为之注说，气存丹田得下漏，守在上面得脑漏，守在中间则肚胀，所以不能拘泥停留在意上面，而要去突破。气不是简单物质，亦不是简单精神，也不是什么能量，它是不可言说之物。这个气跟具体可操作层面的气功没有关系。儒释道三家都讲气，各自所讲都不一样，但都有一特点，即都从最高层次上来讲。

儒家育正气、浩然之气。文天祥《正气歌》云：“天地有正气，杂然赋流形。”他在序中说，元人把他俘虏以后希望他投降，但他坚强不屈，被关在一个简陋茅棚里两年多，那里有水气、土气、日气、火气、米气、人气、秽气等七种气干扰他，可是他没有得病，原因就是身上有正气。儒家讲正心诚意，朱熹也讲了十五岁之后进了大学要穷物极理正心治人的道理。正心从诚意而来。诚意者，毋自欺也，要慎独，不欺暗室，要养一股浩然之气。这股气说不清道不明，但每个人都可以感受得到。某人正气凛然，某人一身邪气，一眼就能看出。

道家养真气，要保住先天之气不被后天事物所干扰。人们现在如果去医院，可能都找不到自己的病究竟要挂哪一科，但在中国古代很简单，所有的病无非三大类：一类是意外伤害，如跌打损伤；一类是外感伤寒；一类是内伤，即喜怒忧思悲恐惊七情变化过激。维护整个生命、治疗人的身体，用两句话就能概括：去其所本无，复其所固有。这就是道家的葆性命之真，恢复其天然和谐。天和就是保真气，或曰保元气。

佛教化人怨气，人一切烦恼、痛苦的根源在于贪嗔痴三毒，其中最严重的大概属嗔。嗔即怨恨，如果老是怨天怨地、怨人怨事，嫉妒比自己强的人，看不起比自己差的人，其心情是不能宁静的，因此也得不了道。佛教正是教人把怨气化成感恩心。

2. 得意忘言之思维方式

上达之学必由心悟，不可言传，只可意会，是智慧之学，说出来了就成为知识技能，落到形而下的下学了。我们最初从西方翻译过来的“哲学”叫 philosophia，即“爱智慧之学”。尽管语言不可以完全达意，但还是需要语言作为载体，那就需要人们能够超越语言、得意忘言，学会这样一种思维方式。

中国所有的艺都是可见、可听、可触摸的，我们要通过这些去领会它内中所包含的意，这就叫得意忘象、得意忘言。一方面是低阶层次的知识、技能，另一方面是高阶层次的掌握知识、运用知识的能力。中国的学问强调智慧之学，一切的艺都是通过外在形象来达到对内在理念、观点的体悟或认同。欣赏一幅画不是看它是否形似，而是看其所体现的精神境界。我们常说的画如其人、字如其人就是这个意思。我曾经言及书法曰："习字调心性，学书铸人格。"书法、绘画都寄托了作者的品格，它展示给人的也是这个东西。

3. 艺术欣赏者的再创造

当一个艺术家不容易，很多所谓的艺术家恐怕都只能算是"匠"，匠人只会在技能上模仿，却没有灵魂和思想寄托。艺不能上升到道，不能让人回味，不能启发人，那只能算是复制品而不是创造。

同样，一件艺术作品在人们欣赏的过程中，完全可以让欣赏者进入再创造，中国的艺术就有这个特点。如果仅仅停留在象上面，那就无法再创造。在欣赏中国画时，人们可以在不同环境、不同时间、不同心情之下体会出作品完全不同的意义来。古人云"诗无达诂"，诗没有一个统一的解释，可以这样体会，也可以那样体会，但都能得到一种精神上的享受。

中国文化完全允许艺术的欣赏者再创造，甚至可以脱离其最原初描述的实景去领会它里面的意思，而不是将之定式化。"未出土时先有节，及凌云处尚虚心。"这两句话很真切地描述了竹子，可如果只是看到这一点，那就不懂中国文化了。在这里要体悟到的，是一个人在没有出头、默默无闻时要坚守气节，要有大丈夫精神，而到飞黄腾达时也要虚心谦下。

4. 艺不可离道

没有道的艺是没有意义的。学艺、欣赏艺，也必须从道的角度去学习、去欣赏。学艺是为求道，不是简单地为了技能提升，如果沉迷于技艺，那就必然落到玩物丧志。我们现在存在的一个最大问题，就是忘掉了道，忘掉了道就失去了艺的灵魂。

在艺的层面，随着时代发展有许多变化，我们可以去恢复一些传统的东西，也可以随着时代变化以及欣赏者的变化而相应变化。例如，恢复古代礼仪不一定要穿古代服装。当然服装也属于艺的层面，必须体现出道的精神。服装是小事，但它体现了一种文化的认同，这个内涵是非常重要的。在欧洲很多国家，到了传统节日人们都要恢复过去的传统穿戴，东南亚国家在传统节日里也是如此。国内一些少数民族到了节日也会穿上民族服装，可是绝大部分汉族人却没有自己的传统服装可以穿。服装是一种文化符号，我们可以多一点传统服饰，多一份文化认同，但我不主张一定要复古、一定要穿上某类服装。只有道艺结合，才能将文化延续下来。

综合以上所讲，中国文化的优势就是道艺结合，而且是在道的统摄下面来指导艺，任何艺都要提升到道的层次来认识它、体会它。

中医的直觉智慧

中医是一种技艺，更是一种整体的文化。《汉书·艺文志·方技略》讲："方技者，皆生生之具。"其中收集的典籍和内容，包括医经、经方、神仙、房中几个方面，都是关于如何维持生命、保养生命、提升生命的著作，所以称其为"生生之具"。既然有生生之具，就有生生之道，或者生生之理。"生生之具"同样也是源于王官之学，与中国文化是合为一体的。具体到中医，应是中国文化整体理念的一个具体实践。中医走到今天这样一个状态，人们存在很多疑问，也看到很多弊病，最主要的原因就在于脱离了整个中国文化的根。

中国文化最大的特质就在于其人文精神和人文特性，注重以人为本，从"人"的角度去观察问题、思考问题、解决问题。尽管重视"人"的主体性、独立性、能动性，但不是把"人"跟"物"隔离起来看问题，更不是离开了"人"，单纯去研究"物"的问题。其研究"物"的问题，总是跟"人"联系在一起。现在我们的整个文化，其实有两种不同的文化形态，一种是统治了人类的科技文化，另一种就是人文文化。可以说，我们已经被科技文化牵着鼻子走了，其中最大的问题就是缺乏人文思考，并常常把“人”化解成为“物”。一旦用科技文化的理念、理论去分析中医，就把中医的根本精神瓦解了。所以现在要振兴中医、复兴中医，还要从中国的文化入手。

我常常讲，现在人们的脑子里有一个习惯性的思维，碰到问题开口就问，你这个说法有科学依据吗？几乎没有人会问，你这个说法合乎人文根据吗？或者合乎人文精神吗？比如说人有了病，很多治疗方法是把他看作一堆肉来治疗，而不是把他看作一个整体的“人”来治疗，只是解决“物”的层面的问题。人是一个高级的、物质和精神结合在一起的生命体，不能简单地把其看成一个肉体生命，也不能把其当作一个简单的物。那么，中医究竟是建立在什么样的理论上面？这个问题需要首先从中医的“中”字说起。

儒释道三家都强调“中”。儒曰“致中”，《中庸》讲“致中和，天地位焉，万物育焉”。道曰“守中”，《老子》讲“多言数穷，不如守中”。佛曰“空中”，佛经里面有龙树菩萨写的《中论》，讲“众因缘生法，我说即是空，亦为是假名，亦是中道义”。所以说从中国文化的道这个层面来讲，就是一个“中”字。后来清代的黄元吉著有《乐育堂语录》，讲“圣人之道，中庸而已。中庸之道，顺其自然而已”。在《论语》里面，孔子反复地讲：“中庸之为德也，其至矣乎！”中庸作为一种德行是最高的，而“民鲜久矣”。按照这样一个中的道理，中庸实际上也就是用中，反过来讲，要把握这个中。从《尚书》里面可以看到，尧传给舜四个字“允执厥中”。舜传给禹成了十六个字，叫作“人心惟危，道心惟微；惟精惟一，允执厥中”。后来儒家把这作为十六字心传，代代相传，核心就是“允执厥中”。很多典籍里面都可以看到这句话：“执其两端，而用其中。”因此，“中”是中国文化的根本。

由此要讲中医的这个“中”，不能够把它简单理解为跟其他国家和民族的医学区分开来的意义。“中”是中国文化里最高的哲学概念和哲学命题。“中”里面，有两端。以“中”来用，统一两端，是一种什么样的方式呢？要执其两端，而用其中，这就是一个整体的观念。这样一种观念，是怎么得出来的？这又涉及另一个大问题，就是中国的哲学理念，或者文化，是在什么样的一种思维方式上构建起来的？大致来讲，现代意义上的科学概念，是用理性来分析，用逻辑来推演，用实证来总结，通过量的分析，来达到质的定性。科学的基础是理性、逻辑，给人可靠可信的认识。而对于用直观、直觉认识到的东西，人们总是把它看作是落后的，甚至以“不科学”为由加以否定。把理性和直观对立起来，这是一个大问题。

中国文化的主要方面是以直观为基础的。理性是一种智慧。直观是不是也是一种智慧？直观是不是也是一种认识世界的方法和途径呢？过去常用理性来否定直观、否定直觉，总是认为用直觉认识的世界是不清晰的，或者说没有所谓理论根据，这是一种否定的态度。当下对中医的很多指责，比如缺乏量化的统计、缺乏清晰的定位、缺乏普遍的适用性，等等，也是缘于上述对于直观、直觉的否定态度。总希望理出一个条理，可以用理论去说明，用量化去证明，却不知道用这样的方法去讲中医，就把中医的根本精神瓦解掉了。中医不是单纯建立在一种理性的基础之上——不用回避这个问题，在思维中总是把理性和直观对立起来，才会有这个问题。其实直观里面有理性的成分，理性里面也有直观的成分。用理性逻辑的方法作分析，首先就要通过归纳，然后再来演绎，而归纳的过程就是反复实践的过程，其中也包括许多直觉和直观的成分。直观里面也有理性的成分，但是这种理性跟逻辑理性不一样。直观是一种整体的把握，去领悟其中的道理，获得体悟或者觉悟。佛教讲觉和悟，不是用语言能表达的。中国有句老话，叫作“下学上达”——下学人伦日用，上达天道性命。也有这么一句话：“下学可以言传，上达必由心悟。”不能言传的东西，字面上好像明白了，可没有把握住它的精神，就因为这不是用语言可以表达的。

语言可以告诉你这个怎么样做、那个怎么样做，至于为什么这样做、那样做，其中的道理是说不清楚的，需要每个人去体悟，这属于悟的范围。过去受到实证科学所谓“理性”的影响，不太重视“悟”，甚至怀疑。其实体悟是非常重要的，所谓心领神会，只可意会，不可言传，这在日常生活中，例子太多了。

中医在某种程度上是跟着感觉走。现在自然科学的发展也证明，通过直觉认识到的世界，不能够简单地被否定，应该反省这个问题。美国现代物理学家卡普拉写的一本书《物理学之“道”》，副书名是“近代物理学与东方神秘主义”。卡普拉是现代物理学的大家，他研究相对论和量子力学以后，看到了世界的这样一种面貌，再联系到东方的神秘主义，觉得两者走到一起去了。在这本书里面，卡普拉反省了西方近代科学的发展——片面注重理性的认识，认为只有逻辑的、理性的认识才是唯一正确的。现代物理学则发现世界是一个整体，世界上每一个部分都是不可分离的，而且每一个部分都不是截然对立的，所谓的“对立”只是相对的，甚至于从不同的角度来看，连物质和能量也都是相对的。每个事物里面包含了所有其他的事物，其他的事物也都在整体的世界里面。卡普拉认为，东方神秘主义就是通过直观、直觉、体悟这样的方式，来认识整体性的世界。好像是说不出道理，或者说不明白道理，但是又描述了世界存在的真实景象。

《庄子》里面就曾经讲道：“六合之外，存而不论。”看也看不见、摸也摸不到的，可以存而不论，不去问，也不去说。所谓六合就是宇宙，东南西北上下，就是六合。《庄子》又说：“六合之内，论而不议。”看得见，摸得着的，可以说，可是究竟是什么原因，可以不去讨论。真不知道的时候，可以凭感觉。卡普拉讲的东方神秘主义，包括道家、禅宗等中国的文化，还有印度的印度教、佛教等，这些在卡普拉《物理学之“道”》这本书里都作为专章来论述。

卡普拉还提出了一个重要的概念，叫作直觉智慧。直觉也是一种智慧，不是说只有理性才是智慧。哲学是什么？哲学就是智慧学。康德写过《纯粹理性批判》，说明理性的运用有自己的范围和限度。根据卡普拉的说法，认识世界有两条并行的道路，一条是理性的、分析的、逻辑的、量化的道路；另一条道路是通过直观的、直觉的、体悟的方式去认识世界。这两条人类认识世界的道路是同样有效和正确的，不能用一条去替代另一条，更不能用一条去排斥另一条。卡普拉根据物理学发展的历程，最后看到物理学也需要直觉才能够认识到整体的、关联的、动态的世界，是一个你离不开我、我离不开你的世界。任何的定性都只是对现象的相对定性。卡普拉发现，在东方的神秘主义传统里面，这点早就被提出来了。就拿佛教的核心理念“缘起论”来讲，缘起就是佛教的一个宇宙观，任何事物都不是由神来创造的，而是因缘际会的产物，各种因素、各种条件集聚在了一起，就产生了这样一个事物。因此事物跟事物之间是不可分离的，离开了你就没有我，离开了我就没有他，离开了他就没有你。佛经里讲缘起用四句话概括：“此生故彼生，此灭故彼灭，此有故彼有，此无故彼无。”这也说明了整个世界是一个整体，谁也离不开谁。也正因为如此，佛教才有“无缘大慈，同体大悲”的说法。慈悲是全体生命都是一起的。佛教提出这样一个宇宙观，跟今天讲到的整个世界是一个整体的世界、生态文明要讲生态伦理，其实是相通的。佛教里还有一个概念，一即一切，一切即一,一即多，多即一。一就是整个的、所有的一切，多和一切就是万事万物。“一”离不开万事万物，离开万事万物就讲不了统一体。反过来说，万物也离不开“一”。“即”是“不离”的意思，整体不离部分，部分也不离整体，就是这样一个理念。

中国的道家，或者道教，更强调万物一体。道德这两个字，现在多在伦理概念上来运用，所以经常说伦理道德，或者道德伦理。最初道家用道德这两个字，原指世界是一个整体，万物都有各自的特点、各自的本性。最终“道德”这两个字怎么来诠释？段正元说：“道犹路也，天地万物所共由。”道就是天地万物从之而来的，天地万物都是从道出来的，都要走这条路，天地万物都一样，所以道是共同的、整体的。什么叫“德”？段正元说：“德者得也，天地万物所各具。”道德的德，就是得到的得。德就是各个事物的本性、个性。道德这两个字，讲的就是天地万物是一个整体，并在每个事物中间体现出来，每个事物各自有各自的个性。

美国心理学家肯·威尔伯，写了一本书叫《事事本无碍》（或译为《没有疆界》），也认为一切事物都不是分开的、对立的，而是相互关联的。他对佛教所讲的“一即一切，一切即一”，推崇备至。他把这个理念运用到心理治疗上，认为以往西方的心理学，包括弗洛姆、马斯洛这些人的学说，都是“人本心理学”，是站在人的立场来看待人们心理问题的产生。威尔伯提出来一个概念叫“一本心理学”，是说人不能够跟万物分开来看，人本来就是万物中的一员。如果人自我孤立起来，跟他人和万物用一条线隔开，而把万物又分成好的和坏的，只追求好的、去掉坏的，那么，好、坏怎么分？没有好就没有坏，没有坏也就没有好。把生死也对立起来，可是没有生，哪来死，没有死，哪来生？总是把万事万物分得清清楚楚，于是就成了人心理的极大的毛病。如果把人看作是万物中间的一分子，那么，这些障碍自然而然会消失。他提出“分界不等于界限”，分界只是一个标志而已，和界限不一样。

其实西方现代科学的发展，早就突破了经典实证科学。研究科学、科学史、科学哲学的学者提出了一个新的概念，叫作复杂性科学，没有明显设置各种各样的界限、分别和对立。其实中国思想也认为世界上没有截然对立的事物，而恰恰是相反相成的，这个观念早在中国古代就提出来了。到了汉代，中国的医学思想已经达到了基本成熟的程度，医学模式也基本定型，《黄帝内经》就是明证。另外还有《淮南子》以及更早的秦代的《吕氏春秋》，也可佐证。董仲舒在他的著作《春秋繁露》里，明确提出了一个概念——“凡物必有合”，只要是一个事物一定有合，两个相反的方面合在一起，才可以成为一个物，所以有前必有后，有上必有下，有左必有右，有内必有外，有阴必有阳，一切事物都是这样。任何一个事物都是对立统一的，这是辩证的思维方法。

以前总是说中国人没有科学思想，没有科学理论。比如说，所谓的“李约瑟问题”，就是其中的典型。李约瑟研究中国科技史，看到中国的科技在 16 世纪之前在世界上是遥遥领先的，到 18 世纪中国很多技术还是位于世界前列的。李约瑟就很奇怪，中国古代有这么多的科技贡献，但为什么科学和工业革命没有在近代的中国发生？所以人们就提出了“中国文化为什么缺乏科学理论”这么一个疑问。其实，我觉得这是一个伪命题，因为他所谓的科学是一种理性分析的科学，通过直觉感悟的东西不能叫科学。其实中国有科学，这种科学也符合事实，但不是用理性的分析得出来的，而是通过直观的、直觉的方式，通过实践体悟出来的。不用烦琐的理论去说明，而是用直觉去感受，用眼睛去看、耳朵去听、鼻子去闻，同样也可以通过身体去感受。用很简单的语言，就把一个事实描述出来，而这个事实，每个人都可以看到，不一定要有很高的理论修养。自 20 世纪以来，对中国传统文化的批判，也涉及中医文化存废方面，并延续到了 21 世纪。数年以前有的人提出把中医从我们医疗系统里除名，其中一个重要的观点认为中医不科学，中医从理论到方法都不科学。从理论方面来讲，阴阳五行概念在很多人心中是模糊的，中医治疗的手段、诊病的方法都不科学。钱学森先生则说，中医是建立在整体论和系统论基础上的，而整体论和系统论也正是物理学最根本的理论。钱先生的意思是说中医的理论是合乎现代科学的，并不像有些人所说的不科学。

卡普拉曾说，中国人的语言看似模糊，其实简练而富有启发性。把事物运动变化的情况描述出来，虽然很简单、很模糊，但是方向不会错。其他很多精确的、清晰的说法，可能走着走着就出现了偏差。现在需要改变这样一种认识，即不要认为，只有理性的才是可靠的、科学的，而直观的、直觉的就不科学。这样的话，就把中医彻底否定了，动摇了认识中医的思维基础。中医的诊断方式，就是建立在一种直观、直觉的哲理基础之上，注重的不是数据，而是直觉的感受。举例来说，“望闻问切”，这四者构成了两个直觉诊病的路数，前两个“望”“闻”是医者的直觉，后两个“问”“切”，是病者的直觉。“望”，医生一看气色等，就判断出现了哪些问题。古代的神医就是靠他的直觉，当然这种直觉不是凭空而来的，是通过经验自己体悟出来的。然后通过“闻”来验证“望”，闻体气、闻声音、闻二便之气，闻口气，等等，从耳、鼻两个方面去闻病者，大致就可以对通过“望”所得到的结论有一个佐证。“问”，是对病者，问病人自己的感觉如何，也就是问病者的直觉。现在西方又兴起了一个新的医学理念，就是直觉疗法，认为病者的自我直觉，有相当大的参考价值。然后再通过切脉，感觉脉象的变化来判断自我描述的直觉，误差如何、正确程度如何。我认为，“望闻问切”是一个建立在直观直觉基础之上的、非常完整的诊病方法。可是现在越是大的中医医院，就越没有“四诊”，都是靠仪器、靠数据，把直觉都丢了。现在还有多少神医？甚至于能够切脉的医生都不多。当然，直觉的判断里面是会有错，根据病人自己的感觉也不一定完全对。可是所谓理性的推论、机器的检查就绝对正确吗？

有人说，中国缺乏理论创新，总是一个老调调。不要小看老调调，它是万古不变，亘古常新的。现在人们常说西药是短命药，中药是长命药，这说明看问题的方式不同，结果也不同。中国人看问题是整体性的，要提高到“道”的层面，“道”的层面就是整体。从某种角度来讲，中国文化不是在理论上不断创新，而是在实践上不断创新，将一个道理运用到不同的方面去创新。随着时代、环境、对象的不同，不断地去更新，而道理始终是同一个，“道”是万古不变的。苏轼在跟一个朋友讨论书法的时候，讲了这么一段话：“物一理也，通其意，则无适而不可。”明白了道理，用到哪里都可以，中国人追求的就是这个。为什么可以把阴阳五行这样一个最简单的理论体系，或者理论架构，运用到方方面面？运用阴阳五行，可以去认识宇宙万物，去治理宇宙万物，也可以去管理国家社会，去管理自己的身心。

这样一个道理，通其意，则无适而不可。紧接着苏轼又讲：“分科而医，医之衰也。占色而画，画之陋也。”画画一定要选特定的人物、场景、颜色去画，则失之陋。医缓看病，不分老少，谁来都看。物一理，人也是一理，人体的生理状况也是一理，所以中医不分科，它只不过是面对的对象不同而有所差异。

有人说，人不会生病，生病就是不平衡，不是阴阳的不平衡，就是五行生克的不平衡。怎么样达到平衡？中医是通过把握“中”来达到“和”。对于“和”的把握，也存在很多误解。一讲到和，就认为是和谐、平衡。实际上，“平衡”这个概念不是说一定要两者相等才平衡，差异中间也有平衡。“以他平他谓之和”，这是说，只要加入不同的东西，就能达到平衡，而这个不同的东西，有时候不仅仅是一个，也可能要加入两个、三个才平衡。因此，人身上各种因素所要占的比例不是关键，关键是“和”。现在一讲到平衡，讲到和谐，就是你多少、我多少才平衡，这种观念需要纠正。为什么配中药要君臣佐使？也是要“和”。现在还有一个错误的认识，总认为中药治病是某味药里面的某个成分在起作用，于是便提炼单味药里面的有效成分来治病，但这不是中医。中医治病不是以药来治病，更不是以药的有效成分来治病，而是以药方来治病，药方里边就讲究君臣佐使。将不同的成分结合在一起，讲究“和”与“中”。其实中国哲学里面，讲到“和”的问题就是指要恰如其分。《中庸》里面讲“致中和”，其中“中节”就是恰到好处。要恰到好处，恰如其分，才叫“和”。

现在很多观念的思维方式简单化，反而把中医引向了歧途。对中医的很多误解，来自用西方的思维方式去理解，把中医扭曲、解构了。原来的思维方式被改变，陷入了一种非此即彼、定量定性的思维方式，而不是根据实际情况，对不同的对象加以具体分析。总认为中医模糊、不清晰，是对中医的误解。他们只看到中医在理论上的模糊性，而没有看到中医在实践上面的精确性。理论模糊，也不是坏事，通过直觉、直观来看，本身就不是一个理论的分析。可能没有数据，没有所谓的“逻辑”，好像显得很模糊，但是在应用上，中医是非常精确的。中医一定要因人、因时、因地而异，这就是讲求精确。不是把一种治感冒的方法，用到所有的人身上；也不是通过部分的量化概括以后，就变成了一个全体适用的普遍性的东西，而是更注意到个性的差异、身体基础的差异、地区的差异、老少的差异、男女的差异，等等。

人能够生下来，就是因为天地之和，有天地之和才能生下来。怎么能够生存下去？保持“和”才能生存下去。关键问题是，这个“和”被破坏了，就要调整“和”，直到恢复“和”的状态。养生治病没有别的道理，就是“去其所本无，复其所固有”，回到最纯真的、原来的状态，保持一个“和”的状态。每个人都要对自己有信心，靠外边的东西，不是过了就是不及。“是药三分毒”，所谓“毒”不是毒害的毒，而是说偏性，一偏了就不和了，不和了就更容易病上加病。现代人最大的问题就是对自我缺乏信心，而中国文化的一个核心就是反求诸己、反躬自问。碰到困难，不要怨天尤人，要反躬自问。身体出现了问题也一样，不要一天到晚去抱怨。既然已经来了，也不要那么担忧，担忧本身只会减弱抵抗力。既然生活在这环境里，就想办法让自己去适应，把自己练成金刚不坏之身。抱怨只能增加你心里的负担，反而更受其影响。要对自己有坚定的信心。人的身体靠自己，即使用很多的药，这些药也是来激发你自己内在的动力，不是药治好了病，而是自己治好的——药只不过是一个推动力，或者是辅助力。

我最欣赏的就是《汉书·艺文志》里面神仙的说法："神仙者，所以保性命之真，而游求于其外者也。"人生下来，天生的真性已经慢慢丢失了，所以要重新求回来。怎么求呢？第一条，"聊以荡意平心"，让心安静，不要胡思乱想。欲望太多，追求太多，心意不宁静了，那不可能健康快乐，不可能长命百岁，所以要"荡意平心"。第二条，"同死生之域"，是说看破生死，不要贪生怕死，要同生死之域，不要把生死看成两个截然不同的地方，要同生死。第三条，"而无怵惕于胸中"。怵，指发怵，紧张；惕，指警惕，害怕。心里面不紧张害怕，无怵惕于胸中。怎么样才能够做到？"君子坦荡荡，小人长戚戚。"坦荡荡就半夜不怕鬼敲门。荡意平心，同死生之域，无怵惕于胸中，就是神仙。过去讲医生"治病不治命"，只能治病，不能救命。人生命的长短，其实也是由一种客观规律决定的。

《黄帝内经》提到了养生方法："法于阴阳，和于术数。""法于阴阳"是要顺应自然环境，"和于术数"是要选择一个好的方法，下文的"食饮有节，起居有常，不妄作劳"，是要自己管好自己。如果自己管不了自己，生病就是"活该"。现在很多人花大量的钱财去制造病，又花大量的钱财去寻找病（各种各样的仪器检查），然后又花大量的钱财去治病，最后是痛苦地死去。我们应当把握住原则，不要花钱去造病。要趁机反思反思，是不是这一段时间饮食方面有问题、起居有问题、心情不好、太劳累了，等等，要先做自我检查，然后自我调整。我相信如果那样做，用不了多久，就会恢复平衡。中医的理念是，病是自己生的，也是自己能治好的。中国文化的核心是向内“反求诸己”。“克己复礼为仁”，做人就要克己。中医是中国文化生命之学的一个基石，中医的医学理念就是在实践中国文化，实践中国哲学，实践中国的道，离开了这些内容，就不能叫作中国的医学，不能叫作国医。我们现在要有这个志气，要在中国这样一个原典文化的基础上，创造出适合今天社会环境的新医学。我觉得中国完全有在自己的文化根基上吸收外来文化、发展当代尖端医学理论的可能。中国要在文化上走在世界前面，我想中医是最有希望的。因为我们已经有非常深厚的、跟我们的整体文化融为一体的医学理论和实践基础。

在这样的理论和实践基础之上，能够解决当前所面临的许多现实的生命问题。现在有大量的抑郁症患者，抑郁症不是用肉体的东西能够解决的，是完全属于一个人的精神生命领域的问题。中国传统文化都把精神放在第一位。现在遇到了大量健康问题，怎样用好传统文化理念，来对治今天人群中各种各样的心理问题？佛教中的药师佛希望人人都能过上快乐的生活，快乐生活最重要的是心态。药师佛不是让你服草药，而是让你服心药，心病还需心来医。

王夫之的哲理养生诀窍

哲理养生是更高层次的养生，涉及每个人的人生观、世界观的问题。简单说来，就是你悟透了人生的道理，悟透了世界的道理。那么，怎么样叫悟呢？

明末清初有一个著名的思想家叫王夫之，他就提出了一些哲理方面养生的说法，叫作“六然四看”。

“六然”是指什么呢？

第一，自处超然。自处就是自己对待自己，自己怎么样来看待自己呢？要超然。态度要超然，也就是说，要达观、豁达。

第二，处人蔼然。处人是对待别人，就是说对人要非常的和气，与人为善。

第三，无事澄然。没有事情的时候要澄然，“澄”是非常清澈、非常宁静的意思，就是说没有事的时候要非常宁静。如果说自处超然有点淡泊的意思，无事澄然就是宁静，宁静就可以致远。

第四，处事断然。就是处事要有决断，不能优柔寡断、犹犹豫豫。

第五，得意淡然。就是说得意的时候要淡然，不居功自傲，忘乎所以。

第六，失意泰然。失意的时候要泰然处之，别把它看那么重。

这自处超然、处人蔼然、无事澄然、处事断然、得意淡然、失意泰然，六个然，不就是一种人生态度，一种人生观吗？是不是很有道理?

还有四看。这四看，其实也很有意思的。看什么?

第一，大事难事看担当。遇到大事难事，要看你能不能勇于面对它，是不是不回避、不逃避，勇敢地担当起来。

第二，逆境顺境看襟怀。碰到逆境了，或者处于顺境了，这就要看你的襟怀，够不够豁达，能不能够承受得起。

第三，临喜临怒看涵养。碰到了喜事或者令人恼怒的事，换句话说，也就是得失了，喜就是得，怒就是失，就要看你的涵养，能不能宠辱不惊。

第四，群行群止看识见。所谓行止，也就是去留的意思，碰到去留的问题，就要看你的识见了，看你能不能做出正确的判断，该去就去，该留就留。

大事难事看担当，逆境顺境看襟怀，临喜临怒看涵养，群行群止看识见。这“四看”，实际上也就是一种对人生、对社会很透彻的了解和把握。这些都是就更高的思想层面来讲的，因此叫作哲理养生。

第三章 中国人的价值观念与思维方式

人要向“天”学习

一

“天人合一”是中国古代思想体系中非常重要的思想。儒释道三家都有这个思想，它是中国传统文化中最重要的思想之一，也是一个“中”的思想体系。

“天人合一”，其实很简单，就是指“天”和“人”的关系。一般来说，“天”就指我们的宇宙，包括了整个天地。但是，中国的“天”有一个更重要的含义，就是指自然而然，“天然”的意思。“天”和“人”的关系就是要人的行为合乎万事万物自然而然的本性，即所谓“天人合一”。

“天人合一”思想里面还有个重要的内容，就是人要向“天”学习。诚如之前所述，中国文化有一个重要的传统，就是以天为则、以史为鉴。司马迁讲“究天人之际，通古今之变”，强调天地万物有则，是人学习的榜样，人要向天地万物学习，尊重自然的规律。在中国文化中，“天”最大的特点是什么？一个是广大；一个是无私；再一个是像老子讲的“生而不有”“长而不宰”，让万物自由自在地生长，自然而然地生长。“天”是最讲信用的，春生夏长，秋收冬藏。春夏秋冬永远如此，说明“天”是非常讲诚信的，这些就是“天”的神道，“天”的变化之道。所以，《中庸》里面讲“诚者天之道，诚之者人之道”，讲诚信就是天道，人要按照天道去做，就是这个道理。人遵守大自然的法则就是“天人合一”，顺从大自然的自然选择就是“天人合一”。

“天人合一”思想在中国古代更重要的一点是“天人合德”，人向天地万物学习。孔夫子被大家看作圣人，就因为他具有“天”一样的品德。“德配天地”，这是对圣人的赞扬。“智者乐水，仁者乐山”，就是一种形象的表述。“智者乐水”就是智者要像水那样流动灵活，不能呆板。“仁者乐山”就是要像山那样稳定，有一种稳定的德行。“智”是圆通的，“义”就应该是方正的，应该是规矩的。按照自然界的秩序修养自己的德行，就是一种天人关系的表现。所以，这里“天人合一”就是讲人跟“天”是一体的。“天”自然而然，最包容，最能够让万物在天地之间自由自在地生长。它尊重万物的本性，人也应该如此，活得自然而然。

“天人合一”也是“中”的一种表达。“中庸之为德也，其至矣乎”，中庸这种德行才是最高的。它可以用各种不同的表达方式，“天人合一”就是“中”的思想的体现，不把天人对立起来。中国人讲“天人合一”就是相反相成，就是一种对立统一。中国人的思维非常辩证，要适合这个时代的变化而变化。“时”，既包括时间，也包括空间，讲究中道，不能够片面，合在一起就叫“时中”。时间包括空间，这个时代变化了，人就要变化，空间变化了人也要变化。“中”是中国文化的一个重要观点，而我们的大自然、万物都是“中”的体现，因为它自己会调解成“中”。

中庸讲万物不相害，本来世界上的万物都是千变万化的，是可以并存的，但并存中又相互有关系，不是相生就是相克，我生你，你生他，他生我，我克制你，你克制他，他克制我，形成了相生相克的关系，所以并行。如果中间缺掉了一个，那就没法并行了。

二

中国古人将“天人合一”的思想运用到国家和社会管理上，形成了独特的治道体系。人是一个小天地，天地是一个大人体。儒家讲的“礼”是效法天地的规则来处理人的事情。所以，中国的伦理都是依人与人之间的自然关系来构建的，不是脱离了人与人之间的自然关系来设计一套强制让人遵守的规则。人与人之间有父母子女的关系，那就应该父父子子；人与人之间有男女的区别，那就应该夫义妇顺；人与人之间有长幼区别，那就要讲兄爱弟悌的道理；人与人之间有朋友关系，那就要相互讲诚信。这些都是按照自然的关系来构建的。作为社会关系的君臣关系，自然而然存在，如果没有分别，大家都说了算不行，大家说的都不算也不行，所以总得有人决定权大一点，有人决定权小一点。中国人甚至也把它诠释成父子关系，君臣就是父子关系，官民也是父子关系，这样才能够构建一个亲密的自然关系。《论语》里面讲了一句话：“尧之为君也，巍巍乎。”意思是说：真高大呀，尧作为君主啊。为什么？“唯天为大，唯尧则之”，“天”是最大的，尧向“天”学习，所以尧才伟大。

宗族血缘本身就是自然关系，这个秩序也是按照“天”的规则来做的，这就是礼。礼教就是要让每个人安于本分。现代人不愿意听这个话，如果不安于本分，这个社会的秩序不就乱了吗？如果万物都不安本分，天地秩序不就乱了吗？所以，天地之所以能够维持它的平衡，就是万物都会遵循自己的本分。

儒家文化讲的治道体系包括“法”“礼”“仁”三个层次。“法”是外在的规矩，是强制的；相对于这个外在的规矩来讲，“礼”就是一个内在的规矩，不是强制的。“礼”相对于“仁”来讲，“礼”又是一个外在的规矩，“仁”就是内在的自觉。“仁”是指人的自我管理，“礼”是自我管理所要达到的标准。如果达不到这个标准，再用“法”来强制。所以从这个意义上来讲，“礼”跟“法”是一样的，都是规则，只不过“礼”是人自觉去遵守的法，“法”是强制的。仁爱的“仁”，礼仪的“礼”，法律的“法”，构建了一个非常完整的治道体系。

为什么孔子要强调“仁”？“礼”不是孔子最先提出来的，也不是孔子强调的；“仁”也不是孔子最先提出的，但是是孔子强调的。他之所以强调“仁”，就因为看到当时的社会现象，大家不遵守“礼”了，礼崩乐坏，而“礼”并不是强制性的，也没有办法去制裁，那怎么办？要教化，教化人们自觉地去遵守这些“礼”，当然也要辅之以法。

本来“礼”里面的内容非常丰富，后来内容少了，为什么？有些“礼”大家做不到，不自觉。那怎么办？那就拿出来，加到法里面去，把原本自律的变成他律，在中国历史上就叫作“引礼入法”。本应大家自觉遵守这些东西，但大家做不到，只能强制，就变成了“引礼入法”。这是人心不古、世风日下的结果。

当我们违背了“天人合一”这一套法则，偏离了这个轨道，就需要用教化来纠正它。要进行“仁”的教育，对于“仁”，不同人有不同的理解，我们现在一般只理解为“仁者爱人”，“仁”就是爱心。爱什么？爱自己，要自爱，要懂得自爱，不要做一些不该做的事情。所以“仁者自爱”，这是最根本的。其次，是“仁者爱人”。再次，仁者会被人爱。

背离了“天人合一”这样一个大的观念，我们需要用教育“化民成俗”，从“引礼入法”再回到“礼”，这样做就好了。“常回家看看”本来应该是“礼”的问题，引礼入法那就不叫自然亲爱了。所以，“礼”本来就是按照自然的规律提炼的。中国人都是从自然界观察做人的道理，所以品德高的人，他的德行可以跟天地相比，德配天地。我们中国人所有做人的品德，都是从天地万物中学来的。这种对自然界的观察，是一种人文的思维。动物哪知道“孝”“敬”，动物是不懂的，但我们人就能看出来，“乌鸦反哺”就是“孝”的行为，“羔羊跪乳”就是“礼”的行为，喝母亲奶的时候要跪在那喝，羊是不懂的，但是我们人可以看出来，然后作为人学习的榜样。

如果和动物学家讨论这个问题，他们会认为这哪会有伦理观念，只不过是条件反射，或者是动物本性决定了它只有跪下去才能喝到奶，毫无意义。但是中国人能够从无意义中体会出意义来。从人的角度去看万事万物，不能把万事万物看成一个抽象的现象，纯客观的死的东西。所以中国人是有智慧的。中国人发现鹿见到一片草地，就仰起头来喊，这是什么意思？鹿见草而鸣，是叫朋友们都来吃草。大家都来吃，这是讲义气。人从万物身上可以学到智慧，可以学到做人的道理，我们不能把万物看成是死的东西，而应该看成和人一样是有生命的。

三

我一直觉得，中国人有两个传统是不能丢的，一个是以天为则，另一个是以史为鉴。以天为则，就是以老天爷作为我们一切行为的准则，以自然界作为我们一切行为的准则。一方面尊重自然，另一方面向自然学习，以自然为我们的楷模。以史为鉴，是指我们重视历史的经验教训。

“天人合一”的思想实际上强调人要管好自己，尊重自己，把自己当人来看，处理好自己跟自己的关系。人自身有精神和肉体的关系，也要尊重自然的平衡性，约束自己的欲望，不是简单地说尊重自然那么简单，也不是简单的人与自然和谐相处。怎么才能做到和谐相处？《中庸》的第一句话就是“天命之谓性，率性之谓道，修道之谓教”。人受命于“天”，“天命之谓性”，人的生命就是天赋予的，所以要自我尊重、自我约束、自我管理。按照天赋予你的这个性去做，这就是道。参透“道”，就要施教，这就是一个社会的教化过程。中国文化最根本的就是人的自我认识，既要认识个体的我，也要认识群体的我、群体的人。认识个体的我，就要管住自己的一些行为，为人处事都要管住自己，遵守规矩。作为人类，要管住自己，跟其他的万物搞好关系。

“天人合一”思想要我们尊重自然，体会大自然的意义。万物皆有灵，都有生命，而且跟人是一体的，所以人要把它们像人一样看待，而且从它们身上学到人应该学到的东西。孔子遇水必观，到有水的地方他一定会停下来看看，体会体会。遇水必观，“必”就是一定，“观”就是会思考。潺潺流水是一种德行，汹涌澎湃又是一种性质，我们从水里面可以得到多少东西。在中国人眼里这一切都是有生命意义的。

所以人要像“天”那样，不要喋喋不休，喋喋不休就不自然了。人的造诣既是“天”赐予的，也是从天地万物中学来的；既表明人的积极主动性，也没有把“天”看得高高在上，是我们去向它学的，主动地去向它学。“天”不是高不可攀，人有自觉性，可以和天对话和学习，用老子的话叫作“辅万物之自然”。我们不是用自己的主观意识去替代自然，而是因势利导。在中国文化和中国思想中，人跟“天”的关系很和谐，很协调。

和谐是中国传统文化的根本理念

社会主义核心价值观分为国家、社会和个人三个层面。和谐属于国家层面的价值观念，但和谐又不仅仅是指国家，也包括社会甚至个人。可以这样说，和谐是古今中外共同追求的价值观。天地万物、人类社会、家庭个人都离不开和谐。

从字面上分析，“和”字古已有之，见诸甲骨文金文。“和”强调分寸、度，恰如其分，恰到好处。曾有人从字体结构上对“和谐”做过一个通俗的解释，说“和”，一边“禾”一边“口”，意味人人都有饭吃；谐，一个“言”一个“皆”，意味大家都可说话。此解饶有趣味。《论语》有言：“礼之用，和为贵。”《尔雅》解释：“谐，和也。”和与谐其实是同义字。

和谐，本质是平衡。自然界的一个根本规律是平衡。《中庸》里讲“致中和，天地位焉，万物育焉”。某种意义上，把握中是达到和的前提。“喜怒哀乐之未发谓之中，发而皆中节谓之和。”和，强调平和自然，不偏不倚。“中也者，天下之大本也。和也者，天下之达道也。”中国传统文化中，中庸是一种最高的德行，是一种思维方式，也是一种实践原则。天下万事万物的诞生和成功都离不开和。

和谐，是对立统一。《国语·郑语》里提出“和实生物，同则不继”。《论语》有言“君子和而不同，小人同而不和”。同是单一的，和是相辅相成的。《左传》里拿汤来作比喻，和说明不同的东西相互依赖，相互吸收，相互补充。和乃阴阳调和，万物各得其和方能生长。《管子》曰：“和乃生，不和不生。”世界上一切事物都不可能是单一的。和是对立统一，相辅相成，相反相成。有上就有下，有左就有右，有阴就有阳，有内就有外。凡物必有和，生命要靠和来维持，和被破坏了，生命会夭折。从哲学角度看，和就是兼容并包，多元并存，而最理想的状态就是均匀平衡。

和谐，是生命之本。离开和谐就没有生命，无法延续，无法健康存在。和谐使天地有序、万物多彩。自然本身是在调整平衡中发展的，万物冲突下更可见平衡本色，有些自然灾害也是自我调整取得平衡的表现，万物是相生相克的。这点董仲舒早就强调过，“天地之道，虽有不和者，必归之于和，而所为有功；虽有不中者，必止之于中，而所为不失”。（《春秋繁露·循天之道》）

和谐，需遵守伦理。每个人在社会上都有自己的身份，一个身份就是一个类别，不同类别有不同言行举止的规范。伦理是处理各类不同身份的人之间关系的道理。要达到社会的和谐、天地万物的和谐，首先要遵守伦理。伦理的核心是敬畏。

和谐，需尊重自然。宇宙、社会、人、自然是共生的，人不应该干预自然。天人合一，道法自然，要学习天地的品德。《老子》曰“生而不有，为而不恃，长而不宰”，意思是说，包容一切而不是想着去主宰一切。

和谐，要清除贪念。人与生存环境的不和谐、社会的不和谐、家庭的不和谐、身心的不和谐，归根结底是由于贪念。人心不可贪得无厌，要懂得共生的道理。净化心灵，清除贪念。人心常清净，万物自和谐，人我自和谐，家庭自和谐，身心自和谐。《淮南子》中说：“圣人量腹而食，度形而衣，节于己而已，贪污之心奚由生哉？”道教从老子到庄子都强调知足，自足其性。

和谐是中国传统文化的根本理念，万物由和谐而生。自然界通过自身不断的调整使不和谐达到和谐。社会发展过程中永远都会出现不和谐、不平衡，而人要努力让它回归到和谐，使社会能发展前进。

“用中”“时中”

中国传统哲学中有着丰富的辩证法思想。其中不仅有大量充满智慧的、一般的辩证法命题，更有许多直接指导各种社会生活实践行为的具体辩证原则。中国传统哲学的特点是实践理性发达。尤其是在儒家哲学中，任何的哲学思考都必须落实到道德实践中去，而人在社会生活中的行为原则，又是哲学思考中的第一位问题。这也就是儒家一再强调的“下学”和“上达”的关系问题。“下学”指学“人事”,“上达”是指达“天命”(“天理”)。只知行人事，而不知求上达，那这种下学有可能沦为谋利之学；反之，只知讲上达，而不知行人事，那么这种上达也必将是空洞无用的。所以，在儒家哲学中，纯理性的抽象辩证法讲的不是很多，而大量讲的是与社会生活行为直接联系起来的实践中的辩证原则，或者说实践理性中的辩证法。在儒家大量有关实践的辩证原则中，“中”和“时”是最为重要、最具普遍意义和实践意义的原则。

关于“中”，在儒家哲学中，随其所叙述的问题，有许多种不同的表述，如“中庸”“中和”“中道”“中正”“中行”“折中”“执中”等。然而，儒家把“用中”看作是自尧（儒家心目中的“圣人”）以来圣圣相传的一种最高的实践行为的道德原则。他们说，尧在传位给舜时，谆谆叮嘱他要把握“执中”的原则，认为如果不这样的话，天下的老百姓就会困穷，君主的地位也就保不住了。后来，舜又以此教导禹。他们高度赞扬舜善于“用中”，说这是他的“大知（智）”，是舜之所以为舜，等等。

在儒家哲学中，“中”的最基本含义是标准、限度。如“折中”一词，就是指用某一标准来判断或衡量是非。现在人们都把“折中”（或作“折衷”）理解为调和矛盾，殊不知这是后来引申出来的含义，而不是它的原始含义。由于“中庸”强调坚持某个标准和限度，因而在社会激剧变动时期就有可能成为维护某种旧事物、调和矛盾、反对变革的观点和方法，这是“中庸”思想局限性的一面。但是，“中庸”思想中也包含着任何事物超过了一定的限度（也包括达不到一定的限度）就会向其对立面转化的辩证法思想。孔子说：“质胜文则野，文胜质则史。文质彬彬，然后君子。”（《论语·雍也》）这句话，很具体地体现了“中庸之道”。仅就强调“文质彬彬，然后君子”这一点来说，其目的确实是要调和“文”与“质”。但是，这种调和并不是对矛盾的简单否定或抹杀，而是在意识到对立面超过一定限度就会向相反方向转化的前提下，在实践行为中保持矛盾的某种平衡，从而取得最好的实践效果。在日常生活实践中，人们随时都会遇到由于“过”或“不及”的行为而造成事物向其反面转化或事与愿违的情况。举一个最常见的例子就能充分说明这一点。譬如，父母爱子女，是人之常情，可是如果爱得过分，就会变成溺爱，其结果则是“爱”之愈切，而“害”之也愈深。孔子赞扬“乐而不淫”（快乐而不放荡），“哀而不伤”（悲哀而不伤身）（《论语·八佾》）等，也都是从意识到事物如果超过了一定的限度就会转向自己的反面的前提下提出来的。因此，在人们的日常生活中，坚持把握一定的标准或限度作为实践行为的准则，确实有其一定的现实意义和客观需要，其中是包含着辩证原则的。

如上所述，“用中”包含着调和矛盾的意思，如“执其两端，用其中于民”就有这方面的意思。所以，“中”也常常被解释为“和”。《论语·学而》记有子说：“礼之用，和为贵。”这里所说的“用和”，其实也就是“用中”。反过来，从某一方面讲，“用中”也就是“用和”。关于儒家“用和”的原则，以往也有许多指摘和批评，这主要是由于片面地理解儒家的“用和”精神造成的。

首先，儒家所说的“用和”，并不是无原则的调和。相反，是把坚持一定的原则作为贯彻“和”的前提。如上引有子那段关于“用和”的话，紧接着他就明确地表示说：“有所不行，知和而和，不以礼节之，亦不可行也。”这句话的意思就是说，不讲原则的为和而和是不可行的，不用礼的原则加以节制的和也是不可行的。可见儒家讲和是十分坚持原则的。为此，儒家严格区分“和”与“同”这两个概念。“和”是指不同性质的事物或意见之间的互相补充与配合，而“同”则是指相同性质的事物或意见的彼此附和与合流。《国语·郑语》载有史伯论和同的一段话，可资参考。他说：“夫和实生物，同则不继。以他平他谓之和，故能丰长而物归之；若以同裨同，尽乃弃矣。”这是说，不同性质事物的相互配合，就能产生新的事物，而相同性质的事物放在一起，则不可能生出新事物。宋儒叶适在论述“中庸”时，也十分强调通过对立事物之间的相互补充与配合以达到统一的意义。如他说：“道原于一而成于两，古之言道者必以两。凡物之形，阴阳、刚柔、逆顺、向背、奇耦、离合、经纬、纪纲，皆两也。……中庸者，所以济物之两而明道之一者也，为两之所能依，而非两之所能在者也。”又说：“中庸足以济物之两而明道之一，此孔子之所谓至也。”（《水心别集》卷之七《进卷・中庸》）这里包含了深刻的含义。所以，孔子曾说：“君子和而不同，小人同而不和”（《论语・子路》），把“和”看成是只有“君子”才能做到的品德和原则。

其次，“和”或“中”也包含有不要陷于某一片面，而应兼备两面或多面的意思。儒家在许多方面，特别是在品德修养和认识事物方面，也都强调要兼备两面而不陷于一偏。三国时的刘劭以“兼德”来解释中庸。他说：“兼德而至，谓之中庸。”（《人物志・九征》）他认为，木、金、火、土、水五者表现在人身上成为仁、义、礼、信、智五种品德，但这五德是各有所偏的，只有兼备此五德的人，才是最完美的，而中庸就是指能兼备五德的品德。同时，他还认为，中庸之德有防止人在行为方面过分拘谨或放肆以及指明人的短处而弥补其不足等重要的作用。这是刘劭对中庸思想积极方面的重要发挥，对人们全面理解中庸思想是有启发意义的。

上文讲到，“用中”和“用和”是反对无原则的为中而中与为和而和的，但是如果对坚持“用中”和“用和”的原则作僵死的理解，而不懂得根据不同情况加以变通，那么其结果同样是陷于“为中而中”与“为和而和”的片面。“用中”不仅要有坚持原则的一面，也要有灵活变通的一面。这也就是儒家实践理性中另一个重要的辩证原则“时中”。

“时中”一词最早出现于《周易》蒙卦的《彖传》：“蒙，亨。以亨行，时中也。”意思是说，蒙卦表示希望亨通。所以，以通来行事，是符合蒙这个时机的。所谓“时中”的原则，主要有两方面的含义：一是要“合乎时宜”，二是要“随时变通”。儒家思想家注意到了这样一个事实，即同样的言行，在不同的时间、场合下，将会产生十分不同的实际效果。因此，他们认为，一个人的言论行为要获得好的实际效果，遵守“合乎时宜”和“随时变通”的原则是十分重要的。《论语·宪问》记载着这样一件事：有一天，孔子向公明贾打听公叔文子的为人，说：听说公叔文子不说话，不笑，不取财利，是这样吗？公明贾回答说：这完全是传话人说错。“夫子时然后言，人不厌其言；乐然后笑，人不厌其笑；义然后取，人不厌其取。”意思是说，公叔文子是该说时才说，所以人们不讨厌他的话；高兴时才笑，所以人们不讨厌他的笑；该拿的才拿，所以人们不讨厌他的取。孔子听了很赞赏，连连问：真是这样吗？真是这样吗？公叔文子的言、笑、取，可说是合乎“时中”原则的。又如，宋儒杨时在解释孟子“执中无权，犹执一也”时，也说道：“禹稷三过其门而不入，苟不当其可，则与墨子无异。颜子在陋巷不改其乐，苟不当其可，则与杨氏无异。子莫执为我兼爱之中而无权，乡邻有斗而不知闭户，同室有斗而不知救之，是亦犹执一耳。”（《孟子集注》）这一解释，充分地阐发了“合时”“变通”的“时中”原则。

荀子也一再强调“君子”要能把握“与时屈伸”“与时迁徙”的原则。他说：“与时屈伸，柔从若蒲苇，非慑怯也；刚强猛毅，靡所不信（伸），非骄暴也。以义变应，知当曲直故也。《诗》曰：‘左之左之，君子宜之，右之右之，君子有之。’此言君子能以义屈信（伸）变应故也。”（《荀子·不苟》）这段话的意思是说，如果能随时而屈伸，那么即使柔顺得像一条蒲苇编的席子那样卷曲，也不是懦弱害怕的表现；即使刚强勇猛而得以到处伸展，也不是骄横凶暴的表现。这是因为，他按照原则来应变，懂得在什么情况下应当柔曲顺从，什么情况下应当刚强正直。《诗经·小雅·裳裳者华》一诗说，无论是左的行动还是右的行动，君子都能做到恰如其分。君子能按照一定的原则屈伸以适应变化了的环境。

在儒家思想中，“时中”作为“合时”的含义，不仅被看作是个人道德修养和行为实践应遵循的根本原则，同时也被推广为治国安邦的重要原则之一。儒家从自然农业生产对天时变化的密切依赖关系中，深感到“适时”的重要性。因此，他们都把“使民以时”（《论语·学而》）、“不违农时”（《孟子·梁惠王上》）等列为治理国家的基本原则之一。荀子把草木开花结果时禁止砍伐，鱼鳖怀卵时禁止撒网下毒，春耕夏耘秋收冬藏不失其时，称之为“圣王之制”，并根据“养长时则六畜育，杀生时则草木殖”的道理，推论说：“政令时则百姓一，贤良服。”（《荀子·王制》）也就是说，国家的政令如果合乎时宜的话，那么老百姓就会行动一致，而有才能的人也会服从拥护。这里的推论是极其直接的，没有深奥的理论论述，但却有广泛的实际意义。即使在今天，播种适时、砍伐有时、捕杀有时等思想中所包含的辩证原则，对于保护自然资源、维护生态环境等，也有着重要的现实意义。

儒家思想家看到了事物在自发运动中往往是向着不平衡的（或片面的）方向发展的现象，于是提出了“中”和“时”的原则，用以防止和克服思想行为方面的各种片面和极端，并在综合对立两方不同性质的情况下，求得某种平衡和全面。这里应当说是包含有积极意义的辩证因素的。不过，再好的原则用滥了也会走向它的反面。儒家“中”和“时”的原则，在实际运用中不断被滥用，而演变为折中调和、见风使舵的代名词，这种人也就成了为孔孟所痛斥的那种“乡愿”式的人了。这也是我们在探讨儒家实践辩证原则时，特别要注意和警惕的问题。

整体关联、动态平衡、自然合理

中西哲学的差别，不是简单的形式上的差别，而是类型上的差别。要把握数千年的中国文化，就要懂得中国传统哲学的特点，即整体关联、动态平衡、自然合理，这样才不至于雾里看花、隔靴搔痒。

整体关联

中国人的思维方式非常注重整体关联。任何事物都不是孤立的，而是相互关联在一起的。

任何一个部分，都不能孤立到整体之外去，更不能用它来说明整体的问题。只有把部分放到整体里面去，才能正确认识它。部分在整体里面的任何变化，都会直接影响到整体；同样地，整体的变化也会影响部分的变化。

在古人心目中，不论有多少事物，不论现象有多么复杂，都可以用一个东西贯通，这就是“道”，唐宋以后也说“理”。可以说，中国文化就是“道”的文化，孔子讲“士志于道”，庄子讲“道通为一”，佛教华严宗讲“一即一切，一切即一”。我们要求道、悟道、证道、传道，用“道”来贯通一切。汉代河上公注的《老子》很有意思，他认为老子的很多道理，既可以用在治身上，也可以用到治国上。“论病以及国，原诊以知政”，就是说我们可以把对人体的认识运用到政治这个集体上，人体是“体”，集体不也是“体”吗？范仲淹以“不为良相，便为良医”为人生志向，早已成为千古佳话。

“君子务本，本立而道生。”在中国逐渐形成了一些根源性的典籍，除佛教外，中国本土的儒道经典有三玄、四书、五经，三玄是《周易》《老子》《庄子》，四书是《论语》《孟子》《大学》《中庸》，五经是《诗》《书》《礼》《易》《春秋》。这些典籍蕴含有天地人生的一些根本道理。传统上，一个人都是先通过这些经典打下全面的基础，不管最终着重研究什么，在某方面成就有多大，他要说明一个问题，往往会引经据典，也许有的在我们看来是牵强附会，但他认为都是从经典里得到启发而发展出来的。因此中国有这样一个传统，就是非常重视前人的研究成果，后人总是在继承前人的基础上发挥自己的思想，用古人的话说，这叫“述而不作”。事实上，后人有很多新的创造，把文化向前推进了一步，但他们不会说这是自己的功劳。

总之，中国古代不像现在有文史哲、政经法、农工医等复杂的分科，而是在一个学派里包含了各种各样不同的学科。近代一直在争论儒家到底是不是宗教，其实儒家既是宗教，又不全是宗教。贺麟先生就说过：“儒学是合诗教、礼教、理学三者为一体的学养，也即艺术、宗教、哲学三者的谐和体。”不仅是中国文化，从全世界来看都一样，源头上的文化不可能分得那么细。像柏拉图、亚里士多德等古代的学者都不只是某一学科的专家，他们都是通才。

动态平衡

中国文化强调中庸之道，为什么要讲“中”呢？因为“中”就是事物的平衡。如果失去了平衡，就会产生偏差。平衡就是适度，就是恰好，既不过，也没有不及。事物的平衡不是静态的、固定不变的，而是变动的、相对而言的。在这个时间地点取得了平衡，到了下一个时间地点又不平衡了，又得再调整，达到新的平衡，这就是动态平衡。比如中医认为，一切疾病都来自于身体阴阳的失衡，也就是偏离了中道。一个人的身体，由于内伤和外感，阴阳不断地处于不平衡的状态。有些外感是无法避免的，所以我们要注意调整自己的生活，以适应外界的各种变化，从而取得一个相对的平衡，这样才能保持身体的健康。

近代哲学家章太炎讲到，西方哲学关注的是物质世界，物质世界相对来讲是静止的，因此可以对它进行细致的、精确的、静态的分析；中国哲学关注人，人世间的事情是变动不居、瞬息万变的，不可能用静止的方法，而只能用动态的方法整体把握。近一百年来，我们都在用实证科学的方法来研究人文，而现在的情况有点倒过来，自然科学开始引进人文方法来研究，也关心整体关联、动态平衡，注重个体差异。

自然合理

中国文化主张自然合理。只有符合事物的本来状态才是最合理的，这就是自然合理。这里的“自然”，是指自然而然，是万事万物的本然状态。自然合理是中国古代科学思想的精粹，它强调一切都要合乎事物的本性。从大禹治水到李冰治理都江堰，指导思想就是顺其自然、自然合理。大禹治水，看到水总是要往下流，就疏通河流，让水能够顺畅地流下去，所以水就治好了。李冰看到水是波动的，就不用死的、硬的坝栏，而是用竹篓子装上石头，放在那里，随着水的波动，它也会起伏。汶川地震中，新修的钢筋水泥的水坝都震坏了，而沿用李冰方法用竹篓子装石头的地方却没有坏。顺其自然的思想，可以适用于一切方面，适用于人身，适用于社会，也适用于整个大自然。不顺其自然，人身会得病，社会会得病，大自然也会得病。大自然本身也在不断调整，我们要顺应它本身的发展趋势，帮助它取得平衡，而不是去破坏平衡。

尊重差异也是自然合理思想的典型体现。现实中的人和人是有差别的。荀子曾引用《尚书》中的“维齐非齐”来谈他对平等观念的理解，认为要达到社会的平等，就必须“非齐”；一味追求“齐”，结果可能反而是“不齐”。孟子说过“物之不齐，物之情也”，如果都按照同一个标准去对待的话，那当然就“不齐”了。究竟是“齐”还是“不齐”，不能只看表面现象。“维齐非齐”四个字背后蕴涵着自然合理的思维方式。先秦儒家讲“维齐非齐”，宋明理学家讲“理一分殊”，其根本精神指向是一致的。“等闲识得东风面，万紫千红总是春”，这是对“理一分殊”哲学思想的形象化表达。

在实践方面，自然合理就要顺应事物的本性，尊重事物的个性。自然合理的一个重要特点就是个性化，这跟现代科学的普遍适用不一样，它注重的不是普遍适用，而是如何符合这个事物的特性，反对用一个统一量化的标准去规定。西方近代的思维方式是科学合理，把普适性放在第一位，要普遍适用才是科学的。事实上，一切标准都是有其适用范围的。规则要在一定的范围内才普遍适用，离开了这个范围就不适用了，比如，牛顿的经典力学就只适用于宏观物体低速运动的情形。

客观世界是很复杂的，是整体关联、动态平衡的，要达到自然合理才能相对符合事物的特性。现代科学的发展也发现，越符合事物的本然就越合理。

拿得起、放得下、看得开

在一次课堂上，曾经有一个学员讲他学习国学后的体会，他说：学了儒家后拿得起，学了佛教后放得下，学了道家后看得开。我认为总结得很好。

为什么说学了儒家就拿得起呢？最根本的就是儒家敢担当，所以儒家要讲“国家兴亡，匹夫有责”，只有有了敢于担当的精神，才能拿得起。中国文化中最强调的是责任，孔子当年周游列国，到了卫国，卫国的君主就问他，我如果把国家交给你来治理，你从哪里下手？孔子说“必也正名乎”，首先要从正名入手，卫国的君主听了以后非常高兴。他说如果君不君、臣不臣、父不父、子不子，我连饭都吃不上，社会也不能安宁。我们要循名责实，考察干部就需要遵循这条原则，你担当什么职务，就要做合乎你职务的事，敢于担当。

那为什么佛教能够让人“放得下”？佛教的思想让我们懂得万物都是无常的，不是永恒的，这跟缘起思想有关系。佛教认为万物都是因缘而生，因缘而有，那么因缘形成的世界万物有什么特点呢？那就是无常。缘有聚也必然有散，因此一切事物有生，也一定有灭、有死，有聚一定有散，有会一定有离，这是缘起法的特点，没有永恒。所以对生命的贪恋和对外物的贪恋都是没有意义的，总有一天，你要撒手而去，什么东西都不属于你。人有生老病死，万物也是如此，就像沧海桑田的变幻。我们生存的环境也不是永恒的，它在不断地变化着，一切事物都是这样的。《金刚经》里讲“一切有为法”，所有我们看到的东西，人也好，物也好，在佛教里面都被称为“有为法”，“应作如是观”，就是应该这样来认识它。怎么样来认识它？是六个“如”——“如梦幻泡影，如露亦如电”，像梦境一样，像幻觉一样，像肥皂泡一样，像影子一样，像露水一样，像闪电一样。“梦幻泡影”是说它没有实实在在独立的主体和自性，在佛学里面就叫作“无我”；“如露亦如电”是指一闪而过，也就是无常。佛教的缘起理论让我们认识到整个世界是无我的、无常的，所以对物的执着也好，对自我生命的执着也好，都是我们烦恼的根源。用两句话来概括人们的问题，就是：“执取名相看不破，执我为本放不下”。所以要是人们有一天能够放下自我，就真正自由自在了。懂得了佛教的教义，就可以放下、自在。佛教的很多庙里都挂了一块匾“得大自在”。

学习了道，思想看得开。道家强调“道法自然”，以自然为准则，尊重事物的本来状况。它非常强调一个观念，叫作“知足”。道家讲每个事物都有它的天性和本性，本性规定它需要多少，满足它的需要就可以了，过了反而会损害它。道家强调自然合理，要合乎每个事物自然的状态，用我们现在的话来说就是要实事求是，注重个性差异。知足者把其他的东西看作是身外之物，不需要留恋，看得开。所以道家的思想对人生是非常有意义的。

所以人如果能够拿得起、放得下、看得开，这该是一个什么样的幸福人生。有的人是三样俱无，既拿不起，又放不下，还看不开，这是最痛苦的；有的人拿得起但放不下也会很痛苦。

解决人类三大矛盾的儒释道文化

在日常生活中任何一个人都离不开哲学，哲学是一种人生观、世界观。其实世界观最后也要落实到人生观，你对世界有一种什么样的认识，你的人生就会走一条什么样的道路。世界上的学问就是研究天、地、人。中国很早就提出了这个问题，《易经》里就提到天、地、人，讲的是天道、地道、人道，我们所有的学问其实都在研究这些。研究天道、地道和人道，归根结底是为了“人”。

“天”是万物的根源。有一句话叫“天生地养”，所以天地是生万物的。那么“天”由什么来生呢？是自然而然的生，还是由“神”来创造的呢？西方的文化，尤其是西方中世纪以来的文化，认为世界万物是由神、由上帝创造的，上帝不仅赋予了人类生命，还赋予了人类灵魂，是万物生命的来源。那么中国讲的生命来源是什么呢？也是“天”，但这个“天”不是神，而是阴阳二气。在东汉的时候有一个哲学家叫王充，他提出“天地合气，万物自生”。所以万物也是“天”生，但这“天”不是神，而是阴阳二气，气化而生，气变而死，这是一个自然的过程。这就形成了两个系统，一个是由上帝或神创造，一个是自然产生。印度文化里也有这两种说法。佛教产生前，印度主要是信奉婆罗门教。婆罗门教也是主张神产生万物，但它不像基督教是一神教而是多神教，以为世界是多神创造的，这些神创造了世界的这些方面，那些神创造了世界的那些方面。甚至还有这样一些说法：有的神创造了世界，有的神维护了世界，有的神破坏了世界，这才有生生死死的变化。婆罗门教认为这个世界并不是创造出来就不动了，它会变化，需要维持，又要有变化和死亡，所以它把神分成了几大类。公元前6世纪出现了佛教，佛教是反对神创造世界的。佛教里面有一个理论叫“缘起论”，讲万事万物都是缘起，因缘而生、因缘而有，也因缘而死、因缘而无。它与中国的自然生万物有相同的地方，但也有差别，佛教的缘起强调事物之间的必然联系，而中国自然生万物的观念则比较重视生命的偶然性，“物偶自生”“万物自生”，但总的来讲都是反对神创论的。

再讲讲“地”。“天生地养”，万物都靠“地”养，尤其是我们的生命，植物也好，动物也好，人也好，我们没有“地”怎么来生存？怎么来长大呢？所以整体来讲，我们研究的学问就是在研究“天”“地”“人”，而研究“天”和“地”归根结底也是为了“人”，“人”要依靠“天生地养”。我们对世界的认识如果仅仅是为了认识世界而认识世界，我想这是没有意义的。我们认识世界是要让它为我们人类服务，让我们活得更加健康。只有明白了天地之间的变化，然后去适应它的变化，我们的生命才会健康，才更加有意义。

所以我讲哲学是有关人生观、世界观的学问，我们认识了这个世界是什么，也是为了让我们的人生更有意义、活得更健康。

我们人类在这个世界上碰到最多的三个大矛盾就是人与自然的关系、人与社会的关系、人与自己身心的关系。我们想一想，我们的三大文化体系不恰好应对了这三大矛盾吗？

道家的思想就可以解决人与自然的关系。在中国道家思想里，自然的概念不是指天地万物，而是指事物的本性，只要我们尊重自然的本性，去适应自然的环境，就不会跟自然形成矛盾和冲突，也不会危害到我们生存的环境，这不就是处理好人与自然的关系吗？道家认为人的生命要活得好，必须要顺应自然，顺应事实，顺应日夜，这是最基本的一条。据说，现在《道德经》在全世界翻译的语言种类之多仅次于《圣经》，在欧洲的一些国家像德国、法国，他们的学生和公民对于《道德经》的了解可能比不少中国人还多。

儒家的思想其实就是来解决人与社会、人与人之间的关系，解决的方法就是反求诸已、反省自我，不要怨天尤人，这也很契合我们现在讲的这个问题。

现在还有很突出的一个问题，就是人的身心矛盾，或者叫灵肉的矛盾，这个问题相当严重，所以现在心理学也越来越被人们重视。人的心理问题要从根本上来解决，佛教为我们提供了这方面的资源。

中国的文化是内向的，一切都往内，在天、地、人中间找人的问题，在人与人之间找自己的问题，在自己身上找自己的心，一层一层地向内，不是一层一层地向外。西方文化就是向外，比如身心的问题主要是去找身体的问题。再比如治理环境的问题，现在的思路就是把它当作外在的，不从人本身去找根源。人的贪欲不灭，这个自然就永远治不好，这边在治那边又在破坏，所以西方的思路是向外。我们是向内，这是思维方式上的差异。价值观念上的差异其实也就是哲学的差异，哲学是文化的核心。学点哲学对我们的人生是很有意义的，对问题能够看得更明白、更透彻，所以不要把哲学看成是神秘的、空洞的。

中国的学问还强调要有所受用，要知行合一。中国哲学一个重要的品格就是实践性，不是空谈的。过去的人有没有空谈的？有。我们历史上很多的理学家，走着走着就走到空谈了，但是解决不了实际问题。实际上中国的哲学强调“内圣外王”，内圣就是提高我们的素质，做内圣的功夫，提升自己要成圣，成不了圣也要成贤，成不了贤也要成人。人跟动物的差别很小很小，一不小心就变为禽兽，所以学习首先是要学习做人，人做好了还要进一步提高，成贤成圣。另一方面，还要做出事业来，做出事功来，叫外王，王就是指事功、事业。你不光修养好了就行，还要做出事业来，外王与内圣是结合在一起的。

《大学》里提到格物、致知、诚意、正心、修身、齐家、治国、平天下。前面的功夫就是做内圣的功夫，“格物致知，诚意正心”，把这个心正好，然后落实到自己身上来改变自己的气质和心性，最后落实到齐家、治国、平天下，做出事功来。

所以中国的哲学一定是知行合一的，《中庸》为我们指明了问学的过程，就是“博学、审问、慎思、明辨、笃行”。要广博地学习，然后能够提出问题，还要思考，还要有明辨，最后笃行，实实在在地落实到行动上面去。所以中国的哲学不是空谈，不是虚谈，而是能够落实的，能够变化气质、改变心性、提升素养的。

第四章　中华文化　世界共享

重建礼仪之邦

文明是相对于野蛮来讲的。人类脱离野蛮，走上了文明的道路，是一段很漫长的过程。什么是文明？用文来阐明人类，这才叫文明。“文”就是“纹饰”，人类经过了自我的觉悟、自我的装饰脱离了野蛮，所以文明就是“以文来明”。文化就是“以文来化”，用人类自己觉悟到的东西来提升自己，不让自己像动物一样野蛮。

文化建设是一种软实力，但它恰恰又是一种最硬的实力，是一个国家强大的根本基石。其实一个国家的强大，并不在于财富的多少，不在于军事的强弱。国家要实现真正的强大，最终要落在文化的强大上，要落在国民的文化素质上。文化对于一个国家的复兴，实际上是最关键的。通过文化，让我们的国民都走进一个高度文明的时代，才能够使我们的国家自立于世界民族之林。中国过去受到世界人民的尊重，就在于我们是一个礼仪之邦，而礼仪代表了文化发展的高度和深度。

在中国的传统文化中，我们经常会讲儒释道三教。隋唐时期基本上形成儒释道三教格局，其标志性事件就是唐玄宗亲自选注了三本书。第一本是《孝经》，它是儒家的经典，百善孝为先，孝是构建儒家思想的一个核心概念。第二本是《道德经》，老子的《道德经》是道家的经典著作。第三本是《金刚经》，佛教的经典著作。这些形成了中国社会以三教为传统文化基础和核心的结构格局。唐以后，这三本著作构成了中国文化中相互配合的一个结构，同时也说明了中国文化始终是多元包容的一种文化。在传统文化中，儒释道三教“你中有我，我中有你”，各自都吸收了其他两者的很多精华来丰富自己、发展自己，同时又都保持了自身的根本基因，各自的特色基因又可以相互配合，所以历史上有这样的说法：“以儒治世，以道治身，以佛治心。”这其实阐述的是人与自然的关系、人与社会的关系、人自身的身心关系。

那么，如何将儒家文化跟社会问题相结合？儒家文化深深地扎根在我们日常的生活中，特别是跟政治制度的构建息息相关，所以当近代国人想要改变政治制度的时候，首先碰到的问题就是如何来认识儒家的政治理念。戊戌变法失败，辛亥革命也没有能够真正地成功，都需要反思阻挡政治制度革新、革命的根源。新文化运动就追溯到了这个根源，把矛头直接指向儒家文化，因为它是构建制度文明的一个基础，其根本理念是血缘宗法，这个理念跟西方文化中生命的理念是完全不同的。中国文化是按照自然血缘的关系来构建伦理道德的，所以要彻底否定这种血缘的联系，就要彻底地破除儒家文化，因为儒家文化是构建社会制度的理论依据。当时的革新派最著名的论断就是礼教是“吃人”的。礼教之所以“吃人”，就是因为它让每个人安分守己，不能超越各自的身份。但是儒家礼教如果被彻底否定了，人们就没有约束了，可以想怎么说就怎么说，想怎么做就怎么做，这也是不行的。所以在今天，如何评价儒家文化在社会生活中的正面作用和社会意义，是值得深思的问题。

我认为，我们今天应当重新认识礼教。首先要知道，礼是因何而起的。孔子提出的仁学，它的根本就是要恢复礼。孔子说："克己复礼为仁。"他倡导的仁，不是简单的爱人、恻隐之心等，最根本的问题是要能够管住自己，让自己的视听言动都合乎礼仪，"非礼勿视，非礼勿听，非礼勿言，非礼勿动"，这才是仁，是孔子提倡的仁学的核心。复礼的核心有多方面，其中之一就是要自制，自己认识自己，自己克制自己，自己管理好自己。那礼是因何而起？礼里边究竟包含了哪些方面的内容？荀子的《礼论》作了阐释："人生而有欲"，人生来就是有欲望、欲求的；"欲而不得则求"，人的欲望得不到满足，就要去求；"求而无度量分界，则不能不争"，在求的过程中如果没有限度的话，就会贪得无厌；"争则乱，乱则穷"，这个社会就不安定了，礼是因此而被提出的。

对于礼要解决的问题，荀子讲得很明白。礼是"养人之欲，给人之求"。滋养人的欲求、欲望，满足人们的需求。再进一步，荀子讲得更深刻了，礼的这种规定，要达到一种什么结果，"使欲必不穷于物"，让人的欲望不至于穷尽了物，同时"使物必不屈于欲"，所以礼的作用是使欲和物之间达到平衡。物、欲处于一个强劲的对抗关系，而礼的制定，就是要"使欲必不穷于物"，又"使物必不屈于欲"，把物和欲两者的关系处理好，这才是礼的根本。它不是一个简单的伦理说教、道德说教，而是要解决现实的社会问题。所以荀子对礼的起源的考察以及对其深刻意义的分析，我认为非常重要。这是儒家文化对当今世界的一大贡献。礼是“养人之欲，给人之求”，能够让我们每个人的欲求都得到适宜的、合乎身份的满足，它并不是一个我们想象中的一种抽象的道德说教，所有的道德设计、伦理关系的设计，都是为了让整个社会的资源、财富，能够有一个持久的延续，来满足人类的需求。所以荀子反复强调，人对于自然资源一定要开源节流，对于自然资源的利用一定要有长虑后顾，不能够只看到眼前，要长久地思考，要顾及以后的情况。由此可知，礼起着多方面的作用，特别是起着维护社会和谐有序稳定的作用。

礼的核心就是每个人要认识自己的身份，叫作明分。荀子有个非常重要的思想叫作“明分使群”，明了分，这个群的力量就发挥出来了。礼就是要我们每个人能够认识到自己的身份。所以，礼教也往往被叫作名教。确定身份以后，大家按照要求，按照自己的身份去尽自己的职责，所以儒家的思想体现了一种担当的精神。在礼的文化里，就是要调配好各个不同的身份，然后再来分配好各种各样的资源，让大家能够合理地、恰如其分地满足欲求的需要，而要做到这一点，就要明分，让每个人都有一个对自己的认识和认同。

在礼文化中，还有很多的内容。《礼记》里边讲，“礼者，大报本也。”礼，要用来报本，做人不能忘本。《礼记》和《荀子》明确告诉我们，礼有三本：第一个本，“天地者，生之本也。”天地是一切生命的本，是中国文化的根本。在中国文化中，天地万物和人都是自然而然生的，是“天地合气，万物自生”的。天地生万物，有各个种类，我们认同的是一种群体的生命，每一类生命又都有它自己的前后联系、源头，我们不能忘记这一族类的源头，那就是祖先。“先祖者，类之本也”，先祖是我们这一类的本，这是第二个本。第三个本是“君师者，治之本也。”君和师是人类管理好自己的根本，简单来讲就是君师通过教育帮助我们认识到自己是什么样的生命。这三本就形成了传统文化中的最核心的信仰观，甚至信仰对象——“天地君亲师”。概括起来就是八个字：敬天法祖、尊师重道。所以中国人敬畏天地，敬畏祖先，敬畏师长、君师，我们用各种各样的仪式、各种各样的祭祀来表达我们的不忘本，我们强调的是人在做天在看，我们做什么事情都要上对得起祖宗、下对得起子孙，中间还要对得起自己的良心，也就是“天地良心”。儒家文化在建立信念方面体现得非常坚定，让我们坚信这个世界就在现实中，这个世界是自然而然生成的，这个世界是靠人自己去维系的。

儒家思想包含了深刻的报本思想、敬畏思想。礼者，敬也。敬是要尊敬他人、敬畏他人，也要尊敬自己、敬畏自己，还要尊敬你的事业、敬畏你的事业。孔子在《论语》里面讲“祭如在，祭神如神在”。诚信则神。所以中国人的敬是出于内心的敬。“敬以直内，义以方外”，用敬来规范自己的内心，用义去规范外在的行为，这是《周易》里边的话。中国人的敬是强调内心的敬，外在的形式只是来表达内心的敬。儒家文化都是向内的、反躬自问的、为仁由己的，它不用外在的东西要求人。

礼是言行的规范，但它不是强迫性的，而是在生活中习以为常的，这在西方的法律理论里称为习惯法、自然法。生活中自然而然形成的习惯确确实实是一种规矩，它要求我们自觉地去做，而且因为它在人们生活中已经形成习惯了，所以大家做起来并不知道自己是在遵守某一种法。《论语》里面还有一句重要的话，叫作“礼乐不兴则刑罚不中”，意思是如果大家连一点自觉遵守礼乐教化的理念都没有，那么强制的法就会有各种各样的漏洞可以钻。“礼乐不兴则刑罚不中”，这就是“道之以政，齐之以刑，民免而无耻”，而“道之以德，齐之以礼，有耻且格”。礼令人人都有羞耻心，人人都知道这个不该做、那个不该做，而且行为都规规矩矩、方方正正的，这就是礼和法的差别。我们过去讲刑德并用，礼法跟刑法是不同的，我们讲的礼法，是各种规矩，所以礼里边隐含了法的内容，需要我们遵守。清代有一位学者叫陆世仪，他就针对当时的家庭教育重法不重礼的问题，发表了一番言论。他说：“法使人遵”，法是让人去遵守；“礼使人化”，礼会使人发生变化；“法使人畏”，法使人畏惧；“礼使人亲”，当我们每个人都明白了要自觉遵守这些规矩，人与人之间的关系一定是非常亲密的。所以我们不要忘记礼里边重要的内容，除了宗教信仰的问题，还有日常生活中的习惯法、自然法。更重要的是，通过礼的教育，能形成一种良好的社会风气，大家都懂得要尊老爱幼、童叟无欺、诚信做人。通过礼教，构建良好的社会习俗。法国启蒙运动思想家孟德斯鸠在他的著作里有一句话：“有良好习俗的社会，它的法律是简单的。”这句话是真理，这是礼的又一个重要内容。

再有，礼告诉我们很多的仪式性的东西。礼教的内容是十分丰富的，有宗教信仰，有法律内容，有社会习俗，还有礼仪形式。荀子还指出礼里边最核心的就是人的自我认识，在天地之间、在万物之间，只有人是能够跟天地相并列的、能参与天地变化的，其他物种都没有这个能力。他有一句话叫“天有其时，地有其财，人有其治，夫是之谓能参”，所以人跟天地可以并列。人有其治，管理万物，治理万物，人有这个能动性、主动性，所以人就可以跟天地相参。人认识到自己的位置，就必须管住自己。《荀子》里边反复强调，人不能够代替天职、天功。荀子提出“明天人之分”，你的身份可以参与治理，但你不是生万物、养万物的，你只是参与治理，掌握天地运行的规则、天地运行的趋势，然后去管理它、去推动它，让万物得到更好的发展。过去我们为了迎合西方的文化，说中国文化也有人定胜天的思想，就拿出荀子的话来证明，这是不对的。荀子是让我们明白天的职能和人的职能有所不同。人不能代替天的职能，但是人可以去了解天的职能，去帮助它向好的方面发展。在《礼记・礼运》里，有这么一句话：“人者，天地之心也。”人就是天地的那颗心，人心一动，天地就跟着变化，这就是为什么张载“四句教”里面第一句话就叫作“为天地立心”。

儒家的文化首先让我们认识到人自身，人应该有分辨的能力，应当明白自己的身份，应当遵守自己的身份，按照自己的身份要求去做，这样才能够达到社会的平衡、和谐，所以礼教不是简单地限制我们。中国的文化恰恰告诉我们，人与人之间是脱离不了关系的，种种关系把人跟人联系在一起。我们做什么事情都不能只为自己考虑，而要在一个群体中考虑，特别是要为子孙后代考虑。礼教内容丰富，我们今天应当重新认识礼，它不是一个抽象的、简单的伦理说教，它能帮助我们维护社会秩序、维护社会人群的需求和欲求，维护人与天地万物的和谐关系。礼教力量是非常强大的，孟德斯鸠讲道，在世界历史上能看到一种现象，就是征服者改变了被征服者；可是在中国，我们看到的不是这样，我们看到中国的历史，往往是征服者被被征服者所改变。如果梳理一下中国历史，我们的文明就是在这样一种环境下不断地提升。

从野蛮走向文明是要经过很长的历史过程的，文明的力量也就体现在文化的力量上，它能像春风化雨似地润泽万物，让它慢慢受到滋养以后，茁壮成长起来。我们要对中国传统文化中最核心的思想有清醒的了解，然后才能够对它有信心，才能够坚守这样的文化主体，才能够广泛地接纳各种各样外来的文化滋养自己、丰富自己、发展自己。所以我觉得今天重新认识儒家文化，有很多丰富的资料和资源值得我们吸取。所以，坚持文化的主体精神，坚持文化的自信，非常重要。我们要重新振兴中国传统文化，让世界人民看到我们是礼仪之邦，这样才能使我们的国家真正强大起来。

与“武化”相对应的“文化”

在中国古代，“文化”这个词是跟“武化”相对应的。所谓“武化”，就是以强力或武力来制约、规范人的行为，让人们服从某人的意志，服从某种行为规范。“文化”是通过礼乐的教化，让人们遵循做人的行为规范、社会的行为规范。后来“文化”的概念扩大了，但儒家最重视的还是通过礼乐教化来使人们懂得做人的道理，达到道德上的自我约束和自我提升。所以，礼乐教化也可以说是整个儒家文化的核心。

儒家文化的礼乐教化

中国的儒释道跟西方宗教的概念完全不同。西方宗教里面讲的神与人是完全不一样的。神不仅造了天地万物，还创造了人，是造物主。这点在基督教最明显，每个人都是上帝创造的。上帝是全人类的父亲，人永远在神的统治或者保护下生存。

中国文化中的神不是这样。佛是什么？佛是觉悟了的人。菩萨是什么？是觉悟了的“有情”。道教讲“仙”，“仙”是什么？“仙”是“山人”，也是修炼而成的人。儒家拜的是圣人，圣人是谁做的？是人做的。我们现在一讲到对神的信仰就认为是一种对超自然的崇拜。这种说法用于西方的神没问题，自然都是神创造的，神在自然之上、在自然之外。中国文化的神却是在自然之内，在天地之间的。我们的雷公也好，风婆也好，雨师也好，都是在天地之中的自然现象。山有山神，河有河伯，都是在自然之中的，哪是超自然的神？还有一类，是跟我们生活密切相关的，天天离不开的。比如我们天天要进门、出门，于是有门神；天天要做饭，于是有灶神。再有一类，就是刚才讲的，觉悟了的人是佛，修炼好的人是仙，道德高尚的人是圣，也都是人。所以中国文化中的宗教与西方文化中的宗教是不一样的。

30 年以前，我如果发一个表，让在座的人填写宗教信仰，恐怕都会写“没有宗教信仰”。现在情况有变化了，但西方人还是认为中国人没有宗教信仰。在西方人的心目中，没有宗教信仰，那就意味着一个人是没有约束的，可以胡作非为，是不可信任的，是可怕的。其实这是他们对中国文化、中国宗教的特点了解不够。

20 世纪 40 年代，我的老师贺麟先生讲到，儒家文化是一个综合性的文化，是一个诗教、礼教、理学合为一体的学问。其中，诗教也就是我们后来的乐教，相当于艺术教育，礼教就相当于宗教教育，而理学就相当于哲学教育。

“礼”是让我们辨明社会中每个人的身份，明白与这个身份对应的责任和义务，然后按照所应当承担的责任和义务去做人、做事。人是一个有组织的群体，儒家的荀子把人跟动物作了两个方面的比较。首先他把整个宇宙的天地万物作了一个简单的分类，分成四大类。一类是水火，水火就是一股气，没有生命，所以水火是“有气而无生”。第二类是草木（植物），草木“有气也有生”，但没有“知”，就是没有感觉、情感。第三类是禽兽，禽兽有知觉，有情感，“有气有生亦有知”，但无“义”，就是不知道自己什么该做、什么不该做，它的一切都是受自然支配的。只有人，“有气有生有知亦有义”。正所谓“义者宜也”，“义”就是告诉你什么该做，什么不该做，应该走什么样的路。孟子在讲到“仁义”的时候说：“仁者，人心也；义者，人路也。”“仁”是讲人心的，要有爱心、恻隐之心等，“义”就是告诉人走正路，不走邪路。做事要适度，既不“过”，也不要“不及”，这就是“义”。

荀子还说：“（人），力不若牛，走不若马，而牛马为用，何也？人能群，彼不能群也。”荀子提到的这个“群”的概念，就是我们常常讲的人的社会性，人是社会性的动物。

在这个有社会性的群体中，有各种不同身份的人。儒家用什么词来表达呢？就是“伦”。“伦”是类的意思。人是分成不同类的，人伦就是探讨社会中人与人的不同关系，所以儒家推崇“礼”，进行“礼”的教化，最终目的是要达到让我们每个人都能“明伦”，即明白自己是属于哪一类的。孔庙中有个大殿，上面挂着一块牌子，叫“明伦堂”。这就是儒家礼教的根本目的，让我们每个人都能“明伦”。儒家强调从自己做起。怎么从自己做起？就是每个人都要明白自己的身份或者“名分”。礼教最后就是给你确定一个“名”，因此在历史上也称为“名教”。

礼教即“名教”。

儒家把人与人之间的关系分成五大类：君臣、父子、夫妇、长幼、朋友。“明伦”就是要明这五伦，明白社会中人与人之间的这五种关系。这五种关系里面的每一个身份都有它的职责，做父母的有父母的职责，做子女的有子女的职责，等等。通过礼的教育，使每个人明白自己的身份以及这样的身份应该承担的职责，自觉地实践自己的责任和义务。如果每个人都能尽伦尽职、尽分尽责，我们的社会就有序了，就和谐了，就安定了。

礼教或“名教”有没有约束作用？当然有，而且有很强的约束作用，让你自觉去约束自己。如果有人想不受这个约束，觉得这种约束压制了他的个性，那么这个礼教在他心目中就可怕得很；可是当他认识到“礼”是让他懂得怎样做人，因而自觉地遵循礼的规范时，他在这个范围内是可以“从心所欲”的。

我觉得，今天我们应重新反思儒家的礼乐教化，把新文化运动时期礼教“吃人”的概念重新梳理一下。是不是礼教只有“吃人”的一面？礼教是不是还有让我们真正懂得怎样做人的道理在其中？今天我们是不是应该教育人们要恪守本分，各尽其职，尽分尽责？当然这个职责的内容是在变化的，但这个原则是没有问题的，我们不能因为内容的变化就说这个原则也要舍弃。此外，由于人的身份在不同时空环境中是不断地在变动的，比如，一个人上有老下有小，那么，在父母面前你就是子女身份，要尽子女的职责；而在子女面前你就是父母身份，要尽父母的职责。所谓的尽伦尽职、尽分尽责，是针对你当下的身份而言的，并不是把你定死在一个固定的身份上，永远不变。

人生就那么严肃地过一辈子吗？在“礼”之外，还有“乐”的教育、诗的教育。中国古人讲“礼者别宜”“乐者敦和”（《礼记·乐记》），二者是相辅相成的。礼是用来分别的，而乐的核心是和谐，包括天地的和谐、人与人之间的和谐，乃至个人身心的和谐。在乐的教育（艺术教育或者美育）里，也包含礼教所要传播的很多观念。艺术很讲究相互配合。一首好的音乐，一定是各种音色的配合；各种不同的音色，快慢节奏、高低声音，配合得好，这首乐曲才好听。一幅画，远近、浓淡、高低配合好，才能是一幅美丽的画。所以在艺术的实践活动中，就会让我们懂得人与人之间应该怎样相处、怎样配合。我经常讲，艺术对人生的教育与提升是非常重要的。我们不要只是欣赏艺术，更要参与、实践艺术，培养多方面的艺术爱好。通过艺术的实践，我们可以更加懂得如何处理好各方面的关系。所以乐教和礼教是紧密相连、紧密配合的，如鸟之两翼、车之两轮。

我们这里讲的“儒家礼乐教化”，也可以说是从儒家的宗教教育、艺术教育这个侧重点去讲的。礼乐的教化在儒家的思想中，是密不可分、缺一不可的。

礼教的现实意义

儒家的礼教在今天也还是很有意义的。通过各种各样的礼仪活动传播一种价值观，实现对人的教化，这是各种宗教普遍的做法，中国儒家的礼教也采用了这种做法。在民间，从满月、百日、周岁就开始，亲朋好友都来见证孩子来到这个世界。真正的“礼”是从“冠礼”开始的，“礼始于冠”。“冠礼”就是成年礼。成年了，你现在对自己、对家庭、对社会，都是有责任的，你不再是一个孩子，你的一言一行、一举一动都要对自己负责，对家庭负责，对社会负责，这就是“冠礼”的内容，不是大家吃喝一顿就完了。“冠礼”也给予你做人的尊严。所以古代在“冠礼”的同时还要请一位德高望重的长者或师长给他取一个字（原来他只有名，现在要取一个字），从今以后，跟他同辈的人、比他小的晚辈，都不能直呼其名，而要称他的字，以示对他的尊重；他自己也要意识到，不能像没成年那样胡来了，肩上有了责任和义务。

更被重视的是婚礼，“礼本于昏”。结婚意味着今后你不仅要为自己考虑，还要为对方考虑。不仅要为自己的家庭考虑，还要为对方的家庭考虑，同时负有对后代教育的责任。要上对得起祖先，下对得起子孙。所以，婚礼实际上是非常隆重地告诉双方，你们的身份变了，你们的责任变了。

被高度重视的还有葬礼和祭礼，“重于丧祭”。葬礼就是亲人的过世之礼。特别是自己的父母过世，从你在父母的怀抱到你自己能够独立地行走，大约需要三年，所以守丧也要三年，这个三年是虚岁的三年，实际上是两年，以报父母养育之恩。

然后是祭礼，祭礼是追溯自己以往的祖先。甚至于再扩大，那就不光是祖先了，还要感恩让我们能够生存的天地万物。因此祭礼也是不忘本的意思。丧礼是“慎终”，慎重地对待去世的人，慎重地对待生命的终结。祭礼是“追远”，提醒我们不要忘掉祖先。如果人人都能够做到“慎终追远”，不忘本，心怀感恩，那么民风就不一样了。因此《论语》中有“慎终追远，民德归厚矣”的说法。

总之，礼教的目的，就是让我们懂得做人的道理。这个道理不是靠外在的力量，而是靠我们每个人的自觉，即“为仁由己”。

与礼密切相关的“仁”的概念也值得进一步阐释。“仁者爱人”。“仁”就是一个人具有同情之心、恻隐之心，但是“仁”更重要的含义是对自己的约束。孔子主张通过“礼”的教化，培养一种“仁”的品德。《论语》中有上百处对“仁”的解释，最重要的就是孔子说的：“克己复礼为仁。”其具体的内容是：“非礼勿视，非礼勿听，非礼勿言，非礼勿动。”这不就是自觉的问题吗？所以“仁”是让人自觉地遵守道德规范。儒家非常强调人的主体性、能动性，你的德行如何，由你自己决定，不是靠外在的力量。《尚书》里面有一句话：“皇天无亲，惟德是辅。”皇天不管你是否与我亲近，你有德，我就帮助你；你没有德，我就不帮助你。德是根本，“仁”就是道德的自觉，一种懂得“自爱”的道德品质。

顺便说一下，佛教之所以能够在中国扎根、开花、结果，其中非常重要的内在因素就在于佛教也是强调自力解脱，强调用自己的智慧去觉悟人生，扫除无明，看清我们现象世界的本质（那种缘起性空的道理），从而超越自我。《涅槃经》里佛陀告诉他的弟子们，要“自作明灯”。就是你们不要依赖别人，要以戒为师，以法为依，依法不依人，自己做照亮通向觉悟道路的一盏明灯。正因为佛教具有这样一种内在的价值观念，所以跟中国的文化非常契合，最终走入了中国传统文化的主体结构（儒释道三教乃中国传统文化的主体）。

儒家礼的教化还有一个重要目的就是培养人的敬畏之心。有所敬畏，就不能胡来；没有敬畏，就可以为所欲为。“人在做，天在看”“举头三尺有神灵”。至于这个神灵是谁，在每个人的心目中可以不同，但是都要有所敬畏。哪怕你敬畏的就是自己的良心，哪怕你说我要对得起子孙后代，也是敬畏。

我想我们明白了这样一个道理，就会看到儒家的礼教在今天也还是很有意义的，但是我们不要把它等同于西方的宗教。我们的礼教就是我们的宗教，我们的理学就是我们的哲学，我们的诗教、乐教就是我们的艺术教育。

君子：中国文化里的“绅士”

君子的意义

君子是中国文化的一个重要内容。“君子”一词很难界定，勉强对应西方文化中的绅士（gentleman）。现有的研究表明，君子一词出现在儒家之前，或者说在春秋之前，主要是指社会的掌权者、当权者，后世也有在这个意义上使用的，如“无君子莫治野人，无野人莫养君子”(《孟子·滕文公上》)。我们都希望社会的管理者是像样的君子，这里面带有一定的文化素养或者道德含义，因为中国历代文化都强调统治者作为一个民族的表率，要引导社会、引导民众，通过教育来化导民众。君子既是一位统治者，同时在某种意义上讲也是一名教化者。《礼记·学记》开篇就讲“建国君民，教学为先”，就是说建立一个国家、管理一个国家，要把教育放在第一位；通过教育来教化民性，改变社会的风俗；通过教育达到“化民成俗”，形成良好的社会氛围。虽然君子是在上位的统治者或管理者，但这主要是指社会地位、身份的不同，是相对于小人、野人来讲的。孔子以后，君子的概念发生了比较大的变化，君子从社会地位的标志转变为生命品格的标志。孔子主要从道德理念的角度给“君子”做了一个规定，这在以后的中国文化中形成了主流。君子跟小人的差别主要是在道德上、品格上，是学养、德行的分别，这是一个很大的变化。

在中国文化中，还有两个词与君子含义相关，一个是“士”，所以我们有时候说“士君子”；再一个是圣人。后来荀子给这三个概念作了相当明晰的解释，他说“好法而行，士也”（《荀子·修身第二》）。这个“法”既包括理也包括现在讲的法律。遵循一定的规律办事，侧重于从现实的做人做事方面来实现和遵守“法”。荀子接着讲，“笃志而体，君子也”（《荀子修身第二》）。笃志，是指实实在在去做，特别强调君子的志向坚定，“体”就是实践，身体力行。所以君子既有远大的、坚定的志向，又能够很实在地去实践，也就相当于《中庸》里所谓“博学之，慎思之，审问之，明辨之，笃行之”。“齐明而不竭，圣人也”（《荀子·修身第二》）. “齐明”就是对各种各样的道理都非常清楚。对天地人之理都看得很清楚，而且没有停止，不断向上、不断探索，去认识世界、认识人生，这就是圣人。荀子给“士”“君子”“圣人”作了相当清楚的定义，有三个层次，圣人是最高的。其中一以贯之的是，士、君子、圣人都是遵循做人的根本道理，遵循社会理法去做的，而且要坚持不懈不断地提升。君子和圣人的差别在于，圣人更理想化一些，所以孔子讲自己算不上圣人，圣人只可能是少数，不可能人人都是圣人。当然，从道理来讲人人都可以成为圣人，可是真正能够流传千古的圣人，那绝对是少数，圣人更理想、更完美。君子却是我们在现实生活中可以达到的道德楷模，所以君子更现实、更实际，我们达不到做圣人的标准，但是可以做一个君子。总地来说，君子、圣人都是德行上的楷模，所以我们用“博雅”来形容君子最恰当，所谓“博”就是学识丰富，“雅”就是品行端正。要做个君子就要学识丰富，品行端正，博雅两个字是君子所要具备的基本素养，因此君子也称作“博雅君子”。

君子的社会作用，首先是引领社会风气。“君子之德风，小人之德草，草上之风，必偃”（《论语·颜渊》），就是说君子的德行像一阵风一样，小人的品德就像草一样，风往哪儿吹，草就往哪儿倒。君子起引领的作用，是社会正能量的体现。要做个君子就不能赶时髦，赶时髦是会丧失某些气节的。君子要成为一个社会的引领者。宋代的张载在《正蒙》里面说，“君子于民，导使为德而禁其为非”（《有德篇》），就是指君子引导民众按照社会的德行前进。引领就必须以身作则，自己要先做到。“身教胜于言教”，君子能够以身作则地身教，所以说“君子不出家而成教于国”（《礼记·大学》），“不赏而民劝，不怒而民威于铁钺”（《礼记·中庸》）。君子不用出门就可以使国家的百姓受到教育，就因为他身体力行，做出榜样，以自己的行为教育大家。

君子的另一个职责是传承文化。文化的传承靠君子来延续，社会上如果没有专治于文化传承的人，那这种文化就会中断。文化在不断地前进，不断地发展，不断地变化。随着时代的变化，文化的内涵和形式都会发生各种各样的变化，但是文化的根本精神不能放弃，这要靠君子来传承。我们要传承传统文化，并不是要大家拘泥于外在各种各样的形式，而是要把文化的灵魂和精神的东西传承下来。

君子的德行

作为一个君子要具备什么样的品德？古人对君子要求很多，有一个字的要求，有两个字的要求，有三个字的要求，有四个字的要求，等等。一个字的要求就是“孝”。百善孝为先，这跟中国文化是有密切关系的。西方文化把孝归为对上帝的敬，因为所有的人都是上帝的子孙，都是上帝所生的。中国文化讲天地生万物，万物包含人类，人类有人类的祖先，所以我们要孝我们的祖先，最直接的就是我们的父母。孝是中国文化的核心，与中国人的生命观是有密切关系的。生命是父母赋予的，所以要报答父母；父母要养育、教育子女，子女就要孝顺、敬重父母，这是相互的关系，是一种自然的关系，不是强制的、强迫的。魏晋时期，王弼对孝作了非常好的诠释，他说“自然亲爱为孝”（《论语义疏》），父母子女之间就是自然亲爱的关系，孝是一种自然亲爱的伦理。相比于西方文化，中国的传统文化更强调职责，强调尽伦尽职，教导人们通过礼乐教化明白自己的身份，然后按照自己的身份去尽自己的职责。过去我们都讲孝首先要光宗耀祖，认为这是孝的最充分的体现，让父母能够在大众面前露脸，被称为“大孝”。“大孝尊亲”（《大戴礼记》），让父母得到社会的尊重，得到大家的认同。“其次不辱”（《大戴礼记》），不能给祖先争光争彩，至少不能让父母受到社会的羞辱。“其下能养”(《大戴礼记》),赡养父母是孝里面最低的要求。所以孝有三：大孝尊亲，其次不辱，其下能养。

两个字的品德是诚敬。南宋的朱熹曾经讲过，为人行事，诚敬二字，做人做事把握这两个字就可以了。诚者勿自欺，勿妄为，不要自己去欺骗自己，不要妄为，想怎么做就怎么做。敬是不怠慢、不放荡，我们要敬畏别人，也要敬畏自己，同时也要敬畏所从事的事业。一个人如果能够根据这两个字一生这样做，就是“君子人与？君子人也”(《论语・泰伯》)。有人问孔子，人做到这样，是君子吗？孔子答曰，当然是君子！勿自欺、不妄为、不怠慢、不放荡，这个人就具有君子的品德了。

三个字是智、仁、勇。智、仁、勇三个字的含义，我们现在理解得比较肤浅，一般以为智是有智慧，仁是爱人，勇是勇敢、勇气，其实不然。《中庸》对这三个字作了非常深刻的诠释：“好学近乎知”，作为一个君子就要好学，不断地学，学无止境，不断上进，只有学习才能不断上进。仁，也不是我们一般理解的“爱人”而是“力行近乎仁”，要踏踏实实地去做才是“仁”。至于勇，“知耻近乎勇”，懂得羞耻的人才可称为勇。真正有勇气的人是能够发现自己的错误就去改正的。具备智、仁、勇三德的人才能成为君子。

四个字是礼、义、廉、耻。一个君子最基本的应该是守礼。守礼，就是做自己身份该做的事，每个人在社会中都有一个身份，这不是指地位，而是人在社会家庭中间的身份。儒家讲的“五伦”是礼的一个非常重要的内容。父子、夫妇、长幼、朋友，这都是自然的关系，无法逃避。守礼就是按照身份做该做的事情，就是尽分尽责。义，就是明确该怎么做，不该怎么做，这是人特有的。人要明白什么能做、什么不能做，一不小心、一念之差就会变为禽兽，甚至禽兽不如。所以孟子老讲，人与禽兽的差别只有一点点，有时候就是在一念之间，所以人要懂得什么该做、什么不该做，要掌握这样一个方向。廉，正直、清廉，做人就应该正直，起表率作用，一个正直的人才能够诚信。“君子坦荡荡，小人长戚戚”（《论语·述而》），所以君子做什么事情都是可以让大家知道的、可以让大家看到的，正因为他有正直的心，才能做到这一点。第四个是耻，做人要懂得羞耻。我们通过礼的教育、道德的教育，目的就是要让人们有一种羞耻心，使他的行为能够非常方正。《论语》讲“道之以政，齐之以刑，民免而无耻”，用法律去规范大家走正路，所达到的结果是“民免而无耻”。“无耻”就是没有羞耻心，不足以让人反思自己的过错。“道之以德，齐之以礼，有耻且格”(《论语·为政》)，通过道德教育的办法，启发人的道德自觉性，然后用礼来规范，会培养出有羞耻心的人，其行为一定是有格的，就是方方正正的。

君子的养成

君子品德怎么养成？环境非常重要，但环境的影响又不是绝对的，决定因素还在人自己身上。中国文化始终是反求诸己的，历来是为己之学，“古之学者为己，今之学者为人”（《论语·宪问》)。所谓“为己之学”也可以说是“君子之学”。荀子明确讲过，“君子之学，美其身也”（《荀子·劝学》）。君子学习是使自己成为更加完美的人，君子的学问是“入乎耳，箸乎心，布乎四体”（《荀子·劝学》）的。从耳朵听进去，留在心里，落实到行动中去，使得自己变得更加完美。“小人之学”或者“今之学者”是为人的，“为人之学也，以为禽犊”（《荀子·劝学》），把学到的东西看作飞禽走兽。禽犊就是人拥有的财富，这些东西也可以说是做表面文章的，显示给别人看的，所以“为人之学”，就是入乎耳，出乎口，口耳之间四寸而已，根本不落到心里面去，更不落到行动上去。中国文化始终强调为己之学，强调成为一个君子主要靠自己，要反求诸己。通过自我的不断提升，不埋怨环境，不随波逐流，能够“笃志而体”，有坚定的志向，而又去身体力行，这才是君子。另外还要寻求名师良友，荀子讲最直接的方法就是向身边的君子学习。古代人注重择邻、择友，就是要寻求好的环境、好的朋友。不仅如此，我们还可以放开眼界，向天地万物学习。中国文化用很多东西来比喻君子，提出人们要向这些物去学习，比如水、玉、莲花等。周敦颐《爱莲说》讲莲是花中君子，是因为它具有“出淤泥而不染，濯清涟而不妖”的品格，可以远远地去欣赏它，不能近处欺负它。《论语》里有君子不器、君子不党、君子不同的说法，这与从万物中学习是有直接关系的。还有“岁寒三友”“四君子花”，它们都有很多值得我们欣赏学习的品德。君子并非高不可攀，只要我们能够谦虚谨慎，向天地万物学习，向良师益友学习，每个人都可以成为君子。

君子的品德实在太多了，先秦文献提到“君子”的不下两千处，把重复的、意义不是很大的去掉，至少也有一千五百个词是可以用的。我们不须多讲，努力做到以上所讲的“一二三四”就可以了。如果一个人能取一言而终身奉行，坚定不移，笃志而体，就是君子。

积极发扬知行合一的精神

一

儒家学说是一种“成人”之学。这里的“成”不是“成年人”的“成”，而是“成为人”的“成”，即教育人成为一个真正的“人”。那么在儒家学说中，什么样的人才算是一个真正的人呢？简单地讲，《大学》开宗明义提出了“三纲领”：“明明德”“亲民”“止于至善”，就是儒家心目中的“成人”。必须指出，儒家的这种“成人”学说，绝不仅仅是一种理论的探讨，而是要落实到行动中去的。所以《大学》紧接着说：“古之欲明明德于天下者，先治其国；欲治其国者，先齐其家；欲齐其家者，先修其身；欲修其身者，先正其心；欲正其心者，先诚其意；欲诚其意者，先致其知；致知在格物。”这也就是著名的“八条目”。在这“八条目”中，“修身”是中心环节。“格物、致知、诚意、正心”是为了“修身”，而“修身”是为了“齐家、治国、平天下”，前者可称为“内圣”功夫，而后者可称为“外王”之用，所以，《大学》强调说：“自天子以至于庶人，壹是皆以修身为本。”就这一角度讲，儒家学说也可以说是以“修身”为核心建立起来和深入展开的。

“修身”对个人而言要完善自我人格，乃至“希贤希圣”追求圣贤的至善品德；对家庭、社会、国家而言则是要遵守个人、家庭、社会的道德规范，推行和维护家庭、社会、国家的伦理秩序。这一切都不是单纯理论探讨能解决的，而是要通过实践，落实到行动中才能实现的。由此而言，儒家学说当以实践为其特性，而事实上儒家学说也确实有鲜明的实践性格。

《论语·公冶长》记载着子贡说的一句话：“夫子之文章，可得而闻也；夫子之言性与天道，不可得而闻也。”它说明，孔子当年很少谈一些抽象的形而上学问题。我们从《论语》中记载的孔子教育学生的言论看，确实都是一些具体的行为道德规范，而且都有非常鲜明的针对性。如：

> 答樊迟问仁，一则曰：“仁者先难而后获，可谓仁矣。”（《雍也》）一则曰：“爱人。”（《颜渊》）
>
> 答颜渊问仁，曰：“克己复礼为仁。”（《颜渊》）
>
> 答仲弓问仁，曰：“出门如见大宾，使民如承大祭。己所不欲，勿施于人。在邦无怨，在家无怨。”（《颜渊》）
>
> 答司马牛问仁，曰：“仁者其言也讱。”（《颜渊》）
>
> 答子张问仁，曰：“能行五者（恭、宽、信、敏、惠）于天下，为仁矣。”（《阳货》）

再如“巧言令色，鲜矣仁”（《论语·学而》《论语·阳货》），“刚、毅、木、讷，近仁”（《论语·子路》），以及有子说的“孝弟也者，其为仁之本与”（《论语·学而》）等，无一不是具体实践行为中遵守的规范原则。

孔子强调的“为己之学”，是儒家学说实践性格最切实的体现。《论语》记载，孔子有一次很感叹地说：“古之学者为己，今之学者为人。”（《论语·宪问》）后来荀子引用了这句话，而且还作了解释。荀子说：“古之学者为己，今之学者为人。君子之学也，以美其身；小人之学也，以为禽犊。”再具体点说：“君子之学也，入乎耳，箸乎心，布乎四体，形乎动静。端而言，蝡而动，一可以为法则。小人之学也，入乎耳，出乎口；口耳之间，则四寸耳，曷足以美七尺之躯哉！”（《荀子·劝学》）按照荀子的诠释，所谓“为己之学”，就是“学”要落实到自己的一言一行中，“学”是为了完善自己的人格。“为人之学”的“学”则只是“入乎耳，出乎口”，听听、说说而已，这样的“学”只是为了显示给别人看，与自己人格的完善毫不相干。

孔子非常注重言之必行和言行一致。他赞扬古人说：“古者言之不出，耻躬之不逮也。”（《论语·里仁》）又说：“君子耻其言而过其行。”（《论语·宪问》）所以，孔子对那些言行不一，说而不做的学生都要给予严厉的批评。如有一次他看到宰予大白天睡觉，就痛责道：“朽木不可雕也，粪土之墙不可圬也。”并且由此反省说：“始吾于人也，听其言而信其行；今吾于人也，听其言而观其行。”（《论语·公冶长》）孔子对学生的要求是，言行要一致，知了就要行，学了就要行。这个要求大概是十分严格的，以至于《论语》中记载有这样一条材料：“子路有闻，未之能行，唯恐有闻。”（《论语·公冶长》）孔安国对这句话的解释是："前所闻未及行，故恐后有闻不得并行也。"（《论语注疏》）意思是说，子路以前从孔子那里听到的道理，还没有落实到行动上，因此怕再听到孔子讲新的道理，而同样不能落实到行动上去。由此可见，儒家学说对实践的重视程度。此诚如荀子所言："道虽迩，不行不至；事虽小，不为不成。"（《荀子·修身》）

二

受佛教、道教的影响，唐宋儒者也开始探寻、阐发儒家的形而上理论。较早自觉到这一问题的是唐代的李翱，他在《复性书》中讲道："性命之书虽存，学者莫能明，是故皆入于庄、列、老、释。不知者，谓夫子之徒不足以穷性命之道，信之者皆是也。有问于我，我以吾之所知而传焉。遂书于书，以开诚明之源，而缺绝废弃不扬之道，几可以传于时。"大意是说，儒家关于探求性命原理的著作虽然存在，可是由于儒者不了解和不能发明，所以一般人都走向了佛、道。不了解情况的人，都以为儒学不足以探明性命的根本原理，许多人也信这种说法。现在有人向我提出这方面的问题，我将尽我所知告诉大家。于是我就写成文章，揭示出性命之学的源头来。这样，儒学中几乎断绝废弃的道理，也许能继续传下去。

到了宋代理学家那里，儒学形而上理论的研究讨论进一步发展和成熟起来。于是，就有了程颐强调"仁"与"爱"的体用性情分别之说，他说："孟子曰：'恻隐之心，仁也。'后人遂以爱为仁。恻隐固是爱也。爱自是情，仁自是性，岂可专以爱为仁？孟子言恻隐为仁，盖为前已言‘恻隐之心，仁之端也’。既曰仁之端，则不可便谓之仁，退之言：‘博爱之谓仁’，非也。仁者固博爱，然便以博爱为仁，则不可。”（《河南程氏遗书》卷第十八）也就有了朱熹释“仁”时说的：“仁者，爱之理、心之德也。”“仁者，本心之全德。……为仁者，所以全其心之德也。盖心之全德，莫非天理，而亦不能不坏于人欲。故为仁者，必有以胜私欲而复于礼，则事皆天理，而本心之德复全于我矣。”（《论语集注》）这些说法都具有浓厚的形而上理论色彩。

应当说，理学家发掘出儒家学说中的形而上理论，是对儒家学说的重大发展。自魏晋南北朝、隋唐以来，在身心修养方面玄学、佛教、道教的影响远超过儒家，而宋明理学的兴起、儒学形而上理论的建立，使得儒学重新取得了在身心修养领域的主导地位。同时我们也应当看到，尽管理学的形而上理论色彩加重了，但它仍然是把实践放在学说最根本的位置。理学家之所以要复兴儒学，是因为他们认为佛、道之学都是“虚空”之学，修养得再好也无助于现实社会伦常关系的建立和巩固。儒家伦理学说则处处体现在社会现实的伦常层面上。

上达天理是理学家追求的根本目标，然为此必须从下学做起。《论语》中记载着这样一件事：“子游曰：‘子夏之门人小子，当洒扫、应对、进退，则可矣。抑末也，本之则无。如之何？’子夏闻之曰：‘噫！言游过矣！君子之道，孰先传焉？孰后倦焉？譬诸草木，区以别矣。君子之道，焉可诬也？有始有卒者，其惟圣人乎！’”（《论语·子张》）这段话的意思是说，子游认为子夏的弟子做一些洒扫、应对等具体的事还可以，至于对儒学根本道理的把握则还谈不上。子夏听了很不以为然，认为君子之道有先有后，有始有终。也就是说，先要从具体的洒扫、应对开始，最后才能把握君子之道、圣人之学的根本。

让我们看一下理学家是如何来评论这件事的。朱熹在《论语集注》中一连引了五段程颐评论这件事的话，这在整本《四书章句集注》中也是少见的。引文说："程子曰：'君子教人有序，先传以小者近者，而后教以大者远者。非先传以近小，而后不教以远大也。'又曰：'洒扫应对便是形而上者，理无大小故也。故君子只在慎独。'又曰：'圣人之道，更无精粗。从洒扫应对，与精义入神贯通只一理。虽洒扫应对，只看所以然如何。'又曰：'凡物有本末，不可分本末为两段事。洒扫应对是其然，必有所以然。'又曰：'自洒扫应对上，便可到圣人事。'"

这里，第一段是解释子夏说的话的意思，以下四段则是程颐自己的体会以及按照理学观点所作的发挥。朱熹对此说明道："程子第一条，说此章文意，最为详尽。其后四条，皆以明精粗本末。其分虽殊，而理则一。学者当循序而渐进，不可厌末而求本。盖与第一条之意，实相表里。非谓末即是本，但学其末而本便在此也。"程颐评论的中心思想是说，本末是不能分为两截的，洒扫应对与精义入神，一理贯通，所以从洒扫应对上着手，便可到达圣人之事。这也就是说，上达天理，与下学洒扫、应对、进退之事是不可分的，甚至可以说只有从洒扫、应对、进退之事做起，才能到达明天理的圣人之事。所以，程朱理学同样也把"行""践履"放在根本的地位。且引朱熹的几条论述，以见一斑。

> 夫子告颜子“非礼勿视听言动”，只是行上做工夫。（《朱子语类》卷四十一）
>
> 知、行常相须，如目无足不行，足无目不见。论先后，知为先；论轻重，行为重。（《朱子语类》卷九）
>
> 学之之博，未若知之之要；知之之要，未若行之之实。（《朱子语类》卷十三）

然理学家所发挥出来的儒家道德伦理的形而上之学，如执之过分、脱离实践，同样也会沦于“空谈”蹈“虚”，而于实际无补。宋亡于元，清初颜元即尖锐批评理学流弊为：“无事袖手谈心性，临危一死报君王”。（《四存篇·存学编卷一·学辨一》）明清时期的理学变迁，除外部原因外，就理学内部讲，其实都与是否把儒学作为实践之学的“虚”和“实”之争有关。明中叶阳明学的兴起，主要是为了批判和纠正理学末流把程朱理学流变为“空谈心性”的“虚”学，致使“满口仁义道德，满肚男盗女娼”的“假道学”贻害社会。王阳明正是针对此种“虚学”，而提倡儒学“实学”之本来面目，恢复孔子以来儒学实践的性格。所以，他竭力倡导“知行合一”之说。

王阳明批评那些知而不行的人说：“今人却就将知行分作两件去做，以为必先知了，然后能行。我如今且去讲习讨论做知的工夫，待知得真了，方去做行的工夫。故遂终身不行，亦遂终身不知。此不是小病痛，其来已非一日矣。某今说个知行合一，正是对病的药，又不是某凿空杜撰。知行本体原是如此。”（《传习录上》）又说：“学至于穷理至矣，而尚未措之于行，天下宁有是邪？是故知不行之不可以为学，则知不行之不可以为穷理矣。知不行之不可以为穷理，则知知行之合一并进，而不可以分为两节事矣。”（《传习录中·答顾东桥书》）总之，“知者行之始，行者知之成。圣学只一个工夫，知行不可分作两事。”（《传习录上》）

阳明学之末流也不免步程朱理学末流之后尘。时至明末清初，阳明学末流亦被斥之为“虚”，于是又涌现出一批提倡“真孔子”，恢复儒学本来面目的实学家。其中突出的代表人物如颜元，就尖锐批评程朱陆王之学非孔子本来之学说，而真正的孔子之学是以实践为第一的。他说：“秦汉以降，则著述讲论之功多而实学实教之力少。”（《存学编》卷一）他认为：“读书无他道，只须在‘行’字著力。如读‘学而时习’便要勉力时习，读‘其为人孝弟’便要勉力孝弟，如此而已。”（《颜习斋先生言行录》卷上）他在给弟子李塨的一封信中说：“孔子教人不过忠信、忠恕等语，不止罕言命，亦罕言性。盖性命之说渺茫，不如实行之有确据也；实行敦，而性命自在其中矣。此孔子维世立教之深意也。”（《颜习斋先生年谱》卷上）

总之，对于颜元来说，那些只知诵读经典、明虚理、记空言的学问绝不是孔子真儒学的学问；只有学之用以修身，付以致用，落实到经世济民，才可以称之为孔子真儒学。

时至今日，儒学离这个时代似乎已经很远了，无论是认为儒学应彻底摒弃者，还是认为儒学尚有可为今日社会所吸纳的提倡者，大多数人都已将儒家学说作为一种历史留存下来的思想理论来研究，也就是说，儒学只是一种知识对象，而不是把它作为指导自己行为的规范去对待。我们不能说这样的研究、弘扬毫无意义，但是我想，儒学如果丢弃了它的实践性格，这样的儒学还会有生命力吗?

因此，我认为，当我们认为儒学中尚有不少思想理念在今天仍有其价值和意义的话，那么就不能只把它当作历史文化和知识对象去对待，而至少应当有一批仁人志士去切实地践行它。在中国传统文化中，儒释道三教互补共生，如今佛教有大量寺庙和数十万出家人在传承着、实践着，道家依托道教也有宫观和道士在传承着、实践着。那么儒家呢?它的传承载体在哪里，它的实践群体又是谁?这是我们今天讨论儒家思想、发掘其现代价值和意义时，必须要认真思考的问题。

无为才能无不为

领导人的责任要做到你在领导别人，却又要让别人并不认为你在干预他，这是无为而治的一种体现。道家最核心的思想是自然无为。所谓自然就是事物本来的面貌、状态，自然所表现出来的最大特色就是无为。《老子》里讲“无为而无不为”,“无为”其实是要达到“无不为”。所以“无为”它不是一种消极的等待，而是要积极地去把握事物的客观规律，去合理地引导它，使它得到一个正常的发展。

无为才能无不为。中国古代有“一尊于法”或者是“一断于法”的思想，就是一切按照“法”来做。既然有“法”了，大家都按照法来做，就不应该有很多的干涉，所以就又有了“君道无为，臣道有为”的观念。最高的领导应该是无为的，但具体负责方方面面的大臣应该是有为的，即“政在四方，要在中央”。中央集权并不等于中央包办一切，具体的事情都由四方来做，但是“要在中央”。“要”是什么？要是纲要，要领，关键。毛泽东讲，一个领导的责任不是什么事情都自己去做，一个好的领导做两件事：一个是出主意，一个是用好人，就是这种精神的体现。所以，无为对于一个领导者来说，是主导的无为，目的是更好地调动被领导者的主动性、积极性和创造性，这在现代管理中有积极的意义。

美国有一本书叫作《未来的行政首脑》，书中明确提到，行政首脑从政处事能够成功的一个关键就是要“道法自然”。它把“道法自然”看成是行政首脑从政处事赖以成功的重要法宝。那么道法自然是一种什么样的状况呢？书中引了《老子》里面的一句话叫作“功成事遂，百姓皆谓我自然”。事情都做成功了，但是老百姓感觉这是很自然的事情，没有感觉你在强迫他们做，也没有感觉你在驱使他们做。

美国有一个著名的实验室叫作贝尔实验室，是美国一个科技方面的智囊集团。贝尔实验室就是以无为而治作为管理的指导思想。一进入贝尔实验室的大门就可以看到“无为而治”这四个大字。下面是对“无为而治”作的英文说明，意思是说，最好的领导者是能帮助人，又让人感觉不需要他。

领导者在实际工作中如果事事过问的话，会让下属感到自己不被信任，不可能充分发挥主动性和能动性。这样的领导者看似很辛苦，实际上却扼杀了别人的创造性。无为而治在很大的程度上是调动和发挥所有人的主动性、能动性、创造性，绝对不是一个消极的因素，运用得好，它就是一个积极的因素。把各部门分工责任明确后，领导者就不再去干预了，而是由部门各司其职，实际上也就是掌握总的原则和政策，这就是“政在四方，要在中央”的精神。

道家思想讲究将心比心，设身处地。我们每个人实际上都是需要这样的。每个领导者都不希望上级或者别人事事干预自己的工作。每个被领导者也不希望事事被干涉，如果什么事情都要请示，那么这个事情就干不好了，所以要放得开。无为而治在很大程度上是对我们领导者在文化修养和素质上的一个考验，关键看放不放得开。人文精神里面一个非常重要的方面就是让我们能够有一个开阔的胸怀，有一个远大的胸怀。《礼记·礼运》讲到了一个大同的理想社会，天下为公，还有很多值得我们思考的东西。比如里面有一条——只要把事情做成功了就行，不要计较是不是我做成的。我想无为思想里面就有这种"功成不必在我"的精神。

胸怀宽广才能通大同。具有这样的胸怀不是一件容易的事情，特别是作为一个领导者。老子的自然无为思想确实包含了许多值得我们发掘的因素，他告诉我们一定要充分发挥每个人的能动性，要各司其职、各负其责、各展其长、各尽其能。

做本分事，持平常心，成自在人

有很多人想了解佛教，特别是想了解禅宗，但又常常把握不定，因为既不了解禅宗公案，又不知道修证方法。怎样才能了脱生死？怎样才能明心见性？其实产生这些困惑，都是因为将禅看成一种来自神秘彼岸世界的东西。其实禅并不是彼岸世界的东西，也不是高不可攀的境界。禅就在我们中间，正是我们日常的生活、言论、行为、思想，并不神秘。禅宗非常注重现实，用佛教用语来讲就是“当下”。活在当下，才能让生命有意义，所以修也要在当下、悟也要在当下。当下就是此时此刻，非常实际，平凡无奇。

到底应该怎么学禅？那就是做该做的事。对于心中有所求的人来说，当下的修炼就是修而无修、悟而无悟。只要能体会到其中的真味，就会知道，原来禅就是那么简单。一旦离开了当下，就什么也求不得了。《坛经》里面多处这样讲：“菩提只向心觅，何劳向外求玄？”“佛法在世间，不离世间觉。离世觅菩提，恰如求兔角。”可见离开当下是求不到佛法的。近代高僧太虚大师曾讲过这样的话：“仰止唯佛陀”，我敬仰的只是佛陀；“完成在人格”，完成就在自己的人品；“人圆佛即成”，每个人只要修养得好就是成佛；“是名真现实”，这才是真正的现实。因此要体悟生命，就要从当下做起。

真正的佛学是要人珍惜生命，也就是活在当下。学习传统文化，不管是佛学还是儒学，或是别的学派，最重要的就是不要拘泥其中。传统文化不是死的，要把它们融入现代生活里，让传统文化给现代生活以借鉴和补益，这才是学习传统文化应有的态度和方法。其实中国的佛学一直教人们活在现实的世界里，去为现实的世界奉献自己的力量，学禅也要从本分事做起。所以学禅是有道路可循的，即“禅学三要”，或“修禅三次第”：做本分事，持平常心，成自在人。

做本分事

“做本分事”，就是做好现在应做的事。做本分事是赵州从谂禅师在接引学人时讲的一句话。他的弟子不明白，他就解释说：“树摇鸟散，鱼惊水浑。”（《赵州录》）树一摇动，鸟就飞散了；鱼一惊动，水就浑浊了。这是很普通的道理，学禅也是很普通的事情，该做什么就做什么。有人听了不解，又问：“既然已经这样了，那为什么还要修行呢？”这正是佛教所讲的“无修之修”，其实要比刻意寻找某种方法去修行更难。因为大多数人都是不太安于现状的，总是手里做着一件事，心里想着另一件事，而且总觉得手里做的这件事委屈了自己，心里想的那件事才是真正适合自己做的事。所以说能够做好手中的本分事并不简单，而禅正是要在这个地方考验我们、锻炼我们。“千里之行，始于足下”（《道德经·第六十四章》），怎样才能使自己成为一个有修养的人呢？脱离现在所做的事吗？这只能成为一个空想。禅不是空想，它是很具体的，就在我们的面前。若能真正做到这第一步，也就开始认识到禅的真谛了。禅不是要让我们离开现实世界，而是在现实生活中去体认自我。

很多人自认为被层层枷锁束缚住了，因此产生很多烦恼，希望从佛学中寻找解脱的方法。禅宗祖师在回答他们的问题时，就会反问：“谁束缚住你了？”其实没有人束缚我们，是我们自己束缚了自己。有句话叫“自寻烦恼”，自己有了分别之心，讨厌现实生活，背上了各种包袱，就想跳出现实去找一个清净的地方躲起来。可是真的存在这样一个清净的地方吗？并没有！有时看起来似乎跳出了这个环境，可实际上是放下一个包袱又背上了另一个包袱，逃出一个牢笼又钻进了另一个牢笼。所以禅宗强调，当下觉悟到本性、本心就不会有烦恼，这就是“若顿悟自心本来清净，元无烦恼”（圭峰宗密禅师《禅源诸诠集都序》卷上之一）。若要离开现实的世界去寻找一个清净的世界，就是自寻烦恼。所以我们要从当下的本分事做起，这是第一步。

持平常心

“持平常心”和“做本分事”是相通的，但是它的要求又提高了一步。因为即使做好了本分事，也未必会对所做的事没有计较，未必会对别人的赞扬或批评毫不在意。所以做好本分事不等于保持了平常心。平常心就是在做好本分事的基础上，不动心、不起念。

禅宗公案里有这样一个故事：有人问一个禅师平时是否修炼，禅师说：“当然修炼了。”那人又问怎么修炼，禅师说：“饥来吃饭，困来睡觉。”那人就纳闷了，说：“这也叫修炼吗？”禅师说：“当然是修炼了。有很多人食不甘味，百般思虑；睡不安寝，千般计较。”吃饭、睡觉本来就是很普通的事，可是人们总是有无休止的欲望，吃到好的，心里就高兴，吃到差的，心里就埋怨。对于这些事能不能不计较？用佛教的话讲就是能不能做到“八风吹不动”。哪“八风”呢？利、衰、毁、誉、讥、称、苦、乐。“利”就是顺利，“衰”就是衰落，“毁”就是毁谤，“誉”就是颂扬，“讥”就是讥讽，“称”就是称赞，“苦”就是悲伤，“乐”就是欢喜。做任何事情，在这种八种情况下都能不动心，是需要很高的修养的。有时尽管嘴上会说“我都看破了”“我根本就不在乎”，可是当别人说几句风凉话玩笑话的时候，心里还是不太好受。别人要是吹捧几句，虽然表面上说“哪里哪里”“不敢不敢”，但是心里早已暗暗自喜。这也是人之常情，要想克服这一点，必须禅修达到相当的境界才行。

北宋文学家苏东坡对禅学有很深的造诣，他与佛印禅师交好，平时经常来往。他们一个住在江南，一个住在江北，有一次苏东坡坐船过江去看望佛印，恰好碰到佛印不在寺里，他就一个人在寺里转悠，看到大雄宝殿里的佛像十分庄严，就写了一首诗：“稽首天中天，毫光照大千。八风吹不动，端坐紫金莲。”他写完后很得意，就交给小和尚，说等你师父回来让他看，然后就走了。佛印回来看到这首诗，就提起笔来，在上面题了两个字：放屁！他让小和尚给苏东坡送回去。苏东坡一看很纳闷，心里不以为然，觉得“放屁”两个字太过分。于是他马上坐船去找佛印禅师，要跟他辩辩理。佛印见了东坡，就跟他说，你不是“八风吹不动”吗？怎么被我一屁就打过江了？苏东坡的佛学修养是相当高深的，可是碰到这样具体的事，他还是不能用平常心去对待。

大乘佛教讲“六度”，即从此岸世界度到彼岸世界的六种修炼方法：布施、持戒、忍辱、精进、禅定、智慧。第三度讲的是忍辱，我们常常将它理解成忍受屈辱。其实佛教里讲的“忍辱”不只是忍受屈辱，还要忍住吹捧。“八风”里不仅有毁、讥，还有称、誉。有时候毁、讥能忍住，却难以招架称、誉，很多人对此无法不为所动。

成自在人

“成自在人”是佛教追求的最高境界。所谓“自在”，就是自由自在，佛经里描述的佛、菩萨所追求的就是一种大自在的境界。《心经》的第一句就是：“观自在菩萨，行深般若波罗蜜多时，照见五蕴皆空，度一切苦厄。”那么怎样才能成自在人呢？什么是大自在境界？禅宗里也有描述，黄檗禅师尝说：“终日吃饭，未曾咬着一粒米。终日行，未曾踏着一片地。”这句话在一般的思维方式下是不好理解的，而佛教通过这句话要表达的是，不要被外在的相状所牵动，虽然整天在吃饭、走路，但不会被米、路等外境所干扰，而又始终没有离开外境。禅修并不是要躲到深山老林里去，好像这样就不会被外境干扰了。其实就算到了深山老林里，心若不净的话，产生的种种妄想念头可能比在热闹的地方更多。禅宗认为，心净才能佛土净，心不净到哪里都躲不掉。所以在这个花花世界里，如果能做到对外境不动心、不起念、不着相，那就是自在人了。

行慈悲愿、启般若慧、证菩提道

以上就是学禅的三个步骤，另外还有三句话很有哲理，即行慈悲愿、启般若慧、证菩提道。这三句话应该算是大乘佛教最根本的精神。

第一句是“行慈悲愿”。大乘佛教从慈悲入手，慈悲就是与乐拔苦，对众生要发慈悲，对自己来讲也是一个修证的过程。切实地讲，慈悲就是做本分事。

第二句话是“启般若慧”。“启”就是开启，而“般若”则是智慧。那么可以直接说开启智慧吗？不可以。玄奘翻译佛经有“五不翻”的原则，其中一条是“生善故不翻”。比如般若，与我们平时讲的智慧不在一个层次上，为了使人产生敬重之心，所以沿用梵语音译，不翻成汉语。佛教认为人是空的，因为一切现象世界的事物都是因缘而生。既然是缘起，这个事物就没有独立的自性，而是各种因缘集合的产物。因缘聚会，才有生命体。所谓生命体，都是由“五蕴”聚合而成的，即色、受、想、行、识。所以“众因缘生法，我说即是空”，或者称为“无我”。因缘一旦散了，这个事物也就没有了。因此现象世界的事物是没有恒常性的，是刹那生灭的，就是佛教所说的“无常”。一切生命体都有生老病死的过程，一切非生命体也有生住异灭的过程，所以佛教才讲“诸行无常，诸法无我”。般若智慧就是要让人看到这一点，用《金刚经》里的话说，就是“一切有为法，如梦幻泡影，如露亦如电，应作如是观”。这样就不会产生种种颠倒妄想，不执着于此。只有这样，才会有平常心，才不会去计较得失。佛教就是要用般若的智慧去消除分别心、执着心以及由此产生的贪、嗔、痴“三毒”。贪就是贪得无厌，嗔就是恼怒憎恨，痴就是不明事理。人们的烦恼就来源于这“三毒”。既然佛教讲破除执念，那么和人生目标、人生追求有没有矛盾呢？其实这是两个互不矛盾的问题。首先，一个人怎么可能没有追求呢？佛教并不是要制止人们去追求人生目标，而是要找到恰当的人生目标。人最难的就是认识自我，把自己放在一个恰当的位置上。如果不能把自己放在恰当的位置上，胡乱追求非分之想，那就会出问题。一旦把自己放在了恰当的位置上，就会找到真正的自我。这并不是执着，切不可把这两个问题混淆了。

第三句话是“证菩提道”。《法华经》里讲，佛是为了一个大因缘来到世间的，这个因缘就是开佛知见、示佛知见、悟佛知见、入佛知见。“佛知见”就是般若的智慧。那么佛教追求的是什么呢？就是“证菩提道”。菩提就是觉悟。佛教认为，这种般若的智慧就是要让人们悟到自己本来的面貌。父母未生我们之前，我们的本来面貌是什么样的？那就是“本来无一物”。佛教最终是讲觉悟人生、认识自我，不被现象世界的“我”牵着鼻子走。如果回归真正的自我，那就是自在人。我们之所以烦恼，之所以觉得不自由，是因为还没有认识到必然，如果认识到必然，就有了自由。

诸法无我：自我的本来面目

“诸法无我”是佛教引导众生了悟人生、认识自我及揭示整个现象世界本来面目的根本理论之一。佛教的“无我”理论，最初是针对众生的“我执”提出的，即所谓“因破我法有无我”（《中论》观法品第十八）。佛陀认为，人生充满了烦恼和痛苦，人生的生、老、病、死、爱别离、怨憎会、求不得、五蕴炽盛无不给人带来无尽的烦恼和痛苦，而所有这一切都根源于“我执”。“我执”表现为四种状态，即我痴、我见、我慢、我爱，佛法称之为四种根本烦恼。具体说，“我痴者，谓无明，愚于我相，迷无我理，故名我痴。我见者，谓我执，于非我法，妄计为我，故名我见。我慢者，谓倨傲，恃所执我，令心高举，故名我慢。我爱者，谓我贪，于所执我，深生耽著，故名我爱。”人若不能破除、断离我执，则“有情由此生死轮回，不能出离”。（《成唯识论》卷第四）

“无我”之说在于揭示现象之“我”的非实在性。按照佛教所说，诸法（整个现象世界）皆由因缘而有，缘聚则生，缘散则灭，了无常住自性，故现象之有，实则非有。一切有情众生乃是五蕴集聚而有、十二缘起而生，同样无常住自性，故现象之我，实则非我。众生若能了悟这个道理，那么平日执着不放的“我”，还有什么放不下的呢？所以，从原始佛教到大乘佛教都认为，只要能了悟“无我”的道理，断除“我”的执着，就能超脱生死烦恼，证得涅槃寂静。如说：“圣弟子住无我想，心离我慢，顺得涅槃。”（《杂阿含经》卷四十七）“所信至教，皆毁我见，称赞无我。言无我见，能证涅槃，执着我见，沉沦生死。”（《成唯识论》卷第一）

佛教从有情众生的生死无常、了无自性，推演至诸行的无常、诸法的无我，并由此证成其“一切有为法，如梦幻泡影，如露亦如电，应作如是观”（《金刚经》），即“我”“法”俱空的世界观理论。然其始终是以破除、断离有情众生（主要是人）的我执为根本的。

“无我”，用佛教的术语说也就是“空”，也就是“清净”。“空”，不是说什么也没有的空无，而是相对于幻有、假有的现象，对无常、无自性的实相的一种表述。“清净”则是指此实相本性的无染污、离烦恼。佛教认为，有情众生的一切烦恼都是由我见、我执引起的分别妄想和纷争造成的。若能了悟本性空、本性清净，也就是说了悟本性是无分别、无净的，那么种种烦恼自然不生。正是如此，在部派佛教时已有一部分部派提出了“本性清净，客尘所染”的观点，认为佛教的修证，就是要去染还净。发展到大乘佛教以后，更把“本性清净”看作是一切法的实相，有些学派（如中观学派）则更强调不离染污而证清净的不二法门。如《维摩诘经》中就反复强调“不断烦恼而入涅槃”（《弟子品》）。这也就是说，世人的烦恼痛苦都来源于对现象世界中自我的过分执着。由是生出种种分别之见，生出种种贪爱求取，已得的舍不得舍弃，未得的拼命去争夺，酿出无休止的纷争。“无我”之说在一定程度上为这种贪执现象中自我的人，开出了一副甚有补益的清凉剂。

如上所述，佛教的“无我”理论是以“清净”为一切现象的本性，当然也是人自我的真正本性。因此，佛教，特别是大乘佛教所讲的解脱，实质上也就是对自我清净本性的了悟，强调的是信仰者的自我解脱和自作主宰。在原始佛教和南传上座部佛教那里，主要是通过信仰者的长期苦行去悟得“诸法无我，诸行无常，一切皆空”的道理，从而达到“涅槃寂静”。在大乘中观学派那里，主要是要求信仰者通过把握“色不异空，空不异色，色即是空，空即是色”的道理，去认识诸法实相毕竟空无，诸法自性本来清净，从而达到“实相涅槃”，般若无分别智的境界。在大乘瑜伽行学派那里，主要是要求信仰者通过“诸法缘起”的道理，去认识一切“唯识”所现，实无我、法二境，从而以“依他起性”为关键，去除“遍计所执性”的虚妄执着，达到“圆成实性”的真实境界。

中国的禅宗把佛教这种自我解脱、自作主宰的理论和方法，发展到了极致。六祖慧能反复教导说：“佛是自性作，莫向身外求。”“但愿自家修清净，即是西方。”又说：“不是慧能度善知识，众生各于自身自性自度。”“自性不归，无所归处。”“若自心邪迷、妄念颠倒，外善知识即有教授，救不可得。”（敦煌本《坛经》）为什么禅宗在当今世界会大行其道？我以为这与它突出自我的自主性、最充分地肯定自我的解脱理论和实践方法有密切的关系。

一方面，现代人精神上最大的痛苦和不幸，大概可归结到一点，即自我的失落。这种自我失落，有来自客观方面的原因，如现代工业高科技的精密、快速、自动，强制地把人们的生活变得紧张、机械、被动、单调乏味，使大多数人失去越来越多的个体自我本有的种种主动、能动和自由，使人们沦为机器的奴隶；同时更有来自主观方面的原因，如在当今物质文明高度发展的环境下，许多人沉溺于物欲追求而不能自拔，甘愿使自己沦为物欲的奴隶。另一方面，现代人精神上最严重的病症则是自我的扩张。由于现代科技、经济和政治的发展，社会给个人提供了优于以往自我发展的更多可能和广阔场所。这是社会的进步，每个人本来应当利用这种条件为社会和人类作更多的贡献，以完善自我人格，实现自我价值。但是，在当今世界上尚有相当多的人还深陷于我执之中。他们把个人、自我看得比群体、他我更为重要，甚至把个人自我放在群体、他我之上，把自我扩张到了一个不适当的地步。他们追求自我欲求的最大满足，有些人甚至认为，这才是人生的真实价值，是自我的完全获得和实现。其实，这种以个人为中心的自我设计，在现实社会中是很难行得通的，到头来他将由于在群体中找不到自我的恰当位置，而成为真正失落了自我的典型。

当我们深入一步思考的话，又不难发现，这种自我失落虽然有众多的客观原因，而归根结底又是人类自己一手造成的。它是与人类对自我价值某种片面认识和追求分不开的。所以，人类如果不能从节制自己的欲望追求入手，不能从盲目逞快自己智能的迷误中觉醒过来，不能把自我放到恰当的位置，或者说不能透过现象之我去把握真正的自我，就不可能从根本上消除现存的、潜在的种种社会、环境危机，也不可能真正解决自我失落的问题。

禅宗要人们认识自我的“本来面目”，要人们“自悟自性”，要人们以“平常心”“平等心”来面对尘世的种种外境，就是要人们去掉种种偏执妄想，恢复自我的“清净本性”。世人追境逐欲，为名求利，自寻无穷烦恼，实可视为清净本性的迷失，自我失落也由此而起。俗话说，“生不带来，死不带去”，实在是一条颠扑不破的真理。试问，世上有哪一个人不是赤条条地来，又赤条条地去的？因此，且不需谈四大、五蕴皆空等佛法的第一义谛，即就此世谛俗语而言，对于每一个人来讲，佛教以“毕竟清净”为自我的本性，有其合理的一面。禅宗的“自性清净”和“自性自度”的理论，在解脱人性的自我迷失方面是有启发意义的。禅宗思想在未来科技高速发展的社会中，可能会在人们的精神世界里起到更为广阔的调节作用。

需要说明的是，大乘佛法主张当色即空，而以断灭空、离色空为戏论。所以，佛教并不否定人生，并不否定现实世界中行住坐卧、活生生的我。如上所述，“无我”是为破除“我执”而说，是为了让人们透过现象之我去了悟它的本性，破除种种虚幻景象，颠倒妄想的系缚，从而成为一个身心和谐、人格健全、服务社会、利益大众、充满喜悦、活在当下、体现真正自我的人。

大乘佛教的根本精神是“悲智双运，福慧两严”（借用永嘉禅师语，见《禅宗永嘉集》三乘渐次第七）。这里，智慧是自觉自度，悲福就是慈悲，即觉他度人。套用现代人的语言来说，这两句话的意思也就是觉悟人生，奉献人生。“无我”说充分体现了大乘佛教这一根本精神。觉悟人生与奉献人生是不可分的，觉悟了人生就必然会去奉献人生，如果不能奉献人生，亦即不可称之为觉悟了人生。在人类社会中，任何一个个体都是离不开群体的，每一个个体（自我）只有在为群体（他我）的奉献中，与群体融为一体时，才可能显现出自我存在的价值，才能生活得充实欢喜，才能真正感受和觉悟人生的意义。

相传佛陀降生时，周行七步，遍观四方，一手指天，一手指地，说：“天上天下，惟我为（或作“独”）尊”。人们都很喜欢称引这句话，但有多少人真正理解了这句话的真实含义呢？有的人甚至把这句话当作个人至上、以自我为中心来理解，真可谓是失之毫厘，谬以千里。佛陀所谓“我”，并非一般人心目中以个人身心欲求为中心的妄执之“我”，而是超越了个人生死利害的真实之“我”。所以，佛陀在说了“天上天下，惟我为尊”这句话之后，紧接着就说“三界皆苦，吾当安之”（《修行本起经》卷上），“此生利益一切人天”（《过去现在因果经》）。这也就是说，佛陀所讲的“惟我为尊”，是在利益一切人天的行为中，亦即在为群体的奉献中，体现出自我之存在和价值，唯有如此，才能获得为世所尊的真实自我，获得充实自信的人生。这正是佛说“无我”之理最具体的体现。

《老子》云：“知人者智，自知者明。”王弼对此解释说：“知人者，智而已矣，未若自知者，超智之上也。”（《老子道德经注》）的确如此，人要真正认识自我，诚非易事。现代人生活在这森罗万象的大千世界中，对于现象世界的认识已有飞速的发展，大至外空星系的宏观，小至量子真空的微观，在今天都已达到了相当的深度。可是，对于自我的认识，特别是对自我精神世界的认识，则并没有多少进步。随着现代生活对物欲追求的膨胀、人类自我异化的加剧以及生存的竞争、名利的竞争等，更为人们认识自我、提升自我的精神世界，带来了更多的障蔽与系缚。人不应当被现象世界之我所障蔽与系缚，不应当为物所役。人应当做自我的主人翁，恢复自我的本来面目，实现自我的真实价值。要达到这种境界，就必须破除现象之我的系缚，了悟自我的清净本性。一个人生不带来，死不带去，一个人的所有，取之于社会，亦当还之于社会。在这过程中，既不应着我相，也不应着物相和受施者相。这就是《金刚经》所讲的“无相布施”观，也就是“无我”观。

佛教的“无我”论，为现代人的安身立命提供了有益的启示。

东方文化，造福人类

近年来，对东方文化在现代生活中的价值和意义的探讨，引起了越来越多人的浓厚兴趣，成为全球学术界、思想界、宗教界的一个热门研究课题。

现代生活的种种病变

近百年来，西方一直处于世界领先的地位，西方文化对世界产生了广泛而深刻的影响，这是一个无可否认的历史事实。19 世纪以来，由于当时的东方国家大多处于落后、贫弱的地位，而西方资本主义国家则是先进、富强的现成榜样，于是人们很自然地把先进、富强与西方文化联系在一起。因此，近一百多年来，所有的东方国家在摆脱落后、贫弱和走向现代化的奋斗进程中，无不积极地、大量地学习和吸收西方文化。从历史的、发展的观点来说，这种学习和吸收是完全必要的、合理的和进步的。但与此同时，也明显地存在着一种文化论上的片面和失衡，即对西方文化的盲目推崇和对东方文化的妄自菲薄。长期以来，人们一味赞扬西方文化的优点而看不到它的短处，严厉批评东方文化的缺点而看不到它的长处。直至今天，在相当多的人的头脑中仍然潜伏着一种唯西方文化为是、为优的思维模式，尤其是在自然科学理论、生产工艺技术等方面，人们更是奉西方文化为圭臬。

无可否认，如果仅从文化角度来说，当今世界物质生产的迅速增长、科学技术的高度发展，与西方文化中重视自然科学理论、重视改造自然环境等传统有一定的关系。丰富的物质生产和高度发展的科学技术，给一些发达国家中的部分人，提供了相当富裕的现代化生活，成为其他不发达国家的人们所羡慕和追求的目标。因此，在世界现代生活中，人们追求西方（文化）化的倾向，比之于以往诚可谓有过之而无不及。

然而，人们是否冷静地思考过，如此迅速增长的物质生产和高度发展的科学技术，在给社会和人类造福的同时也会给社会和人类带来负面的影响呢？目前的事实是，当人们（一部分人）在享受富裕的物质和由先进科技提供的高度方便的现代生活的同时，却也在精神和肉体上不同程度地经受着这种现代生活带来的种种病变的煎熬。

从现象上来说，现代生活中的种种病变有相当一部分与当今高科技的迅速发展有一定的联系，如现代生活加剧了人与自然的对立。人们为满足自身的欲求，利用现代高科技为人类提供的有力手段，无限度地向自然界索取各种资源，进行掠夺性开发，从而严重地破坏了地球的生态平衡。现代高科技提供的方便生活，也在很大程度上鼓励人们养成一种浪费性的消费习惯。这种消费习惯，不仅浪费了大量宝贵的资源和财富，而且制造了大量的生产和生活废弃物，从而严重地污染了人类生存的自然环境。自然环境的污染、生态平衡的破坏，造成了全球性的气候反常，旱涝风雹灾害频发，怪病恶疾孳生蔓延，给人类生存带来了严重的威胁和烦恼。人类依仗着高科技，加速了对自然的征服、控制和支配，同时也正在更快速地受到自然的强烈反抗和报复。

无可怀疑，由于现代科技的发展，人们的生活和医疗条件都得到了极大的改善，因而现代人的平均寿命也大大地提高了。然而，如果人们不能有效地解决生态平衡和环境污染等问题，不仅现代人能否长期保持健康长寿将是个问题，更为严重的危机必将贻害子孙后代，大大缩短整个人类在地球上生存的历史。这也是今天摆在我们面前非常迫切的、应当认真思考的问题。

现代生活使得人与人之间的关系越来越疏远。现代通信手段的发达，缩小了地球世界，许多人与人之间面对面交往被电话、手机、电脑、网络替代，因而也间隔了人际间的直接感情交流。同时，在现代高科技提供的各种现代化生活手段的环境中，通过自动化设置，乃至电脑程序控制，完全有可能把一个人的生活安排得十分周到舒适，因而也为个人封闭式（孤独）的生活方式提供了方便的条件。如此种种，进一步加深了现代社会生活中孤独症的蔓延。

如果从文化根源上来分析，人们在现代生活中所经受的种种病变和煎熬，与现代人的价值取向有着密不可分的联系。其中，以无限度地追求物质增长和一切以自我为中心二者联系最为密切，影响最为深远。

追求物质增长和生活享受已是现代人的主要人生目标，在一些人那里甚至是唯一的目标。在这样的价值观念支配下，一切都只是为了功利，为了纵情享乐。因此，自然和科技只不过是达到人们某种功利和享受的环境、资源、工具和手段，可以不顾一切后果地去利用它、攫取它，甚至连他人也和物一样，只不过是一种资源或手段，是一种相互利用的关系而已。于是，人与自然的关系、人与人的关系，都被严重地扭曲了。这才是上述人与自然的对立和人与人关系疏远（或对立）急剧加深的深层根源所在。

这里所说的以自我为中心包含两个不同方面的意义。第一是指与上述追求物质增长和生活享受联系在一起的，即一般伦理意义上所谓的个人主义或利己主义。它的膨胀将导致社会上的严重的人格危机。而且这种（外在的）以自我为中心的思维方式，其结果却往往是落得个（内在的）自我失落。第二是指与自然相对的人类自我中心。它的膨胀导致人类任意地控制和支配自然万物。其结果则如上所述，人类不断地、越来越迅速地遭受到自然的强烈反抗和严厉报复。诚如一些学者所指出的，在人与自然关系中的以人（我）为中心（人类中心主义），从某种意义上说，也可以说是人的一种利己主义的自我陶醉。

必须指出，现代生活中的种种病变首先与社会的经济、政治制度有着根本的联系，同时也与一定的文化价值取向有着密切的关系。同样无可讳言的是，上述的种种社会病变，大都与西方文化的某些基本观念、思维方法和价值取向等有着直接的关系，至少也可以说，它与盲目地、片面地理解和接受西方文化有关。

东方文化的现代意义

东方文化（尤其是中国文化中的儒、释、道）对防止和医治现代生活中的种种病变，大有启发和可借鉴之处。如中国的儒、释、道三家，都十分强调人与自然和谐一体的思想，认为人与天地万物同为一气所生，互相依存，具有同根性、整体性和平等性。如《庄子·齐物论》中说：“天地与我并生，而万物与我为一。”儒家倡导“仁民爱物”，如宋代著名哲学家张载说，“民吾同胞，物吾与也”（《正蒙·乾称篇》），着意强调万物与人为同类（“与”），应当推己及物。理学的创始者之一程颢也说“人与天地一物也”（《河南程氏遗书》卷第十一）。而其弟程颐更反复声称“仁者以天地万物为一体”，“仁者浑然与万物同体”（《河南程氏遗书》卷第二上），等等。汉儒以阴阳五行说大讲天人感应，其中附会社会历史、政治、人事等方面的内容，多有穿凿附会之处，东汉著名思想家王充也曾尖锐地批判过（见《论衡》一书）。然其被吸收于医学中者，则成了中医认为自然环境与人的健康和疾病密切相关的重要基础理论。中医认为，人与自然和谐状态的破坏或失调，是人得病最主要的原因之一。反之，保持人与自然的和谐，是保证人的健康的最重要因素之一。体现于中医的治疗中，无论是诊断还是处方，都首先参之以时令节气，乃至严格到选择药材的产地产时。这种把人类健康与自然环境联系起来的观念，是完全符合事实的、科学的理论。同时，这种观念也告诉人们，为了人类自身的健康，必须要全力保护人类赖以生存的地球自然环境。这在当今世界有十分重要的积极意义。此外，儒家还有许多关于合理利用自然资源和节约消费的思想，也是值得我们今天借鉴的。例如荀子把“节用”与“御欲”联系起来，提出人们在生活消费中必须要有“长虑顾后”的观念，而不应当任人之欲。那种“不顾其后”，随意奢侈浪费的人，乃是一些“偷生浅知”之徒。这是很有深远意义的见地。

佛教提倡“护生”，道家主张自然无为，在人与自然的关系上，他们都强调不为不恃，因任自然。这种对自然的态度，就其消极一面讲，诚如荀子所批评的，是“蔽于天而不知人”(《荀子·解蔽》)，即忽视乃至放弃人的主观能动性。不过，“因”的思想并不完全是消极的，它至少包含着这样两方面的合理因素：一是不以主观的好恶或意愿，随意地去违反或破坏自然及其规律；二是主动地去适应不断变化的环境。“因”中其实包含着“权变”“因时而变”的思想，所以一些道家思想家强调说：“人各以其所知，去其所害，就其所利。”“故忤而后合者，谓之知权；合而后忤者，谓之不知权。不知权者，善反丑矣。”(《淮南子·氾论训》)这句话的意思是说，看起来与原来的环境不合，却与变化了的环境相合，这叫作懂得权变；相反，就是不知权变。不知权变者，会让好事变成坏事。

以上只是列举了几例中国传统文化中关于保持人与自然和谐关系的思想，然如能灵活地吸取其精神，反思我们今日对待自然的态度，对缓解当前人与自然的紧张对立状态，是不无裨益的。

儒家修身养性理论中的一个重要目标，就是要培养一种与他人和社会群体和谐、协调的道德品格。儒家提倡“己欲立而立人，己欲达而达人”（《论语·雍也》），以及“老吾老以及人之老，幼吾幼以及人之幼”（《孟子·梁惠王上》）等“推己及人”的精神，至今还是一种值得倡导的个人品德和社会风尚。

不少人认为，东方传统文化（特别是儒家）忽视（或压制）个性和个人（自我）的权利、价值。这是有一定的历史根据和道理的，但问题并非如此简单。当我们冷静地、深入地思考一下就会发现，在人类社会中，任何一个个人都不可能离开他人和群体而存在，自我只有在为他我、群体的奉献中，只有在得到他我和社会群体的认可时，才会凸显出个人（自我）的存在和价值。因此，儒家强调献身群体和社会，并非只是消极地否定自我。相反，如果我们能从积极方面去理解其精神，那么个人对他人和社会群体的奉献，正是实现自我价值、养成完美人格的正确途径。人们以崇敬仰慕之意，千年不绝地传颂着宋代名臣范仲淹的不朽名句：“先天下之忧而忧，后天下之乐而乐”，这不正反映了人们对于能够把自己献身给社会群体利益的个人价值的高度肯定吗？不正反映了人们殷切期望社会涌现出更多具有这种品德的人的心愿吗？

目前，不仅在东方，而且在西方，尤其是在那些经济发达的国家，一股学习禅佛教的热潮正在升起。许多西方的禅学者，已不再像过去那样把禅看作是什么“东方神秘主义”了，他们开始注意和研究禅的各种教理与禅的根本精神之所在。学禅打坐不仅能治病健身，调解人体生理上的失衡（这只是对禅低层次的了解和作用）；更重要的是，对于那些信禅学禅的人来说，它能在相当的范围和程度上调解人们心理上的失衡。禅学从一个方面揭示了自我的本性，着重揭示了造成人生痛苦、烦恼的主观自我方面的原因，并且探求如何让自我从怨天尤人、受命于环境的被动中摆脱出来，通过自我主动的努力去解除种种痛苦和烦恼，做自我的主人翁。如上所分析的，禅学的这些探求正是现代人精神上最渴求得到的东西。加之禅佛教不离人伦日用的世间性格、坚忍不拔的实践精神、自我去缚的解脱主权和当下顿悟的超越喜悦等，禅佛教的世界性热潮方兴未艾。

俗话说："人贵有自知之明。"此语源于《老子》第三十三章："知人者智，自知者明。""知人"与"自知"相比较，何者更为困难呢？先秦法家代表韩非认为："故知之难，不在见人，在自见。故曰：'自见之谓明。'"（《韩非子·喻老》）著名玄学家王弼也说："知人者，智而已矣，未若自知者，超智之上也。"（《老子道德经注》）由此看来，他们都认为，一个人要认识自己，比认识别人要困难得多。我完全同意他们的见解。在大多数人中，在大多数情况下，往往就是如此，正所谓"旁观者清，当局者迷"。推之于人类自身和客观自然之间，我们可以看到，情况与此相类。也就是说，相对而言，人类对于自身的认识要比对客观自然的认识困难得多；至于通过对自我的认识，来自觉地把握自我的精神世界，这对于多数人来说，更是难之又难了。人类在认识自然、改造自然的同时，也有一个自我认识的问题。特别是当人类征服自然的力量越来越强大的时候，就更需要对自我有一个清醒的、正确的认识。然而，这也是比认识自然更为困难的事情，或许还可以这么说，人类至今在自知方面尚不是很明。如上所说，人类依仗着高科技，加速了对自然的征服、控制和支配，同时也正在更快速地受到自然的强烈反抗和报复。在这种紧张的关系中，难道人类不应当认真地自我反思一下吗？我认为，在人与自然的关系中，人是主动的、能动的一方，因此也是关键的一方。换言之，关键在于人类要对自我有一个恰如其分的认识，并由此出发，进行自我节制。

人们都知道，一个人的言行是受他的心（头脑、思想）支配的，一个人心念的变化会导致其言行的变化。荀子说："天有其时，地有其财，人有其治"（《荀子·天论》），这是告诉我们，人是参与到天地生养万物的进程中的。人的这种参与还不是一般的参与，在《礼记·礼运》篇中有这样一句话："人者，天地之心也。"这是告诉我们，人在天地万物中的地位，就像心在人体中的地位。人心一动，人的言行就会发生变化；以此推论，人的心念、行为的变化，也一定会引发天地万物的变化。正因如此，人类更应当对自我有一个充分的认识，并由此而进行更自觉的反思和节制。

《老子》第三十四章说："大道泛兮，其可左右。万物恃之以生而不辞，功成而不有，衣养万物而不为主。常无欲，可名于小；万物归焉而不为主，可名为大。以其终不自为大，故能成其大。"这段话是很值得细细体会的。我们对于人类力量和个人能力的认识，是否也应抱这样的态度？人既要能认识自己的大，也要能认识自己的小，不以大自居、不以小自卑。然而，这并不是一件容易做到的事。人的自我失落，大都来自与自然和他我的不融洽、不协调，而其根本则还是在于自我本身，或是只见自我之小而妄自菲薄，或是只见自我之大而盲目尊大，归根结底是不能恰如其分地认识自我，缺乏自知之明。

《金刚经》说："是法平等，无有高下，是名阿耨多罗三藐三菩提（意谓无上正等觉）。"这句话也是很值得借鉴的。如果能以平等心去认识自我、认识他我、认识自然万物，破除各种偏见和执着，将有助于克服自我与他我、个人与群体、人类与自然之间的分离和对立，融自我于他我、群体和自然之中，得自我之"大解脱"。

随着东方世界走向现代化，我们应当重新对东方文化进行历史反思；通过历史的反思，建立起我们对于东方文化的自觉、自尊和自信。我相信，随着人们对东方文化了解的不断深入，东方文化将在人们的现代生活中产生越来越广泛和深远的影响。让我们团结合作、共同努力，积极开发东方文化这座宝库，务使东方智慧日进日新，在显示其古老光辉的同时，展现其崭新的现代风采，为人类更美好的未来做出应有的贡献。

后　记

本书之所以能够出版，其缘起要归功于安乐哲老师的“翻译中国”计划。这确实是一个需要中国贡献价值的时代。为了更好地向现代社会推介中国文化，本书在编选文章时尽量考虑到保持中国文化的整体性。幸好，楼宇烈先生本人，作为中国传统文化真诚的倡导者、践行者、体悟者，不仅通达儒释道三教，还精通琴曲艺术，更是大力弘扬中医文化，用自己半个多世纪的燕园从教经验、八十多载的沧桑岁月经历，生动诠释了醇厚中和的中国文化气象。

非常感谢楼先生的信任，能够有幸参与玉成此事。感谢北京大学哲学系李佳轩博士的笃定坚守。感谢中国大百科全书出版社曾辉先生的宝贵付出。感谢中国政法大学人文学院史晓琳、钟祺琪的辛勤参与。现在这本书终于要问世了。然而，由于种种限制，在梳理楼先生的思想时，本书只能呈现一个大致的框架。即便如此，仍希望借此宝贵的机会，向世人宣扬一位老人发自内心的声音。当然，语言，总是充满各种局限的。有机缘接触楼先生的人们，经常感受到难得的温暖。事实上，正是楼先生空灵的智慧、深沉的慈悲，构成了本书厚重的支撑。

子曰："学而时习之，不亦说乎？有朋自远方来，不亦乐乎？人不知而不愠，不亦君子乎？"楼先生在八十大寿的时候，希望当今社会能够"中华文化，世界共享"。在北京大学哲学系创立 110 周年庆祝大会上，楼先生又提出"坚定文化自信，弘扬中华智慧"。这些愿望，恰恰似从《论语》首章中绽放出来的精神之花，放在本书后记之中，在某种程度上来说再合适不过了。

孙国柱　恭记

于 2022 年 11 月 15 日